T0283004

DESCUBRE TU PROPÓSITO

Nicole Fuentes K.

DESCUBRE TU PROPÓSITO

A ti, ¿qué te mueve?

URANO
Argentina – Chile – Colombia – España
Estados Unidos – México – Perú – Uruguay

1.ª edición: noviembre 2021

Copyright © 2021 *by* Nicole Fuentes K.
All Rights Reserved
© 2022 *by* Ediciones Urano, S.A.U.
Plaza de los Reyes Magos, 8, piso 1.º C y D – 28007 Madrid
Ediciones Urano México, S.A. de C.V.
Ave. Insurgentes Sur 1722, 3er piso. Col. Florida
Ciudad de México, 01030. México
www.edicionesurano.com
www.edicionesuranomexico.com

All Rights Reserved

ISBN: 978-607-748-329-8

Fotocomposición: Ediciones Urano, S.A.U.

Impreso por: Impresos Vacha, S.A. de C.V.
Juan Hernández y Dávalos 47. Col. Algarín, 06880. Cuauhtémoc, CDMX.

Impreso en México – *Printed in Mexico*

Dedico este libro a quienes, a pesar del miedo,
quieren atreverse a ser auténticos y bailar al ritmo
de su propia música.

También a Federico y Christa, mis padres.

Índice

TERCERA PARTE:
PROPÓSITO DE VIDA

Introducción

La epifanía me agarró caminando en una de las veredas de mi cerro preferido dos días después de la partida de Lola, la perra bóxer que me había acompañado durante trece años. Esa mañana subí la montaña con la intención de estar más cerca del cielo, más cerca de Lola. Era un septiembre de hace muchos años cuando descubrí que el miedo, había encontrado en mí, un lugar cómodo para vivir.

A medio camino, de pronto entendí con claridad que la mayoría de mis decisiones respondían al miedo y no al amor. Evitaba cualquier cosa que me hiciera sentir incómoda o ansiosa y que me sacara de mi zona de seguridad. Entre decir lo que pensaba e incomodar a alguien, prefería quedarme callada; entre publicar mi trabajo y arriesgarme a que me criticaran, mejor me lo guardaba; entre decir que no y decepcionar a alguien, decía que sí.

Lo más irónico es que esa manera de vivir nunca me dio tranquilidad. Bien dicen que todo aquello a lo que le ponemos atención, crece. Yo me concentraba en lo que podía salir mal, y la consecuencia de vivir evitando lo que me daba miedo, era vivir con más miedo.

El inexplicable momento *¡Ahá!* me llegó cuando pude visualizar la gigantesca contradicción entre mi más grande anhelo y mi conducta.

Deseo ser abuela y vivir cien años para acompañar a mis hijas y nietos el mayor tiempo posible, así como para poder llevar a cabo todos mis planes, entre ellos, viajar y visitar muchos lugares. Pero a la vez, evitaba someterme a cualquier tipo de consulta o análisis médico —pasé unos siete años sin hacerme estudios de laboratorio, por ejemplo. No es que tuviera miedo a las agujas o piquetes, no era por ahí. Más bien me aterraba el posible diagnóstico de alguna enfermedad terrible. En ese entonces… *Si no busco, no encuentro*, era mi filosofía y la decisión que aliviaba mi miedo. Esta manera de lidiar con temas de salud fue el resultado de un susto que me llevé con mis estudios médicos de rutina hace muchísimo tiempo ya. Te contaré más adelante.

Mis acciones en el corto plazo estaban en guerra con mi deseo de tener una vida larga. Durante la caminata de esa mañana entendí que una decisión motivada por el amor me impulsaría a monitorear y atender mi salud. Esa conducta, alimentada por el amor, sería mucho más congruente con mi anhelo de quedarme largo rato por aquí.

Este descubrimiento me hizo cuestionar mi manera de vivir y me llevó a la siguiente conclusión: tenía que elegir la valentía por encima de la comodidad. Me gusta pensar que, en aquel momento, desperté.

En los años anteriores a ese momento de iluminación en la montaña, reinaba en mi vida una sensación generalizada de insatisfacción. Esto puede resultar irónico, pues me dedico a la Psicología Positiva y soy considerada experta en la Ciencia de la Felicidad. Sin duda, las herramientas de esta disciplina me ayudaban. No obstante, predominaba en mí una sensación de pesadez. Algo hacía falta. Sentía que llevaba una vida más bien tibia, enmarcada entre una gama de grises. Me sentía aburrida, cansada, y mi cuerpo parecía ser rehén de los achaques. Tiene que haber algo más que sentirse así, me decía una y otra vez durante las noches de insomnio. Estaba irritable, apática. Tenía una fuerte necesidad de silencio y deseo de pasar tiempo a solas.

La insatisfacción y la falta de felicidad son señales que vale la pena escuchar. Nuestra parte esencial se reúsa a mentir y pretender que todo está bien, cuando en realidad, no lo está. Cuando no dejamos que nuestra versión más auténtica vea la luz y la reprimimos, nos sentimos exhaustos, enojados, resentidos, enfermos, y recurrimos a toda clase de anestesias emocionales para pasar los días.

Así que decidí escuchar el llamado para cambiar mi vida. El detalle fue que éste venía con una enorme dosis de temor incluida.—Me gobierna el miedo—, pensé. Esa idea dio vueltas dentro de mi cabeza hasta que entendí que, de no atender el llamado, mi vida transcurriría controlada por esta emoción y yo estaría de manera permanente, tomando decisiones desde ese lugar.

Sabía que ignorarlo, esconderlo, sepultarlo bajo una tonelada de trabajo, limarle los bordes con dos copas de vino y negar su presencia, me dejaría exactamente en el mismo lugar. Como dice la frase: *Si continúas haciendo lo que siempre has hecho, seguirás teniendo lo que has tenido.* Seguir este camino ya no era una opción. Quería darle la cara al miedo. Verlo, sentirlo, escucharlo, entenderlo. Estaba decidida a hacerme cargo, a arrebatarle las riendas, a ser más libre, a vivir más feliz. Había leído más de una vez, que todo lo que deseamos está detrás del otro lado del miedo, había alcanzado el punto en que me resultaba más aterrador quedarme en el mismo lugar, que adentrarme en la batalla.

Mi recorrido comenzó con un plan básico: identificar mis miedos, hacer una lista honesta y ponerles nombre. ¿Qué me da miedo? ¿Quién me asusta? Apareció una reflexión que me llevó a buscar en el pasado: ¿Qué había dejado de hacer y qué caminos decidí no tomar por miedo? ¿De qué me perdí? ¿Quién dejé de ser cuando el miedo tomó el volante? ¿Qué versión de mí se había quedado guardada para no incomodar a alguien? Las preguntas y la curiosidad me hicieron avanzar: ¿Quién sería yo sin la presencia del miedo? O, mejor dicho, ¿quién sería yo, si avanzara a pesar del miedo? ¿Qué estaría haciendo o qué me gustaría hacer?

Fui planteándome preguntas, hasta que me topé con el tema del propósito de vida. ¿Cuál es la razón por la que estoy aquí? ¿Qué me gusta hacer? ¿Cuándo me siento llena de vida? ¿Cómo se ve una vida feliz para mí? ¿Cómo podría alinear la persona que soy por dentro, con el mundo exterior? ¿Qué miedos tengo que vencer para llevar a la acción mi propósito de vida?

Esta inquietud personal me llevó al encuentro de un trío inseparable: el propósito de vida, la autenticidad y el miedo. Protagonistas de temas que hoy me apasionan y motivos principales de este libro.

Somos más felices y tenemos vidas más plenas cuando podemos articular en una frase corta la razón por la que nos levantamos cada mañana, cuando sabemos cuál es nuestro propósito superior y lo llevamos a la acción. La palabra acción es fundamental, ya que es posible saber exactamente qué queremos, pero, a veces, no lo hacemos por cientos de razones. Para obtener los beneficios de nuestro propósito, este tiene que estar vivo y no guardado en algún cajón esperando el momento adecuado para salir.

¿Cuál era mi propósito de vida? ¿Podía articular en una frase corta la razón por la que me levantaba cada mañana? En realidad, no. La idea preconcebida que yo tenía era que para descubrir mi propósito tenía que viajar a los Himalaya, meditar en silencio un mes, y luego esperar sentada debajo de un árbol a que llegara ese momento en el que se abriera un boquete en el cielo y un rayo de sol escribiera mi propósito en la tierra.

Existen herramientas, metodologías y preguntas poderosas que nos ayudan a reconocer, descubrir y construir nuestro propósito de vida.

Todavía no voy a los Himalaya, pero sí tengo una idea clara de la razón por la que estoy aquí. En este libro compartiré contigo las estrategias que podemos utilizar para identificar las piezas que forman parte del rompecabezas.

Para darle vida a nuestro propósito superior y ponerlo en acción, es necesario ser auténticos. Quitarnos las máscaras es el primer paso, hacer lo que queremos, lo que nos gusta y sabemos hacer muy bien. Es condición atrevernos a vivir en congruencia con quien somos y no sólo para cumplir con las expectativas de los demás. Para lograr esto, nuestro *yo esencial* y nuestro *yo social* deben mantener una conversación fluida. De lo contrario, dejamos de ser auténticos, avanzamos por la vida sin compás y perdemos de vista nuestra propia estrella polar.

Alcanzamos nuestro propósito de vida y lo llevamos a la acción cuando somos nuestra versión más auténtica. Para esto tenemos que ser valientes y atravesar la barrera del miedo.

El miedo es el principal obstáculo para convertirnos en la persona que queremos ser, para cumplir nuestros sueños. El temor paraliza, devora nuestros sueños, hace trizas nuestros planes, transforma nuestra esencia. *En el cementerio yacen las mejores ideas*, dice una frase, también están allí todos nuestros *hubieras*.

Para poder vivir en la zona de nuestro propósito tenemos que ser nuestra versión más pura, la más apegada a nuestra esencia y para ello se requiere de mucho valor. Si no encontramos cómo ser valientes, corremos el riesgo de morir con nuestra música dentro.

La ausencia del miedo es un mito. Con frecuencia, postergamos decisiones o planes para ese momento en que no sintamos temor. Creemos que la ausencia del miedo será el indicador de que estamos listos. No es así. Cada vez que contemplemos la posibilidad de asumir un riesgo o de pisar territorio desconocido, seremos retados por el miedo.

El objetivo del miedo es mantenernos a salvo, el problema es que nuestro cerebro, no hace distinciones entre un miedo causado por una amenaza real, como una persona sacudiendo una pistola al aire, o el miedo causado por la idea de lanzarnos tras un sueño que no garantiza un resultado favorable o el nerviosismo que supone decirle a esa persona que es el amor de tu vida.

Esperar a convertirnos en alguien que no siente miedo es una pérdida de tiempo cuando se trata de hacer realidad nuestros más grandes deseos. Podemos estar seguros de que las dudas, los sentimientos de temor y ansiedad, serán nuestros fieles compañeros cada vez que intentemos dar un paso en caminos nuevos. Así venimos programados de fábrica. Las preguntas son entonces: ¿Cómo lidiar con el miedo? ¿Cómo andar con él? ¿Cómo avanzar ante su presencia?

Trabajar con el miedo implica embarcarse en un viaje escabroso. No siempre podemos hacerlo solos y necesitamos dejarnos guiar por un experto. Quizá un coach de vida o un terapeuta. Desde mi punto de vista y algo de experiencia, vale la pena emprender este viaje hacia la libertad y crear nuestras mejores versiones posibles.

Jóvenes y adultos podemos aprender las herramientas y llevarlas a la práctica para descubrir, definir o reconectar con nuestro propósito de vida. No es necesario esperar la llegada de una crisis o experimentar un cambio de vida forzoso para emprender esta aventura al interior y replantearnos.

Caigo en cuenta de que escribo este párrafo desde el confinamiento derivado de la pandemia global del COVID-19. Las crisis son excelentes oportunidades para aprender. Si de esta crisis sanitaria, salimos habiendo descubierto cosas nuevas acerca de nosotros mismos o habiendo definido lo que es verdaderamente importante para nosotros y lo que queremos hacer, habremos ganado mucho.

Lo cierto es que, no tenemos que estar en crisis para trabajar en nuestro propósito, ni para conectar con nuestra versión más auténtica. Tampoco es necesario entrar a la tercera edad para hacernos las grandes preguntas y enfocar nuestras energías para vivir el último tramo con la intención que nos hubiera gustado vivir toda la vida.

Dicen que enseñamos lo que necesitamos aprender. Mi viaje para encontrarme me llevó a leer mucho sobre estos temas. Lo que te comparto en este libro es mi recorrido. Lo que he usado y me ha funcionado. Continúo usándolo. Leyéndolo. Practicándolo. Pongo a tu disposición estrategias para reconectar con tu propósito o definirlo, para darle mantenimiento o hacerlo crecer, conocer y eliminar los obstáculos que, a todos, en algún momento, nos impiden vivirlo.

Mi intención al escribir este libro es compartir contigo lo que he aprendido y aportar ideas que vienen de la ciencia y que se ha comprobado que funcionan. Mi deseo es que en este texto encuentres algo que te mueva y, sobre todo, te inspire a salir en búsqueda de ti mismo y vivas la vida que siempre quisiste para ti, aunque estés muriéndote de miedo.

En estos últimos años he estudiado mucho sobre propósito de vida, autenticidad y miedo, esto no quiere decir que he superado todos mis miedos, pero sé que hoy estoy más cerca de mi versión auténtica que cuando inicié esta búsqueda. Las herramientas funcionan. Algunas batallas las he superado, otras todavía me van ganando. Estoy segura de que habrá otras que atender en el futuro. La vida nos regala siempre retos nuevos. Sin embargo, la claridad que he obtenido con respecto a la persona que quiero ser, hace más fácil la toma de mis decisiones. He aprendido a decir no, pero sobre todo he aprendido a decirle *sí* a la vida.

Nicole Fuentes K.
Monterrey, N.L., agosto de 2021

¿De qué no te arrepentirás?

Si supieras que estás a unos días de morir y te preguntaran: ¿Qué hubieras hecho diferente? ¿Cuál sería tu respuesta?

Bronnie Ware, enfermera australiana, dedicó su carrera a acompañar y ofrecer cuidados paliativos a personas en sus últimas semanas de vida. Ella charlaba con sus pacientes y les preguntaba si había algo de lo que se sintieran arrepentidos o harían diferente si tuvieran la oportunidad de vivir otra vez.

Con el paso del tiempo, Ware notó la claridad de visión que obtienen las personas al final de sus días y descubrió que ciertos temas salían de manera recurrente en sus conversaciones. Con sus aprendizajes escribió el libro *De qué te arrepentirás antes de morir: Los cinco mandamientos para tener una vida plena* (*The top five regrets of the dying: A life transformed by the dearly departing*), en el cual relata los arrepentimientos más comunes entre quienes saben que van a morir. He aquí un resumen de estos:

1. Me hubiera gustado tener el valor de vivir una vida auténtica y no la vida que otros esperaban de mí.
Cumplir las expectativas de otros y renunciar a los sueños personales es el arrepentimiento más común. Vivir para los demás, preocupados por el qué dirán o ajustarse a moldes prefabricados pesa al final de la función. Estudiar medicina para continuar con la tradición familiar cuando en realidad querías ser pintor, abandonar tu carrera profesional porque te casaste, tuviste hijos y la

expectativa es que atiendas tu casa, dejar de viajar porque a tu esposo no le gusta, renunciar a ser emprendedor porque tu pareja prefiere un trabajo seguro, no escribir una novela porque no estudiaste literatura.

Cuando el tiempo se agote y miremos hacia atrás, veremos en fila todos esos sueños que se quedaron en el tintero por decisiones que tomamos, que no tomamos o cosas que dejamos para después… *Cuando me jubile, cuando los hijos crezcan, cuando adelgace.*

Pateamos la felicidad y la ponemos a la vuelta de la esquina. Vivimos de prisa y la vida se escurre por los dedos. La felicidad es hoy y los sueños, para esta vida. ¿Por qué esperar una enfermedad, un accidente o a estar de cara a la muerte para honrar eso que verdaderamente nos importa?

2. Me hubiera gustado dedicar menos tiempo al trabajo.

Esto, especialmente cierto en el caso de hombres de generaciones mayores. Entregaron sus vidas al trabajo y en el trayecto se perdieron de momentos claves en las vidas de sus hijos y seres más queridos —primeros pasos, festivales, partidos, cumpleaños.

Hace un par de generaciones, eran pocas las mujeres que dedicaban sus vidas al trabajo fuera de casa. Esto está cambiando; cada vez más mujeres tienen una carrera profesional activa y pudieran correr el riesgo de caer presas de este arrepentimiento.

En retrospectiva, sólo unos cuantos momentos en la empresa son trascendentales y requieren de nuestra absoluta presencia. A tiempo pasado esa junta, en realidad, no ameritaba faltar al festival de baile o cancelar un viaje de vacaciones. La empresa sigue y el trabajo siempre espera al día siguiente en el escritorio o en el buzón de correo electrónico. No sucede lo mismo con los eventos especiales en la vida de quienes más queremos.

El trabajo es un ingrediente fundamental del bienestar y mantenernos activos en algo que nos gusta, hace más plena nuestra vida, pero no a costa de todo lo demás.

Al final de la vida, el dinero y las riquezas materiales pierden importancia. Que no se nos olvide darle valor al tiempo para crear momentos y recuerdos especiales. Viviremos y moriremos más felices si vamos creando espacios para lo significativo durante el recorrido.

3. Hubiera deseado tener el valor de expresar mis sentimientos.

Muchas personas reprimen sus sentimientos para mantener la paz y la armonía a su alrededor. Como resultado de esto, terminan resignados a una existencia gris o a una versión de sí mismos que nunca alcanzó su potencial.

Vamos por la vida conteniendo lo que sentimos, maquillando emociones o coleccionando lo que queremos decir, pero no decimos. Se nos quedan atrapados los *te quiero* detrás de los labios, olvidamos agradecer lo que otros hacen por nosotros, se nos escapan oportunidades por temor a pedir una promoción en el trabajo, levantar la mano para participar en un proyecto o preguntar si también podemos ir.

Recordemos dar atención, mostrar afecto y aprecio. El amor tiene que sentirse, verse y escucharse; el amor escondido no le sirve a nadie. No te quedes con las ganas de decirle a alguien que lo admiras, te inspira o lo tanto que te gusta. Cuando notes algo bonito en alguien, díselo. Lo que a ti puede tomarte un segundo, alguien puede recordarlo toda la vida.

4. Me hubiera gustado mantenerme en contacto con mis amigos.

En las últimas semanas de vida, las personas caen en la cuenta de la importancia y los beneficios de las viejas amistades. Muchos dejaron pasar el tiempo involucrándose en sus propias vidas y fueron descuidando sus lazos sociales. Al final, echan de menos a los amigos.

La vida pasa muy rápido. Nos dejamos atrapar por la rutina, las obligaciones y el trajín de cada día. Es sólo cuando miramos hacia atrás, que notamos la velocidad con la que pasaron los meses.

El ingrediente más importante para una vida sana y feliz son nuestras conexiones sociales. Cuando llega la hora, no es el estatus ni el dinero lo que importa. Todo se reduce al amor y a las personas especiales que nos acompañaron en el trayecto. Nutrir nuestros lazos sociales es la mejor inversión que podemos hacer.

5. *Hubiera deseado darme permiso de ser más feliz.*
Muchas personas concluyeron sus días reconociendo que la felicidad era —en buena parte— una decisión. Pasaron mucho tiempo atascados en sus zonas de confort, atrapados en sus hábitos, rehenes de sus miedos o limitados por la opinión de los demás, cuando en realidad les hubiera gustado reír, cantar, bromear y divertirse más.

Una parte de nuestra felicidad depende de lo que hacemos y pensamos todos los días. Podemos decidir cómo pasar nuestros ratos… ¿Decides bailar en una fiesta porque te gusta o te quedas sentado por temor a lo que opinen los demás sobre tu falta de ritmo? ¿Te quedas sentada bajo la palapa con tu blusa y tus shorts porque tienes unos kilos de más o te lanzas al agua a nadar y pasarla bien? ¿Por qué no empezar a ser felices hoy?

El libro de Ware me puso a pensar por adelantado. Cuando era más joven y tenía toda la vida por delante, pensaba en todo lo que haría *cuando fuera grande*. Había tiempo de sobra. Hace varios años, alcancé ese punto que antes parecía muy lejano y caer en la cuenta de que ya estoy grande, fue como darme un frentazo contra la pared. Había estacionado varios sueños en el camino, no había empezado proyectos importantes, dejé pasatiempos, perdí contacto con algunas de mis mejores amistades, mi círculo de acción estaba reducido a mi familia y a mi casa. Si hubiera recibido en esos días un memorándum con la noticia de que mis días estaban contados, me hubiera sumado a la lista de personas con esos cinco arrepentimientos.

¿Por qué nos conformamos? ¿Por qué renunciamos a nuestros sueños tan fácil? ¿Qué nos hace pensar que tendremos tiempo después? ¿Por qué estamos dispuestos a vivir quedándonos cortos de nosotros mismos? ¿Por qué aceptamos versiones mediocres de nuestros más grandes anhelos?

Glennon Doyle, autora de libro *Indomable: Deja de complacer, empieza a vivir* (*Untamed*), nos dice que quedarnos en la zona *razonable* o *suficientemente buena* es más cómodo y seguro. Pero es justo ahí, donde las personas comienzan a tomar alcohol, a sentirse enfermas y amargadas. Donde empiezan a sentir y vivir una desesperación silenciosa hasta que se encuentran en su lecho de muerte imaginando qué tipo de mujer (u hombre), de relación amorosa, familia, mundo hubieran creado si hubieran sido más valientes.

La ciencia muestra que a medida que vamos envejeciendo, el cúmulo de lamentos de caminos no tomados, aventuras no vividas y sueños no cumplidos, van transformándose en toxinas que lentamente apagan nuestra chispa, esperanza y ganas de trazar nuevas metas. Y cuando nos llega la hora de partir, nos encontramos en la antesala rodeados de nuestros entrañables *hubieras*.

Conocer las cinco cosas más comunes de las que se arrepienten las personas que saben que van a morir, nos da la oportunidad de corregir el camino cuando aún quedan kilómetros por recorrer.

En su libro *Getting GRIT*, Caroline Adams Miller, nos habla de un ejercicio que me parece muy poderoso. Se llama: ¿De qué no me arrepentiré? y consiste en hacer una lista de los cinco arrepentimientos que NO queremos tener al momento de morir. Una vez que los tenemos identificados, es necesario trazar un plan y tomar acciones desde hoy para no tener que arrepentirnos de ellos.

No sé tú, pero a mí me parece que uno de los miedos más peligroso que existe es el miedo a no vivir plenamente. Estoy convencida de que NO quiero arrepentirme de no haber tenido el valor de vivir una vida auténtica, de no convertirme en la persona que quiero ser. El margen de maniobra se reduce y ahora es cuando.

Un vistazo a tu interior:

¿De qué NO te arrepentirás?

_____

_____

_____

_____

PRIMERA PARTE:

MIEDO

El miedo y yo

El miedo se define como una sensación de angustia por la presencia de un peligro real o imaginario. He sido rehén de esa sensación gran parte de mi vida. El miedo ha sido uno de mis más fieles compañeros de viaje y, hasta hace unos años, ocupaba el asiento del conductor.

Crecí en una familia en donde el mundo se concibe como un lugar peligroso. Ahora comprendo que muchos de los miedos que me han acompañado en el trayecto, fueron el resultado de los mensajes que escuché y la educación que recibí en casa. La palabra clave era *cuidado*. Andar en bicicleta era accidente seguro, jugar en la calle impensable, viajar en avión un mal necesario, la salud era frágil, el cáncer hereditario, la situación económica impredecible, la maldad contagiosa, la estabilidad del país cuestionable. Esta manera de percibir el entorno tiene sustento en las experiencias de cada uno de mis padres, de los eventos traumáticos por los que atravesaron y de las situaciones difíciles que nos tocó vivir. Años después, cuando me hice mamá, se abrió la puerta a un mundo lleno de miedos diferentes. Conocí la verdadera definición de preocupación y mi lista creció. Había tantas cosas nuevas a las que tenerles miedo.

Dice Simon Sinek, autor del libro *Empieza con el por qué (Start with Why)*, que el miedo real o imaginario es una excelente arma de manipulación y, dado que está sólidamente sentado en nuestra motivación biológica para sobrevivir, esa emoción no puede ser eliminada con hechos y datos. El miedo es una gran estrategia para educar a los hijos, provocar que las personas sigan los códigos de ética y conducta, usar el cinturón de seguridad o cuidarnos contra el sida. El miedo forma parte de nuestras vidas y aprendemos a ser temerosos también a partir de los mensajes que escuchamos a nuestro alrededor.

Muchas personas coleccionan estampillas de correo, caracoles que recogen en playas que visitan, boletos de conciertos a los que asistieron, y yo coleccionaba miedos. Algunos de ellos eran el resultado exclusivamente de lo que yo imaginaba que podía pasar, otros tenían cierta conexión con la realidad. Donde no hacían diferencia alguna, era en la angustia y parálisis que me provocaban.

Además, la opinión del miedo fue siempre muy importante para mí. Así que antes de tomar cualquier decisión, me aseguraba de consultarla con él. Gracias a su siempre disponible orientación, acumulé una buena cantidad de ideas no concretadas, oportunidades perdidas y experiencias no vividas. Por varios años me quedé al margen de mi propia historia.

Conectando los puntos hacia atrás, como decía Steve Jobs, entiendo que yo no estaba consciente de estar tan atrapada en el miedo. Admiraba a las personas que desde mi punto de vista *no sentían miedo*, eran mucho más libres y caminaban más ligeros que yo. Pensaba que eran afortunadas por tener una disposición menos sensible a esta emoción.

Mi manera de relacionarme con el miedo cambió un lunes de hace varios años durante una caminata en mi montaña favorita, cuando entendí con claridad que la mayoría de mis decisiones respondían al miedo y no al amor.

Una de mis fortalezas de carácter —hablaremos de esto más adelante— es el amor por el aprendizaje. Así que, una vez que hice esta conexión, decidí aprender todo lo posible sobre el miedo. A partir de ese momento, las cosas comenzaron a cambiar.

Empecé a sentir curiosidad por mirar al miedo y el valor para intimar con él.

Ahora lo conozco mucho mejor.

Reconozco su presencia en mi cuerpo. Sé que en ocasiones me envuelve con una sábana fría, altera mi ritmo cardiaco saltándose latidos, aprieta mi garganta y me paraliza. Otras veces, me inyecta una ráfaga de aire caliente que viaja de pies a cabeza, desboca mi corazón, tensa mis músculos y me impulsa a salir corriendo a toda velocidad. Me quita el sueño, me roba la paz.

Conozco a la mayoría de mis temores por nombre, he investigado de dónde o por qué llegaron; eso los hace menos tenebrosos y más manejables. Algunos de mis miedos, incluso, ya están en la lista de recuerdos. Sólo queda una pequeña sombra de su existencia. Las estrategias y las herramientas para administrar el miedo funcionan.

La función del miedo es protegernos del peligro. Los humanos tenemos cableado un sistema de supervivencia que activa el mecanismo: *Pelea, escapa o paralízate* ante la presencia de una amenaza real o percibida.

Cada uno de nosotros reaccionamos de manera diferente al miedo. ¿Cómo es tu estilo? ¿Peleas? ¿Te congelas? ¿Corres?

Escapar, evadir y esconderme del miedo siempre ha sido mi mecanismo preferido. Retirarme físicamente, refugiarme en un lugar solitario y alejado del resto de la gente. Ponerme en modo silencio, escapar, aunque sea dentro de mi cabeza, metiéndome en un libro o subiendo el volumen de la música, montarme a la bicicleta, tomar una copa de vino, ignorar su presencia, decidiendo no atender temas y guardándolos en el fondo de un cajón como si fueran calcetines viejos, apostando a que el miedo se aburra de esperarme y decida retirarse.

O pensar demasiado. Pensar, pensar y pensar sin fin. Darle vueltas a la misma idea, verla desde todos los ángulos, encontrarle y contarle todas sus fauces, pero sin pasar a la acción.

Recuerdo que cuando tenía unos ocho o nueve años, uno de mis más grandes miedos era que alguien entrara en mi casa en la noche a robar. Cuando escuchaba cualquier ruido, me invadía una tensión difícil de poner en palabras, como si cada ligamento de mi cuerpo fuera estirado al máximo. Mi primera idea era siempre correr al cuarto de mis papás. A veces, después de mucho juntar valor, me levantaba de la cama en absoluto silencio, caminaba de puntitas, abría la puerta con todo el cuidado y la lentitud del mundo, asomaba la cabeza y cuando confirmaba que no había nadie en el pasillo corría a su recámara. Había noches en que el miedo era tan grande que no lograba salir de mi cuarto. Entonces me tapaba con las cobijas, asegurándome de cubrir cada milímetro mío. En mi lógica, si alguien entraba a mi cuarto no podría verme.

Años más adelante, me llevé un susto en un examen médico anual de rutina. A partir de ahí, desarrollé un miedo ingobernable a cualquier tipo de revisión médica. No eran los procedimientos los que me asustaban, sino los posibles resultados. Para no recibir diagnósticos fatalistas, la solución fue simple: dejé de checarme unos siete años. *Mejor no saber*, fue mi filosofía en este departamento. *Fuera de mi vista, fuera de mi mente* era mi frase de batalla y entre mis armas preferidas estuvieron siempre: desaparecer y volar por debajo del radar.

Nunca logré vencer temores con esa táctica. Hoy me queda claro que, entre más ganas y esfuerzo ponemos en ignorar nuestros miedos, en esconderlos, en aislarnos con ellos, más grandes y feroces se vuelven.

Escapar de eso que nos da miedo, es casi siempre nuestro primer impulso. Y es una excelente idea para esas ocasiones en que nos persigue un oso hambriento por el bosque o una persona grita al tiempo que saca un arma en el restaurante donde estás comiendo. En otras palabras, funciona de maravilla cuando el miedo proviene de una amenaza real, identificable y que obliga a la acción.

No lo es tanto cuando se trata de echar a volar un proyecto, desarrollar una idea, aceptar una invitación, taparnos la vista ante realidades dolorosas o expresar tus opiniones. Tampoco sirve de mucho cuando nos sentimos atemorizados, pero no sabemos por qué.

Escapar de un miedo no identificado o evadir uno ya conocido es, en el mejor de los casos, un tratamiento paliativo que alivia, pero no corrige el problema de raíz.

El miedo no desaparece. No existe tal cosa como no sentir miedo ante la idea, la necesidad de dar un paso fuera de la zona de seguridad para entrar a la incertidumbre. La amígdala, especialista en cuestiones emocionales y encargada de mantenernos a salvo, te dirá… *no lo hagas, no seas tonta, mira, aquí está la página de Amazon, cómprate unos zapatos bonitos.* La única alternativa es hacer lo que quieres con todo y el miedo, ser valiente.

En esta búsqueda personal para entender, conocer y manejar el miedo, me topé con un poema muy bello de Marsha Truman Cooper que se llama *Fearing Paris / Temiendo a París.*

Hace alusión al intento que hacemos las personas de aislar el miedo, de contenerlo en un espacio, de pintar una raya y mantenernos del otro lado, lo más lejos posible. Pensamos que, al guardar nuestro temor en un clóset, lo único que tenemos que hacer es asegurarnos de no abrir la puerta.

Esto es misión imposible. Los miedos desatendidos no saben de jaulas, límites ni de puertas cerradas. Encuentran la manera de alcanzarnos.

La única manera de salir de los miedos es atravesándolos.

Un vistazo a tu interior:

¿Cómo es tu relación con el miedo?

_____

_____

_____

_____

_____

Anatomía del miedo

Nuestro centro emocional está ubicado en la parte más primitiva del cerebro, también se le conoce con el nombre de cerebro reptiliano, y es comandado por la amígdala, una pequeña estructura con forma de almendra.

Todo lo que percibimos con nuestros cinco sentidos pasa por su terreno. Monitorea lo que sucede a nuestro alrededor. En la arquitectura del cerebro, la amígdala es como una compañía de alarmas donde los operadores están listos para llamar de emergencia al departamento de bomberos o a la policía.

En términos muy simplificados, los seres humanos tenemos dos mentes: una que piensa y otra que siente. Una mente racional y una mente emocional. Cabeza y corazón.

La mente racional es el modo de compresión del que somos conscientes, está en la superficie. Esta mente piensa, analiza, reflexiona, planea, organiza. Por otro lado, la mente emocional está directamente conectada con nuestro mecanismo de supervivencia, es impulsiva, poderosa y algunas veces ilógica.

Ante la percepción de una amenaza, el instinto toma el control sobre la razón y activa el mecanismo de supervivencia. Nos mantiene vivos. No se detiene a pensar. En situaciones de emergencia, la mente emocional toma el control y secuestra a la razón.

La cosa es que, en ocasiones, las emociones secuestran a la razón en respuesta a personas o situaciones que no califican estrictamente como situaciones de vida o muerte o verdaderas emergencias.

En la vida moderna hay muchos detonadores y tenemos que aprender a hacer pausas para no disparar constantemente el sistema de emergencias y no despachar el camión de bomberos a todos lados. Es importante saber distinguir situaciones de verdadero peligro de las que no. De lo contrario estamos siendo disparados emocionalmente todo el tiempo.

Como dije antes, el miedo hace sentido cuando una amenaza de peligro tiene forma de rata rabiosa que aparece repentinamente en tu camino, de sangre brotando de una herida a borbotones luego de un accidente, de turbina de avión en fuego o de dos personas drogadas con navajas en las manos. En otras palabras… cuando el peligro es real e inminente.

Los seres humanos podemos sentir miedo y activar todas las alarmas de nuestro sistema nervioso central en respuesta a una amenaza percibida o imaginaria.

Podemos detonar exactamente el mismo mecanismo de supervivencia con un pensamiento y vivir en un estado permanente de alerta o estrés crónico.

Voy a recurrir al ejemplo que más encuentro en la literatura. Una gacela puede estar comiendo tranquila, detectar un león y asustada escapar corriendo a toda velocidad. Si logra hacerlo y el león desaparece, la gacela regresa a la calma y continúa comiendo como si nada hubiera pasado. Las personas, en cambio, podemos quedarnos atrapados en el estrés por mucho tiempo, incluso, aunque la amenaza haya desaparecido.

Los miedos atados a peligros reales son útiles y necesarios. Es bueno, por ejemplo, tener miedo a darle unos tragos a una botella de cloro o a caminar al borde de un precipicio en un día de huracán con ráfagas de viento de cien kilómetros por hora.

Un miedo que tiene una causa identificable nos impulsa a la acción: una persona gritando furiosa en un restaurante con un bate de béisbol provoca que te escondas bajo la mesa o te prepares para defenderte.

Los miedos imaginarios o percibidos, en cambio, son como una gran nube de ansiedad o una preocupación que no alcanzamos a enfocar y nos congela. Estos miedos son peligrosos, fervientes enemigos de la libertad y el crecimiento personal, amantes de la zona de seguridad y pesimistas de hueso colorado. Aniquilan nuestros sueños, arruinan oportunidades y crean un abismo en donde se pierde lo que nuestro corazón anhela. En ese espacio viven todos nuestros *hubieras*.

Huir o paralizarnos de miedo no es una buena idea cuando se trata de echar a volar nuestros sueños y de convertirnos en la persona que queremos ser. Este tipo de miedo nos deja a la orilla de nuestra propia vida.

Uno de los aprendizajes más valiosos para mí a lo largo de este proyecto personal de administrar el miedo, es que no existe tal cosa como la falta de miedo. Las personas valientes no eliminan o borran el miedo de sus mentes. Está presente, sólo que saben cómo manejarlo e incluso usarlo en su beneficio. Moverse hacia adelante, a pesar del miedo, es justo lo que las hace valientes. Las personas podemos aprender a gestionar nuestros miedos. Podemos recuperar el control del volante de nuestras vidas. Entendiendo que el miedo continuará acompañándonos en el camino, pero desde el asiento del copiloto. Sabremos que viaja con nosotros, le daremos la bienvenida, pero le diremos: *Puedes opinar, te escucho, pero yo decido, yo manejo. Ponte cómodo, abróchate el cinturón de seguridad. Aquí vamos.* Decía Alfred Hitchcock que no hay nada más placentero que un miedo controlado. Si logramos manejar nuestros miedos, no solo disfrutaremos de una vida más plena y feliz, sino del placer de haberlo superado.

Tipos de miedo

Sólo por curiosidad busqué en el internet los miedos más comunes. (Me parece divertido que exista una lista para enumerar prácticamente todo lo que se nos ocurra). De acuerdo con Allyson Horn, reportera del noticiero ABC, los diez más comunes son: miedo a los espacios abiertos, a los espacios cerrados, a las alturas, a los aviones, a los insectos, a las arañas, a los perros, a las tormentas y a las agujas. Por años fui cliente del miedo a los aviones.

Revisar esta lista fue un ejercicio interesante, pues descubrí que lo que para alguien puede ser terrorífico, para otra persona puede ser una fuente de gran satisfacción y felicidad. Encontrar que el miedo a los perros es uno de los más comunes, me sorprende. No es mi miedo, por el contrario, me fascinan los perros y no concibo mi vida sin compartirla con ellos. En cambio los aviones me aceleran el corazón y disparan mis sistemas de alerta, en tanto que para otras personas son lugares para dormir plácidamente. Hay quienes gustosos se enredan una víbora de tres metros alrededor del cuello y sonríen para la foto, y yo ante la simple presencia de ese tipo de animal quiero salir corriendo. Esto me dice que los miedos son personales. Cada mono con su circo.

También busqué los miedos más raros. Me sorprendí. Miedo al color amarillo, al queso, a quedarse dormido, a los pájaros, a los árboles, al ombligo, a no tener teléfono, a la lluvia, al cielo, a los hoyos, a los espejos, a ir al colegio. Hay un sabor de miedo para todos.

Si pienso en todos los tipos de miedo que conozco, podría clasificarlos en diferentes categorías.

Están los miedos que nos ayudan a mantenernos vivos y se activan automáticamente cuando estamos en situaciones de emergencia o nos ponen en peligro de muerte que son los miedos que responden a amenazas reales y que ya mencionamos antes.

Algunos miedos nacen a lo largo del camino en respuesta a un evento traumático, una noticia, una experiencia que nos deja tocados, vulnerables, desprevenidos y se quedan sellados en nuestra memoria y en nuestro cuerpo. Un accidente automovilístico, un aterrizaje forzoso, un secuestro, una caída, una situación de abuso, vivir en compañía de una persona emocionalmente inestable e impredecible, la pérdida de un ser querido o del trabajo, una situación vergonzosa, ser objeto de una ridiculización.

Otros miedos los aprendemos, los adoptamos, los copiamos de alguien más. El miedo a manejar en carretera o en calles empinadas, a nadar en el mar, a la falta de dinero, al que dirán los demás, al dentista, a las enfermedades, a la soledad. Miedo a vivir, a ser libre, a ser auténtico, a decir que no, a cometer un error.

Algunos parecieran no tener explicación. Llegan como si alguien los hubiera depositado en nuestras manos. Estaban disponibles y a alguien tenían que tocarle. ¡Miedo a tocar superficies con los pies descalzos o al color amarillo! —como decía la lista de miedos extraños.

Están los miedos anticipados. Cuando tenemos un viaje y pensamos en todo lo que podría salir mal, empezando porque se caiga el avión; una conferencia donde podría fallar el proyector o podría olvidarme del contenido; un incendio en el salón de fiestas en los quince años de nuestra hija; que tu amor no sea correspondido cuando lo declares.

Un miedo a la vez muy común y extraño, es el que sentimos cuando todo va bien. Nos invade una sensación de sospecha. *Si todo va bien es porque algo está por salir mal*. Como dicen, estamos esperando que caiga el otro zapato.

A lo largo de mi vida he tenido por lo menos un miedo en cada una de las categorías. Ciertos miedos están ya en tiempo pasado, otros siguen en tiempo presente y, sin duda, aparecerán unos cuantos en tiempo futuro. Miedo a que algo le pase a mis hijas, a mis papás, a mi esposo, a mis hermanos, a mis amigos; miedo a que alguien entre a robar a la casa estando nosotros dentro, miedo a que me jalen los pies en la noche, a no tener suficiente dinero, a los resultados de exámenes médicos, a una masa de cuatro centímetros en el hígado, a los aviones, al aparato para medir la presión, a no cumplir con las expectativas de los demás, a decir que no, a ser una terrible mamá y llenar de traumas a mis tres hijas, a incomodar a alguien con mis talentos, a la falta de control, a pedir lo que me corresponde en el trabajo, a levantar la voz, a las tardes de domingo.

Mi lista resultó larga, pero era importante hacerla.

El primer paso para resolver un problema consiste en reconocerlo. En detenernos para dibujarle el contorno, ponerle nombre y partir de la realidad.

Y tú…

Un vistazo a tu interior:

¿Sabes cuáles son los miedos que tienes que atender? ¿Cuáles son los miedos específicos que enfrentas en este momento? Reconoce tus miedos y haz una lista.

_____

_____

_____

_____

_____

¿Cómo se manifiesta el miedo?

El miedo se define como una respuesta física y emocional, una sensación de angustia, por la presencia de un peligro real o imaginario.

Ante la presencia de una amenaza real a nuestra vida, nuestro sistema nervioso central se prepara para pelear o escapar de diferentes maneras: eleva la presión arterial, acelera el metabolismo, eleva el nivel de glucosa, agiliza la actividad cerebral. El corazón bombea sangre a los músculos grandes —como las piernas—, suprime el sistema inmune dado que no es considerado como esencial para lidiar con la amenaza inmediata. De aquí lo peligroso de vivir en un estado de alerta crónico; el sistema inmunológico se debilita y nos hacemos más propensos a las enfermedades.

En la definición de miedo se incluye el concepto de peligro imaginario, pues nuestro cerebro no distingue entre amenazas reales e imaginarias, responde a ambas. Y, aunque las respuestas físicas y emocionales quizá no sean tan pronunciadas como cuando el peligro es incuestionable e inminente, están presentes.

La manifestación física del miedo puede ser diferente para todos. En un contexto médico, ante diagnósticos inciertos, por ejemplo, a mí se me baja la temperatura corporal, me castañean los dientes, me paralizo. Se me va el habla, las piernas se me hacen de pan, me tiemblan las manos, a veces, tiemblo toda yo. Hace muchos años, cuando recién empezaba mi actividad como conferencista, antes de una presentación para una audiencia grande, me sudaban las manos, se me secaba la boca, mi ritmo cardiaco galopaba, el estómago se me contraía.

Con frecuencia, el miedo se manifiesta de maneras que no necesariamente etiquetamos como *miedo*. Kate Swoboda, autora del libro *El hábito del coraje (The courage habit)*, explica que el miedo puede manifestarse en maneras o comportamientos que no asociamos con esta emoción: irritabilidad inexplicable, olvidos crónicos, vivir en las nubes, agotamiento, problemas de salud, complacer a los demás, trabajar en exceso. Muchas veces, debido a que no tenemos un vocabulario emocional amplio que nos permita afinar o delimitar la emoción que nos atraviesa, nos quedamos con la palabra miedo, pero no logramos bajar a un nivel más profundo para identificar qué provoca eso que definimos como miedo. No tenemos palabras para distinguir los diferentes sabores de miedo: inseguridad, marginación, ridiculización, angustia, ansiedad, agobio, humillación.

Sentimos el miedo en el cuerpo, no sólo en la cabeza, pues es una respuesta primaria —viene del cerebro reptiliano. Por esta razón, una estrategia para comenzar a trabajar con nuestros miedos es reconociéndolos en nuestro cuerpo. No es posible avanzar únicamente utilizando la lógica, queriendo argumentar con ellos o contra ellos. Es fundamental conectar con nuestro cuerpo para aprender a distinguir cada una de las emociones que experimentamos.

Un vistazo a tu interior:

¿Cómo experimentas el miedo? ¿Dónde se manifiesta físicamente? Piensa en la última vez que sentiste mucho miedo. ¿Qué pasa en tu cuerpo?

_____

_____

_____

_____

El hábito del miedo

El título del libro de Swoboda, *El hábito del coraje*, me llamó la atención, pues sí la valentía es un hábito, entonces ¿podría desarrollarlo para hacerle frente al miedo?

Y es que para mí, el miedo es mi copiloto, mi compañero infalible de viaje y no me gusta. Me provoca emociones incómodas y sabotea mis sueños con su increíble capacidad para señalar todo lo que puede salir mal.

Había recurrido a todos los remedios conocidos para deshacerme de él. Había subido la música a todo volumen para no escucharlo, me había disfrazado para que no me reconociera, lo había escondido en la cajuela para no verlo, rompí relaciones diplomáticas con él cualquier cantidad de veces asegurándole que no lo quería, le grité con todas mis fuerzas que se bajara del carro, traté de anestesiarlo y puse toda mi esperanza en la llegada del día en que se cansara y desapareciera.

¡Nada!

Ahora mismo me acompaña mirando lo que escribo por encima de mi hombro.

Me gustaría dejar de sentir tanto miedo, sería un fuerte candidato en mi lista de tres deseos para el genio de la lámpara maravillosa.

Leyendo el libro de Swoboda, aprendí varias cosas muy valiosas, algunas de las cuales te comparto a continuación.

La primera es que la falta de miedo es un mito. No existe tal cosa como su ausencia cuando deseamos lanzar un proyecto importante, necesitamos tomar una decisión difícil, queremos iniciar una nueva relación, intentamos algo diferente o pisamos territorios desconocidos. Y admitir que sentimos miedo no significa que somos personas débiles ni inseguras, sino seres humanos.

La segunda es que no es posible eliminar el miedo a punta de ganas, ni llega el día en que dejaremos de sentirlo por completo. (Bueno igual y sí, pero ya tampoco nos daremos cuenta). Al miedo hay que hacerle frente.

La tercera es que el miedo es un hábito y, si conocemos la ciencia detrás, entonces tendremos recursos para reconocerlo y avanzar en la dirección de nuestros sueños atravesando las cortinas de humo que nos fabrica.

¿Cómo se forma un hábito de miedo?

Igual que cualquier otro.

Cambiar hábitos no es fácil y la manera en cómo funciona nuestro cerebro tiene mucho que ver.

Nuestras actividades caen en dos categorías: procesos automáticos —alrededor del 95 %— y procesos intencionales. Las actividades automáticas —como nuestros hábitos— están controladas por sistemas increíbles que nos permiten, por ejemplo, manejar mientras hablamos con alguien más o responder instintivamente a una amenaza con el mecanismo de pelea o escape. Los procesos intencionales, en cambio, requieren de lenguaje y pensamiento cognitivo.

Jonathan Haidt, en su libro *La hipótesis de la felicidad, (The Happiness Hypothesis)*, hace una analogía de estas actividades con un elefante y un conductor. El inmenso elefante representa nuestro procesador automático, nuestros hábitos; mientras que el pequeño jinete encima del animal simboliza nuestros procesos controlados y fuerza de voluntad.

El conductor puede dirigir al elefante con las riendas, pero el animal prefiere ir por los caminos conocidos, va por donde encuentra gratificación y es más fácil. El conductor requiere de un esfuerzo monumental para cambiar el comportamiento del elefante. Cuando el jinete se cansa, afloja las riendas y entonces, el elefante recupera el control y lo usa para ir por donde está acostumbrado a hacerlo.

El conductor puede ser mucho más listo que el elefante, pero no es tan fuerte, ni tiene batería suficiente para tomar decisiones todo el día. Por eso, cuando estamos cansados regresamos a nuestro modo *automático* y hacemos las cosas sin darnos cuenta.

Cuando comemos delante de la televisión decimos *una galleta más* y alejamos con mucho trabajo el plato, pero cuando nos distraemos, el elefante lo jala con la trompa.

Los hábitos o rutinas simplifican los esfuerzos que requerimos para realizar nuestras actividades diarias. Liberan espacio y energía en nuestro cerebro, que podemos utilizar para realizar procesos de pensamiento más complejos —encontrar soluciones a problemas, hacer análisis, diseñar estrategias.

De todo lo anterior, podemos concluir que una buena parte del éxito en esto de cumplir con nuestros propósitos o metas personales consiste en convertirlos en hábitos. Y dado que esto no es sencillo, debemos concentrarnos en un sólo cambio a la vez, pues el esfuerzo necesario para lograrlo es tan grande como un elefante terco.

Haidt también nos explica que, para cambiar un hábito, es necesario que nuestro jinete tenga la habilidad de distraer y convencer al elefante de aventurarse por un camino diferente la cantidad de veces suficientes para que éste se lo grabe y luego lo recorra automáticamente. La repetición es clave, como dice el dicho… *Se hace camino al andar.*

¿Cómo reentrenamos al elefante?

Los hábitos tienen tres componentes principales: detonador o señal, rutina y gratificación. Christine Carter los explica de manera muy sencilla en su libro *The Sweet Spot*.

Detonador. El detonador o señal le dice a nuestro cerebro que se ponga en modo automático y además le indica cuál hábito usar. Equivale al tirón de riendas que echa a andar al elefante en cierta dirección, el gatillo que dispara la acción. Algunos ejemplos de detonadores son: emociones, pensamientos, lugares, cosas en el entorno, ciertas horas del día, sonidos, olores, personas, fechas.

Rutina. La conducta o serie de comportamientos que siguen al disparo de salida. La rutina es el camino que toma el elefante. Las primeras veces, el jinete guía al elefante. Después de muchas repeticiones, el animal camina solo. Algunas rutinas pueden ser comportamientos físicos, por ejemplo, ponernos el cinturón de seguridad cuando entramos al carro, mordernos las uñas cuando vamos a presentar un examen, gritarle a tus hijos luego de ser criticado por tus padres. Otras pueden ser hábitos mentales o emocionales, por ejemplo, llegar a la casa sola puede disparar el pensamiento: *Siempre estoy sola y no me gusta,* que genera la rutina emocional del: *Me siento triste.* Ir al doctor puede detonar un sentimiento de estrés o miedo por las noticias que pudiéramos recibir.

Premio o gratificación. Creamos hábitos cuando entrenamos al elefante con mensajes químicos del sistema que registra el placer en nuestro cerebro. Cuando realizamos actividades agradables como comer rico, leer un mensaje lindo, bailar o lograr algo, nuestros neurotransmisores mandan un mensaje que dice: *Esto se siente bien,* que produce sensación de placer y nos motiva a volver a hacer esa actividad. Cuando le damos una cucharada al bote de Nutella o nos fumamos un cigarro y baja nuestro nivel de ansiedad, sentimos placer/alivio, sin duda, buscaremos repetirlo. Todos los animales y seres humanos aprendemos a repetir comportamientos por los cuales recibimos premios.

¿Qué hacemos con esta información?

Es muy importante identificar los detonadores, rutinas y premios de nuestros hábitos para poder construir nuevos o modificar los existentes.

Va un ejemplo. Digamos que quieres cambiar el hábito de fumar a media mañana. Tu detonador es la hora del descanso o cuando completas alguna tarea, la rutina es salir a fumar y la gratificación es sentir menos ansiedad, una dosis de nicotina o el contacto social con tus compañeros.

Para hacer más fácil el cambio de hábito, conserva el detonador, pero reemplaza la rutina. En lugar de fumar podrías tomar un té caliente o comer algo saludable. Haces un pequeño cambio que le haga pensar al elefante que va por el mismo camino.

Si no sabes cuáles son los detonadores de un mal hábito, toma nota durante algunos días de todo lo que sucede antes del comportamiento hasta que lo identifiques.

Lo mismo aplica cuando quieres construir un hábito nuevo. Supongamos que es tomar vitaminas. Si todos los días vas a la cocina a preparar una taza de café, construye sobre este hábito y deja el frasco con las vitaminas junto a tu taza. Así será más fácil acostumbrarte a tomarlas.

Tenemos todo tipo de hábitos… lavarnos los dientes después de comer —espero— salir de la cama cuando suena la alarma, comer a cierta hora del día, felicitar a las personas que queremos en su cumpleaños. Algunos de estos hábitos tienen detonadores y rutinas muy fáciles de identificar.

Muchas de las experiencias emocionales que seguimos en la vida siguen este mismo circuito de estímulo, rutina y gratificación, incluyendo cómo experimentamos el miedo y cómo respondemos a este. Pero no es tan fácil distinguirlas.

Recibir una crítica puede provocar una sensación de inseguridad que nos conduce a tomar un par de cervezas para anestesiar ese sentimiento incómodo. Pensar: *Nadie va a quererme porque estoy vieja,* produce tristeza y genera una visita al centro comercial para comprar zapatos. Sentir miedo por conocer a alguien nos lleva a cancelar la reunión y a experimentar el alivio temporal de habernos sacudido el compromiso.

Nuestro cerebro está diseñado para eliminar las emociones incómodas y salir de tierras peligrosas. El miedo nos empuja a reducir la tensión lo más rápido posible, incluso cuando la acción sea contraria a nuestros sueños y bienestar de largo plazo. ¿Estás ansioso?… ¿Cerveza o meditación? ¡Cerveza! ¿Te da miedo poner tu proyecto sobre la mesa en la reunión de planeación? ¿Abro la boca o lo dejo para la próxima? ¡Déjalo para la próxima! ¿La invito a salir o me espero una semana más? ¡Espérate!

Swoboda explica también que, cuando la duda para nosotros mismos es fuerte e intensa, estamos cableados para tratar de liberar la tensión lo más rápido posible, incluso cuando la opción para hacerlo nos aleje de lo que en verdad queremos. Cuando decimos que *estamos cableados* es porque el proceso de estímulo, rutina y gratificación se origina en los ganglios basales de nuestro cerebro. Estos recogen lo que pasa en nuestro cuerpo, en el entorno y determinan qué tenemos que hacer para hacernos cargo. Cuando sentimos miedo y duda, su misión es deshacerse de la tensión que causan esas emociones y, con base en lo que ha resultado en el pasado, sugieren rutinas que hagan que nos deshagamos del miedo rápido. Cada vez que respondemos de esta manera, reforzamos el ciclo completo.

En sus palabras: *El miedo no es lógico y el cambio es un proceso. Nuestros viejos patrones juegan en nuestro inconsciente, incluso* cuando «ya sabemos». *Podemos lógicamente saber qué queremos cambiar para vivir de la manera en que nuestra versión más valiente lo haría; sin embargo, la sensación de miedo en nuestro cuerpo puede ser tan paralizante que volvemos a elegir las cosas que sabemos no funcionan, pero que son conocidas y familiares.*

Todos experimentamos el miedo de diferente forma y respondemos a él de distintas maneras, pero el circuito *detonador-rutina-gratificación* funciona igual para todos.

La clave para cambiar cualquier hábito está en aislar cada elemento del ciclo y reemplazar la rutina, dando por hecho que el detonador no cambiará.

Si lo que queremos es avanzar en la dirección de nuestros sueños, tenemos que sustituir las rutinas del miedo con rutinas de valor.

Una entrega importante —detonador— me genera ansiedad, entonces decido hacerlo *más tarde*, me pongo a leer un rato —rutina— y baja mi nivel de tensión: gratificación… ¡Misión cumplida! Ésta no es una verdadera solución. Es necesario cambiar la rutina. Una posible solución sería aplicar la regla de los cinco segundos: cinco, cuatro, tres, dos, uno… y comenzar a trabajar, en lugar de postergar.

Si nuestra intención es aniquilar el miedo antes de dar un paso en dirección a nuestra estrella polar, nos quedaremos esperando. No es posible sacarle la vuelta al miedo, la única solución es aprender a atravesarlo construyendo rutinas valientes.

Para aumentar las probabilidades de lograrlo es recomendable identificar aquello que es verdaderamente importante e inspirador para ti, trabajar en una meta a la vez, repetir y dar pasos pequeños, pero firmes.

Es muy probable que tengas que hacer varios intentos antes de lograrlo. No te desanimes, cada vez que el elefante recorre el camino va dejando huellas que le permiten reconocerlo más fácilmente la siguiente vez.

Un vistazo a tu interior:

¿Qué rutina que te exige valentía te gustaría comenzar? Agenda la cita para la mamografía, haz esa llamada, dile a esa persona cuanto la amas, levanta la mano para ese trabajo.

_____

_____

_____

_____

_____

No es valiente aquel que no siente miedo, sino el que sabe conquistarlo

Me gusta esta frase de Nelson Mandela. Uno de los grandes aprendizajes en mi trayecto para entender el miedo está justo resumido en esa línea. Hoy tengo más claro que nunca que no dejaré de sentir miedo, lo que sí puedo hacer es aprender a manejarlo y recurrir a todas las estrategias disponibles para lograrlo.

No todos los miedos son iguales, tampoco tienen la misma intensidad. Cuando salen de control se llaman fobias y pueden ser paralizantes. En ocasiones y en varios casos, la mejor estrategia es buscar la ayuda de un profesional que nos preste su lente para ver lo que no alcanzamos a ver nosotros mismos y nos guíe por el camino. Mi vida cambió cuando uno de mis médicos de cabecera me dijo: *Lo que tú tienes es miedo y lo que voy a sugerirte es que vayas con un psicólogo.* Seguí las instrucciones y mi vida comenzó a cambiar. Este acompañamiento me ayudó a identificar mis rutinas de miedo y luego a reemplazarlas con rutinas de valor.

Existen algunas estrategias para hacerle frente a los miedos percibidos o imaginarios.

Aprende todo lo que puedas sobre lo que te da miedo. Si te aterrorizan los tiburones, entonces lee todo lo que puedas acerca de ellos… de esa manera sabrás que no corres ningún peligro nadando en una alberca. Si te angustia la sospecha de que tu hijo de trece años fume, habla con él sobre las colillas que encuentras fuera de su ventana. Agenda el estudio médico, aprende de finanzas personales, investiga si ese tipo de arañas vive en tu zona.

Esto me hace recordar las noches en que una de mis hijas no quería dormir en su cama. No lograba conciliar el sueño o no quería hacerlo por miedo a que la mordiera un tiburón —y no, no tenía una cama de agua. Los miedos pueden ser irracionales, pero sus efectos muy reales.

Sentir curiosidad. El miedo es un perfecto disfraz para otras emociones. Si profundizamos en lo que sentimos y vamos quitando capas, quizá logremos descubrir que no es miedo sino inseguridad, vergüenza, culpa o resentimiento. Para resolver un problema, primero hay que identificarlo.

La rueda de las emociones es un recurso maravilloso para profundizar en lo que sentimos e identificar cuál es la verdadera emoción que experimentamos. Es común que las personas conozcamos las seis emociones básicas: miedo, ira, asco, felicidad, sorpresa, tristeza. Sin embargo, eso que resumimos bajo el nombre de *miedo* podría ser, en realidad, otra cosa. Debajo del miedo podemos encontrar varias emociones: sentirse humillado, rechazado, sumiso, inseguro, ansioso, asustado. Debajo de esas capas está: sentirse ridiculizado, no respetado, alienado, marginado, insignificante, inútil, inferior, insuficiente, preocupado, agobiado, espantado, aterrado. Con esto podemos darnos cuenta de que hay distintos sabores de miedo. Para poder poner remedio, hay que saber exactamente de cuál nos estamos sirviendo.

Rueda de las emociones*

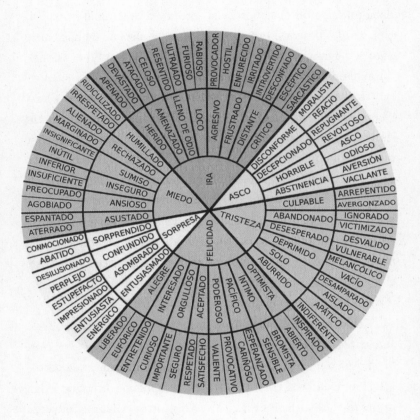

* No sé quién es el autor de la rueda de emociones o dónde fue la primera vez que encontré este círculo, pero quiero aprovechar este espacio para agradecérselo. Ha sido una herramienta muy valiosa para aprender a reconocer lo que siento, así como para aplicar mi vocabulario emocional y el de mis estudiantes.

Enfrentar nuestros miedos. Debemos aprovechar las oportunidades que se nos presentan para practicar la valentía y resolver temores. En mi peor época de miedo al avión, la vida se encargó de ponerme a viajar. Como era por razones de trabajo, no me quedaba más opción que abordar la aeronave. La terapia de exposición resultó muy útil. Aquel miedo casi paralizante de hace unos años se ha convertido en sólo nervios manejables. En ocasiones, durante un vuelo hasta sueño me da.

Haz algo que te de miedo una o dos veces al año. Claro, siempre y cuando sea algo que quieras hacer. Antes de aceptar, decliné tres invitaciones a recorrer el cañón de Matacanes que me parecía totalmente inspirador pero que implicaba saltar al agua desde rocas entre tres y doce metros. Finalmente me decidí a hacerlo. La aventura iniciaba con un rapel de cuarenta metros de altura. Con las piernas convertidas en gelatina y sin voltear para abajo me lancé. Perdí el estilo y terminé debajo de una cascada, pero valió la pena. Ha sido uno de los mejores paseos que he hecho y la sensación de logro al completar el recorrido fue enorme. ¡Qué gratificante es vencer un miedo!

Revisa tu compás interior. Me gusta esta idea de Martha Beck, autora de *Encuentre su propia estrella polar*, (*Finding Your Own North Star*) para saber cuándo escapar y cuándo enfrentar un miedo.

Si tu miedo y tu corazón apuntan en la misma dirección y dan las mismas instrucciones… ¡corre! En otras palabras, huye de cualquier cosa que te atemorice y no sea atractivo para tu corazón, que no se sienta bien. Un hombre en un elevador que te pone los pelos de punta porque te inspira agresividad y sugiere alejarte. Si te dan miedo las alturas y a tu *yo auténtico* no le interesa aventarse de un paracaídas… no lo hagas.

Pero si el miedo y tu corazón apuntan en direcciones contrarias, entonces es necesario explorar. Abrir el restaurante, hacer un viaje, decirle a esa persona que estás enamorada de ella hace tiempo, estudiar una carrera a los cincuenta años.

Dice Beck que cuando nuestro *yo auténtico* verdaderamente quiere algo, casi siempre sentiremos miedo: miedo al fracaso, al compromiso, a dejar territorio conocido, a la competencia o, inclusive, al éxito. El tipo de miedo que camina de la mano con el deseo es el que tenemos que enfrentar. Siempre que contemplemos salir de la zona de seguridad, nuestro sistema activará las alarmas para hacernos desistir.

No cruzar el puente antes de llegar. Esta se la aprendí a mi papá. Cada vez que me angustiaba anticipando lo que podría pasar en el futuro o imaginando escenarios pesimistas, mi papá me decía: *No cruces el puente antes de llegar.* Este es un consejo muy útil para evitar caer presas del miedo por anticipado. Nos recuerda la importancia de habitar el momento presente.

Atender el tema hoy. Con frecuencia, el miedo nos dice que no estamos listos todavía. A veces, es cierto. Tenemos que aprender un poco más. Si quieres dar un concierto de piano en el auditorio de la ciudad y no conoces las notas musicales, quizá debas practicar más. Con frecuencia postergamos la acción bajo la excusa de que aún no es tiempo o no es el mejor momento. Y pensamos que el día en que estemos listos no sentiremos miedo, pero Beck agrega que, superar el miedo sin hacer algo que nos asuste es como querer aprender a nadar en el pasto. Tenemos que tirarnos el clavado.

Si comenzamos a enfrentar nuestros miedos, sucederán cosas increíbles: seremos más libres, más auténticos, completaremos más sueños y viviremos más felices.

Para finalizar esto, te dejo unas palabras textuales de Martha Beck: *Te darás cuenta de que la diferencia entre el éxito y el fracaso no es la ausencia del miedo, sino la determinación de seguir tu corazón sin importar lo asustado que estés.*

Miedo cuando todo va bien

Recuerdo un día de primavera en el que salí a pedalear con un par de amigos/escritores/filósofos/ciclistas. Sobre ruedas aparecen todo tipo de conversaciones y, esa mañana, dedicamos un par de kilómetros a hablar sobre un tipo de miedo muy particular.

Ese que aparece cuando todo está bien y el mundo funciona casi como queremos... la familia está completa, sus integrantes contentos, estamos sanos, concretando proyectos y sin un conflicto mayor.

Las personas nos volvemos cautelosas y temerosas ante la ausencia de dificultades. Empieza a circularnos por encima de la cabeza esa sensación de que, si todo va bien, es porque algo malo está a punto de pasar. Entonces comenzamos a hablar en voz baja, a caminar de puntitas y por la sombra para no llamar la atención del destino que, al darse cuenta de nuestra buena fortuna, se encargará de emparejar el terreno.

Como si tuviéramos una cuota personal de buenas noticias, logros y eventos gratificantes, empezamos a mortificarnos cuando llegan todas juntas, pues sentimos que se aproxima el siguiente golpe. Casi como jugar a la ruleta rusa... cada ronda vacía hace más probable la salida de la bala.

Recuerdo pasarme largos ratos viendo a mis hijas dormir cuando recién me estrené como mamá. Las veía sanas, fuertes, hermosas. Sentía gratitud y felicidad infinitas... hasta que el pensamiento de que algo terrible les pasara me robaba de tajo la paz.

Todavía me pasa.

Es desconcertante pasar de un estado emocional positivo a uno de angustia en un instante en respuesta a una imagen mental.

Con el paso del tiempo, descubrí que no tengo la exclusiva de esta experiencia. Es muy común que los seres humanos nos dejemos secuestrar por el miedo cuando nos sentimos vulnerables, cuando estamos frente a lo que más queremos. Nos volvemos desconfiados cuando las cosas salen como queremos o tenemos una cadena de meses muy buenos.

Incluso vamos aprendiendo a contener nuestras ganas de vivir al máximo, de soñar y disfrutar como medida de protección ante el peor escenario posible.

Frenamos nuestras expectativas, limitamos nuestras ilusiones y no nos permitimos esperar lo mejor. Consideramos más útil prepararnos para las catástrofes.

Como si de verdad fuéramos capaces de sentir menos dolor cuando nos alcanza una tragedia. ¿Quién puede estar preparado para recibir la muerte de un ser querido? Ningún ensayo nos deja listos para eso y, en el camino, renunciamos a mucha felicidad pensando que es mejor no darle rienda suelta.

La autora e investigadora Brené Brown, en su libro *Los dones de la imperfección* (*The Gifts of Imperfection*), habla de este tipo de miedo y presenta a la gratitud como el antídoto para hacerle frente. Practicar la gratitud nos obliga a volver al momento presente. Respirar profundamente y agradecer que al menos ahorita, todo está bien.

Un vistazo a tu interior:

¿Has sentido miedo o desconfianza cuando todo va bien?
Describe cómo te sentiste.

_____

_____

_____

_____

_____

Miedo y creatividad

Hace unos días me paré frente a mi librero para ver si me saltaba encima algún texto que anduviera inquieto por salir. Soy de la idea de que, en ocasiones, los libros nos escogen a nosotros.

Saltó de la repisa *Libera tu magia* (*Big magic: Creative living beyond fear*), de la escritora Elizabeth Gilbert —quizá la conoces por su éxito internacional *Comer, Rezar, Amar*— con su portada llena de colores vivos que, aunque parece fueron aventados sin cuidado sobre un lienzo, encontraron la manera de mezclarse artísticamente.

Leí este libro por primera vez hace varios años, lo disfruté de principio a fin. Lo invadí de anotaciones y lo matriculé en mi lista de libros para repetir.

Resultó ser un tesoro para mí cuando había decretado que quería escribir un libro, pero no tenía idea de cómo pasar de las ganas y las buenas intenciones a la acción. Y es que las personas nos hacemos todo tipo de enredos mentales cuando queremos tener algo que ver con la creatividad.

Sospecho que brincó al frente para ayudarme otra vez a bajar de la nube un nuevo proyecto de escritura.

El argumento central de *Libera tu magia* gira alrededor de la afirmación de que todos los seres humanos somos creativos, todas las personas tenemos la capacidad de crear. Y no sólo eso, somos más felices cuando dejamos andar a nuestra creatividad y la expresamos activamente.

En una de las clases que imparto en la Universidad de Monterrey hablamos del tema de propósito de vida. Mientras proyectaba diapositivas, mostré la frase de Oliver Wendell Holmes, escritor estadounidense, que dice: *Muchas personas mueren con su música adentro.* Uno de mis estudiantes dijo: *Eso está muy deprimente maestra.* Y le respondí: *Sí, asegúrate de que no te pase.*

¿Por qué contenemos en camisa de fuerza nuestras ganas de componer canciones, crear recetas nuevas, escribir un cuento para niños, tomar clases de batería, dibujar, diseñar una silla, construir un huerto, tocar el ukulele, bailar merengue, cantar, actuar en una obra de teatro, hacer flores de papel?

¿Qué nos detiene?

De nuevo el miedo.

¿Miedo a qué?

Te darás cuenta de que las razones se repiten en circunstancias distintas: a no tener suficiente talento, al rechazo, a la crítica, a ser ignorados, a ser juzgados, a que nuestros sueños sean ridículos, a no estar lo suficientemente bien preparados, a no tener un título que nos acredite como artistas, a estar muy viejos o jóvenes, a no ser originales y a todo lo demás que se te ocurra.

Y como dicen por ahí … *Argumenta a favor de tus limitaciones y te quedarás con ellas.*

Regresando a Gilbert, ella nos dice que el camino de la creatividad es para los valientes, no para quienes no sienten miedo. La creatividad siempre detona el miedo, pues nos obliga a entrar en terrenos desconocidos y el miedo detesta la incertidumbre. Me encanta la analogía que hace para explicar la relación entre el miedo y la creatividad. Los menciona como gemelos siameses que compartieron el mismo útero, nacieron al mismo tiempo y comparten órganos vitales…

Tenemos que ser muy cuidadosos en la manera en cómo manejamos nuestros miedos, pues he notado que cuando las personas tratan de matarlos, inadvertidamente, en el proceso asesinan a su creatividad.

La única manera de no sentir miedo es dejando de crear... ¿Y por qué querríamos hacer eso?

Me gustan otras ideas en el libro...

El miedo es testarudo. Su respuesta es siempre *no*, si anda más generoso de letras dice *alto*, si lo retas un poco más te pregunta: *¿Quién te crees que eres?* Pero de ahí no pasa. Siempre lo mismo, siempre igual.

Es verdad que el miedo es útil para muchas cosas. Por ejemplo, para evitar que cruces caminando por una vía de alta velocidad en hora pico o meterte a un mar con olas de cinco metros si no sabes nadar. Pero no necesitamos del miedo para entrar en el mundo de la creatividad.

Con frecuencia nos libramos del pendiente de crear, argumentando que estamos esperando a que nos visite la inspiración. La verdad es que la inspiración llega sin anunciarse, se va cuando le da la gana y lo único que queda mientras tanto es el trabajo. Para avanzar en nuestro proyecto creativo no hay más que presentarnos diligentemente a hacer la tarea día con día. Esto me hace recordar la célebre frase de Picasso: *La inspiración existe, pero tiene que encontrarte trabajando.*

Otro obstáculo mental que nos fabricamos para no crear tiene que ver con que nuestra idea no es original y, quizá, tienes razón. La gran mayoría de las cosas ya se han hecho, PERO... falta la versión ¡hecha por ti! Para vencer el miedo a no ser original, Gilbert nos recuerda que una vez que ponemos nuestra propia expresión, punto de vista y pasión detrás de una idea, ésta se convierte en nuestra.

Además, no tenemos que salvar al mundo con nuestra creatividad o con nuestro arte. Nuestro arte es al mismo tiempo lo más importante y lo menos importante. Nuestras propias razones para crear son suficientes y podemos crear sólo porque sí.

Otra manera en que nos metemos el pie es mortificándonos, pensando que todo el mundo estará al pendiente de lo que hacemos. La realidad es que todo mundo está metido en sus propias historias y no tienen mucho tiempo disponible para los demás. Quizá nos dedican su atención dos días y luego vuelven a lo suyo.

¿No será que cuando decimos *todo mundo*, en realidad estamos pensando solamente en un par de personas? ¿Tus críticos se resumen a alguien en especial?

La idea que sigue es mi favorita porque era mi mantra y además por ser la razón que más me comparten las personas cuando me cuentan sobre algún sueño aún sin lograr —que esto de compartirlo y ponerlo en voz alta ya es todo un atrevimiento.

Muchas ideas, proyectos y sueños llevan años sentados en la sala de espera, pues sus dueños consideran que no están acreditados o certificados para convertirlos en realidad... *No puedo escribir un cuento porque no estudié literatura, no puedo dar una conferencia porque tengo que leer un libro más y tomar una clase más, no puedo vender mis collares porque nunca tomé un curso de joyería, no puedo dar una idea de marketing porque estoy en el área de contabilidad.*

Sobre este tema escuché también a Gilbert explicar en su muy recomendable podcast *Big Magic*, que llega un punto en que o despegamos o nos estrellamos, igual que los aviones. Te formas en la línea, te perfilas, aceleras y luego de suficiente pista lo que sigue es ¡despegar! El riesgo de no hacerlo es un estrellamiento emocional.

De las cosas que deseamos realizar, usualmente sabemos más de lo que pensamos y estamos más listos de lo que creemos.

Así que agarra a tus miedos e inseguridades de los tobillos, voltéalos de cabeza y sacúdete de encima esas nociones de que tienes que estar acreditado para ser legítimamente creativo.

Me gustaría terminar con una idea del poeta Jack Gilbert... (sí, comparte apellido con Liz).

Todos tenemos algo creativo y valioso guardado adentro.
¿Tienes el valor para compartirlo?
Los tesoros escondidos dentro de ti están deseando que digas que sí.

¿Te mueve el amor o te mueve el miedo?

Somos las historias que nos contamos. Pasamos nuestros días recopilando información coherente con las historias que nos fabricamos. Filtramos datos, aceptamos algunos y rechazamos otros. Al hacer esto, elegimos de manera activa el mundo que percibimos.

Gabrielle Bernstein, autora del libro *El universo te cubre las espaldas: Como transformar el miedo en fé* (*The Universe Has Your Back: Transform Fear into Faith*), nos dice que lo que percibimos está en función de lo que interpretamos. Podemos interpretar una discusión con nuestros hijos como una razón más para pensar que no servimos como padres o podemos verla como una oportunidad de aprendizaje, crecimiento y fortalecimiento de nuestra relación. Podemos interpretar el diagnóstico de una enfermedad como el fin del mundo o como una oportunidad para bajar el ritmo y enfocarnos en lo importante. Podemos interpretar nuestro trabajo como una obligación a la que tenemos que sobrevivir o podemos verlo como un espacio donde podemos realizarnos y conectar con los demás.

¿Respondes al miedo o respondes al amor?

Gordana Biernat, en su libro *Know the Truth: Why Knowing Who You Are Changes Everything*, nos explica que hay dos maneras de vivir. Una que es buscando la felicidad y la alegría en la vida, y otra, que es evadiendo al miedo, y existe una gran diferencia entre los dos caminos. Buscar la felicidad se trata de confiar en ti mismo y perseguir lo que te entusiasma. Mientras que evadir el miedo es exactamente lo contrario. Es encerrarte en ti mismo, ignorar tu propia verdad y creencias en favor de las de alguien más, sólo para ser aceptado y amado.

¿Haces el amor con la luz apagada porque no tienes un cuerpo perfecto y temes ser rechazado o te amas y te permites disfrutar el momento? ¿Evitas levantar la mano para expresar tus opiniones por miedo a equivocarte o te avientas pensando que los errores son una oportunidad para aprender? ¿Guardas un *te quiero*, un *te admiro* o un *te ofrezco disculpas* por miedo a mostrarte débil y vulnerable o te atreves a ponerlos en voz alta para conectarte con los demás?

¿Dejas de viajar porque te aterra el avión o te subes —aunque sea temblando— por el amor a conocer lugares nuevos? ¿Rechazas invitaciones a paseos porque te da miedo que te pique algo y pones mil excusas o empacas el repelente contra insectos porque amas pasar tiempo con tus amigos? ¿No escribes ese cuento que tienes en la cabeza hace mucho por temor a la crítica o te das la oportunidad de ser valiente haciendo algo que te inspira?

Nuestras historias de miedo viven en nuestro subconsciente, debajo de la piel o en el rincón más oscuro donde pretendemos esconderlos. Pero siempre encuentran cómo salir.

La cosa es simple. Si no atendemos la lección, si no resolvemos el problema, si no le damos la cara al miedo… la vida se encargará de fabricarnos oportunidades hasta que aprendamos.

Cada nuevo dolor físico o examen médico es para mí una oportunidad de superar ese miedo, de acortar el tiempo de angustia, de ser valiente.

Podemos restablecer nuestra felicidad cuando decidimos hacerle frente al miedo.

Cuando nos sentimos atrapados por una historia de miedo, es necesario hacer una pausa e intentar contarla desde un lugar de amor. Es importante preguntarnos... ¿Cómo me bloquea esto que me cuento y cómo puedo verlo diferente?

Hacer un esfuerzo para contarnos la misma historia desde un lugar de amor, puede ayudarnos a evitar llegar a nuestro lecho de muerte cargando el arrepentimiento número uno de las personas que saben que van a morir pronto: haber vivido la vida de alguien más, cumpliendo expectativas ajenas y dejando sueños personales en el tintero.

El miedo es la razón principal por la que las personas no perseguimos nuestros ideales y metas más importantes. Es el gran obstáculo entre la vida que quisiéramos tener y la que tenemos. El miedo nos mantiene al margen de nuestra propia historia.

Es cierto cuando dicen que lo que queremos está del otro lado del miedo. La ciudad que siempre has querido visitar pero que está al otro lado del mundo, aparece sólo después de haber vencido al miedo y soportado diez horas de vuelo. La tranquilidad de saber que todo está bien y esa masa en el hígado es benigna, llega luego de haber vencido el miedo y quedarte quieta dentro de la máquina de resonancia magnética. El placer del primer beso se siente después de haber encontrado el valor para darlo.

Tenemos la posibilidad de ver el mundo a través del lente del miedo o a través del lente del amor. Y el lente que elegimos tiene un impacto muy poderoso en cómo nos sentimos y en qué hacemos. ¿Qué opinas?

Nelson Mandela lo dijo muy bien... *Que tus decisiones reflejen tus sueños, no tus miedos.*

Un vistazo a tu interior:

¿Qué historia necesitas contar desde el amor para acercarte a la vida que siempre has querido tener?

_____

_____

_____

_____

_____

SEGUNDA PARTE:

AUTENTICIDAD

Autenticidad

La autenticidad es un tema y una característica que me fascina. No sé qué pienses tú, pero a mí, las personas genuinas, alineadas con sus creencias y que logran vivir siendo fieles a su esencia me parecen sexis e inspiradoras. Transmiten una energía que me contagia y motiva a entrar en mis zonas espinosas para encontrar una mejor versión de mí.

De las personas auténticas admiro, en especial, su valentía, pues rompen con las reglas de lo establecido, de lo socialmente aceptable. Están dispuestas a rebelarse en contra de la conformidad y lo cómodo, a ser dueñas de sus rarezas y peculiaridades. Me parecen libres. El permiso para ser uno mismo, con frecuencia, requiere de no ser lo que el resto del mundo espera e implica pagar un precio. Requiere de mucho coraje. Y sin embargo, aún estoy por conocer a una persona auténtica y viviendo su propósito de vida, que declare que no valió la pena asumir los costos. En mi caso, puedo afirmar que me arrepiento mucho más de lo que he dejado de hacer, que de lo que he hecho.

La autenticidad, el propósito de vida y el miedo están fuertemente vinculados. Son un trío inseparable. Dicho de otra manera, logramos vivir en la zona de nuestro propósito de vida en la medida en que somos auténticos y nos mantenemos fieles a aquello que nos hace vibrar. Logramos darle vida a nuestro «para qué» cuando atravesamos las barreras del miedo y somos nuestra versión más auténtica.

Ser auténtico es ser genuino, real, fiel a uno mismo y es un estado al que la mayoría aspiramos en lo más profundo de nuestros corazones.

Quizá en algún momento de tu vida has escuchado la recomendación: *Sólo sé tú mismo*. Ya perdí la cuenta de cuántas veces he recibido ese consejo y tengo que reconocer que también se lo he recetado a varias personas. El tema con estas sugerencias es que vienen sin las instrucciones de cómo lograrlo. Entonces nos dicen: *Sólo sé tú mismo* o… *No te preocupes* o… *No te estreses tanto*, pero no nos dicen cómo hacerlo, ni por dónde empezar. Sumamos a nuestra lista de frustraciones no tener idea de cómo lograr eso que otros dicen con la misma claridad con que dicen: *Tómate un té de manzanilla*.

Es mucho más fácil decir: *Sólo sé tú mismo*, que hacerlo. A veces no sabemos quién somos en realidad; otras veces, sabemos quién somos o quién queremos ser, pero no nos damos permiso de serlo, pues alguien más tiene un problema con eso. En una familia de médicos, la vocación de un miembro para convertirse en cantante quizá no sea muy bien vista. Es necesario continuar con la tradición. Puede ser que siempre has querido tener una carrera profesional, pero en tu casa las mujeres se quedan a cuidar a los niños. Quizá en lo profundo sabes que tu matrimonio terminó hace mucho tiempo, pero en tu círculo social, en tu religión, el divorcio no es bien visto. Hace años quieres abandonar ese trabajo en ventas que drena tu energía, en realidad te fascinaría ser chef, pero cómo explicarle a la familia que renunciaste a ese trabajo. Siempre has querido pintar, pero en tu casa el artista es tu hermano. Hay innumerables razones por las que las personas dejamos de ser nosotros mismos o no nos atrevemos siquiera a intentarlo. ¿Puedes identificar todas las veces que te hiciste pequeño o te quedaste chiquita para no incomodar a alguien? Ser auténticos no es tan fácil como parece.

Dice Warren Benis, autor y académico estadounidense: *Si conocerte a ti mismo y ser tú mismo fuera tan fácil de hacer como dice la gente, no habría tantas personas caminando por ahí con posturas prestadas, escupiendo ideas de segunda mano y tratando desesperadamente de encajar, en lugar de resaltar.*

Vivimos en una sociedad en donde el miedo es una fuerza grande que comunica en voz muy alta y vende. *No te alejes de mi lado porque te roban. Si lloras van a pensar que eres una niña. Si no tienes el último modelo de iPhone no perteneces. 9/11, desastres naturales, crisis de refugiados, la pandemia del COVID-19 en 2020.* Estamos en alerta constante para protegernos de todo lo que puede salir mal. Miedo al rechazo, a las críticas, al fracaso. Todo eso nos detiene. A veces, irónicamente, nos da miedo nuestra propia grandeza y potencial. Vivimos con el temor de que las cosas salgan bien.

En su libro, *The Art of Authenticity*, Karissa Thacker explica que ser auténticos es un proceso constante. No es que un día tomemos la decisión de ser nuestra versión más auténtica y al día siguiente lo logramos. Inclinarnos cada día un poco más hacia nuestro genuino yo, es más una disposición, dar un paso en la dirección del autoconocimiento, una intención valiente de viajar al interior sin importar qué encontremos ahí. Micro pasos hacia la aceptación, para trabajar desde la realidad, nuestra realidad. Convertirnos en personas auténticas no sucederá naturalmente, sino que requiere de esfuerzo e intención. Los individuos enfrentamos barreras internas y externas en nuestro proceso de búsqueda para expresar nuestra autenticidad. Un proceso de redescubrimiento.

Las barreras internas, con frecuencia, tienen sus raíces en nuestra historia personal y particular: dónde crecimos, con quién vivimos, cómo fuimos educados, con qué valores. Mis barreras internas descansaron por mucho tiempo en la idea de que el mundo es un lugar peligroso, los aviones sentencias de muerte y los bebés pueden morirse de gripas que se complican. Crecí pensando que tenía que complacer y cuidar las emociones de todos a mi alrededor, incluso a costa de las mías.

Revisar nuestras creencias es un paso importante en la aventura de regresar a nuestra versión auténtica. Identificar nuestras barreras y reconocer el miedo que genera atravesarlas, puede ser un reto grande. Ser auténtico no es un proceso fácil. Hay que ganar varias batallas primero. Comenzando por la interior. Las barreras externas tienen que ver con el deber ser, con las normas sociales, culturales, reglas del entorno en que nos movemos.

Mi versión más auténtica ama viajar y pasar tiempo sola. Las barreras internas me llegan en la forma de la voz de mis familiares que no coinciden con esta manera de vivir. Tengo que lidiar con las voces de quienes consideran que explorar lugares nuevos no vale la pena o es arriesgado, con las críticas y las opiniones no solicitadas.

La autenticidad es un continuo. Es difícil concebir a una persona cien por ciento auténtica o no auténtica. No es un tema binario. Hay tonalidades de grises. Y es que, para funcionar en el entorno, también es necesario ser socialmente inteligentes. No sería bien visto, si es que quieres conservar tu trabajo o ser recomendado para otro, por ejemplo, expresar en voz alta durante la reunión semanal que detestas a tu jefe.

En ocasiones, pareciera que mi *yo auténtico* está en conflicto con mis objetivos de largo plazo. Por ejemplo, le gustaría fumar, pero uno de mis planes es vivir cien años para acompañar a mis hijas y disfrutar a mis nietos —estoy asumiendo que alguna de mis tres me hará abuela. A mi *yo auténtico* le gustaría enviar a la luna a dos o tres personas de un palazo, mi *yo social* me recuerda que no es lo más conveniente. Mi *yo auténtico* a veces quiere pasar la noche en vela leyendo, pero sé que tengo que dormir suficiente para funcionar al día siguiente y tener capacidad de concentración. En ocasiones tenemos que mantenernos callados o encontrar una manera más constructiva de comunicar lo que auténticamente sentimos.

La autenticidad depende de manera importante de dos competencias emocionales: El autoconocimiento y la autorregulación. Para poder ser auténticos primero tenemos que saber quién somos. Requiere emprender un viaje al interior y escarbar para descubrir intereses, pasiones, identificar fortalezas de carácter, debilidades, detonadores, conductas, miedos, creencias limitantes, contextos. Después, es necesario saber canalizar nuestros esfuerzos, energías y tomar decisiones para conducirnos a esa versión auténtica de nosotros y vivir en la zona de nuestro propósito. Como dice Thacker: *El arte de la autenticidad requiere de una excavación arqueológica que invita a perforar y bajar más allá de la psicología pop.* Supone adueñarnos de nuestra vida, nuestra historia y de nuestro corazón.

Tenemos que hacernos las preguntas que requieren una mirada honesta a nuestro interior. Me gustan las preguntas que sugiere Swoboda: ¿Quién soy? ¿Qué quiero? ¿Cómo se ve una vida feliz para mí? ¿Cómo voy a alinear quien soy con la manera en la que vivo en el mundo exterior?

La autenticidad no es simplemente *ser tú mismo*. La autenticidad nos obliga a estar en un constante proceso de reinventarnos, ir creándonos y dándonos forma con base en interacciones con todo tipo de situaciones, experiencias y personas. Es un proceso activo de experimentación y descubrimiento en el que es fundamental sentir, revisar y entender nuestras experiencias de vida y nuestra historia.

Una manera de acercarnos a nuestra versión más auténtica consiste en intentar cosas nuevas. Seguir aquello que nos hace sentir curiosidad —aprender a bucear, tocar la batería, estudiar historia del arte, botánica, religiones o astronomía. Algunas de ellas funcionarán y otras no. Pero en el proceso, comenzaremos a descubrir quién somos y estaremos en ruta de conocernos cada vez más. En años recientes comencé a practicar el *hiking* y descubrí que me relaja. Me gusta pasar tiempo sola rodeada de naturaleza, por ejemplo. He descubierto también que me encanta hablar con todo tipo de personas y hacer preguntas para conocer detalles de sus vidas. Eso me sirve para escribir y generar ideas. Me entusiasma esta otra idea de Thacker: *En el viaje hacia convertirnos en personas más auténticas, atravesamos por diferentes versiones de nosotros mismos.* La autenticidad es una invitación para darle forma activa a estas versiones, a ser nuestros propios autores con intención, en oposición a ser moldeados por las circunstancias. Mi ser más auténtico viaja, habla con extraños, toma fotografías, escribe, baila, aprende cosas nuevas, pinta, explora, se ríe a carcajadas, no le gusta el melón, quiere vivir a la orilla del mar.

El concepto de autenticidad está muy relacionado con el de una pasión armoniosa. Una pasión armoniosa puede describirse como una inclinación fuerte hacia una actividad que te gusta, que es importante internalizar en tu identidad, y que estás dispuesto a invertir una cantidad de tiempo y energía considerables. Por ejemplo, una persona apasionada por escribir poesía, disfruta, valora y considera esta actividad parte de su identidad, es claro que se sabe poeta. Al escribir poesía se siente auténtico, es parte del *yo esencial* de esa persona.

Leyendo sobre autenticidad, me topé con unas páginas que hablaban sobre esta conducta humana común de mentir. Me llamó mucho la atención, pues yo era de la idea de que las personas auténticas hablan siempre con la verdad, sin filtros. De acuerdo con María Sirois, psicóloga, conferencista y una de las mejores maestras que he tenido, la mayoría de nuestras mentiras en casa y en el trabajo, son el resultado del miedo que sentimos a perder nuestra conexión con alguien más, o dejar de pertenecer. Nuestro deseo de formar parte de un grupo no es racional, sino una constante que existe en todas las personas en todas las culturas. Es un sentimiento que se activa cuando las personas a nuestro alrededor comparten nuestros valores y creencias. Cuando sentimos que pertenecemos, nos sentimos conectados y a salvo. Como humanos anhelamos ese sentimiento y lo buscamos.

No es tanto que mintamos para faltarle al respeto a alguien, sino para protegernos a nosotros mismos del rechazo y desaprobación de los demás. Como dice Thacker, esto no significa que es correcto mentir bajo el pretexto que las personas auténticas ocasionalmente lo hacen. Lo anterior más bien tiene como objetivo ilustrar que un paso hacia la autenticidad consiste en darnos cuenta de las ocasiones en que mentimos, saber cuándo lo hacemos, y tratar de entender qué nos motiva o qué está detrás de esa mentira. Resolver esa situación o comprenderla nos permitirá conducirnos de manera más genuina en la siguiente oportunidad.

Caminar hacia la autenticidad nos obliga a tener conversaciones transparentes, muchas veces, conversaciones difíciles y cruciales, que quisiéramos evadir a toda costa. Supone expresar lo que en verdad queremos, lo que ya no queremos o lo que ya no queremos de cierta manera. Implica poner límites, abandonar espacios, dejar ir relaciones que no funcionan, pedir lo que consideramos justo o lo que necesitamos, incluso, si tenemos que opinar en contra de la mayoría. *Ya no quiero continuar en esta relación. Prefiero no hacer este negocio contigo. No seguiré prestándote dinero. No estoy enamorada. Cometí un error. No quiero estudiar medicina, quiero ser pintor. Quiero emprender mi propio negocio, en lugar de continuar en la empresa familiar.*

Hablar con la verdad no es lo mismo que hablar con brutal honestidad, hablar con la verdad es resultado de una búsqueda interior para expresar lo que sentimos y pensamos. Hablamos eligiendo cuidadosamente las palabras y sintiéndolas profundamente. ¿Cuándo fue la última vez que tuviste una conversación intencional y honesta, que sabías involucraba un riesgo personal, pero elegiste tenerla de cualquier manera? ¿Qué conversación y con quién deberías tenerla para acercarte a una versión más auténtica de ti mismo? Para mí, ésta ha sido una de las áreas en las que más he tenido que retarme para crecer. Atreverme a pedir lo que necesito, lo que siento.

Brené Brown, mi autora e investigadora favorita, señala que con frecuencia y de manera instintiva, tendemos a esconder de nosotros mismos, las cosas que pensamos nos ganarán el rechazo de los demás o que harán que no seamos aceptados.

Para tener una vida plena y feliz es importante aprender a liderarnos a nosotros mismos y a responder el llamado a ser auténticos. Desde este lugar es posible alcanzar nuestros sueños y lograr el bienestar emocional interno. Es ahí donde logramos ser congruentes con nuestros valores, deseos más profundos, expresión creativa. Ser congruentes con nosotros mismos llena de paz.

Un vistazo a tu interior:

¿Qué podrías hacer para ser 1 % más auténtico? ¿Qué micro cambio podrías hacer para acercarte a tu mejor versión?

_____

_____

_____

_____

Yo social y Yo esencial

El libro de Martha Beck, *Encuentre su propia estrella polar* (*Finding Your Own North Star),* fue un gran descubrimiento en mi búsqueda para explicar la conexión entre propósito, autenticidad y miedo.

Desde los primeros párrafos, la autora logró hacerme reír con su narrativa sarcástica impregnada de humor negro y, sobre todo, atrapó mi atención con dos conceptos: el *yo esencial* y el *yo social.*

El *yo esencial* es el instrumento de navegación que traemos programado de fábrica y contiene la información relacionada con nuestro propósito superior. Es un compás muy sofisticado.

Nuestro *yo esencial* sabe qué nos gusta, nos interesa, nos apasiona y tiene claro qué queremos. Nace curioso y con capacidad de asombro, nos impulsa a la individualidad, a la exploración, a la espontaneidad y a la alegría. Es quien queremos ser, es decir, nuestra mejor versión, nuestro *yo ideal.*

Está conectado con el cerebro límbico, que es responsable de las emociones y los sentimientos, como por ejemplo la confianza y la lealtad. El detalle es que esta parte del cerebro que controla nuestras emociones no tiene capacidad de lenguaje y esto es lo que hace que sea tan difícil poner en palabras lo que sentimos. Hay cosas que sentimos, pero no podemos explicar. ¿Qué te gusta tanto de esa persona? Y tartamudeamos. Con frecuencia tomamos decisiones que se sienten bien, nos traen paz, pero no las podemos explicar con claridad. *Tuve un feeling. Me latió. Me lo dijo el sexto sentido. Según mi intuición.* En inglés le llaman *Gut decisions* —Decisiones del estómago, decidir con las tripas. Cada vez que seguimos a nuestro instinto o a nuestro corazón, estamos siendo gobernados por el cerebro límbico. Como dice Sinek, este puede ser tan poderoso que puede llevarnos a comportarnos de maneras contradictorias con nuestro entendimiento racional y analítico. Nuestro cerebro límbico es inteligente y con frecuencia sabe lo que es correcto. Es nuestra falta de capacidad para verbalizar las razones las que nos hacen dudar de nosotros mismos o las que nos obligan a confiar en evidencia empírica cuando nuestro instinto dice que no.

Por otro lado, el *yo social* es la parte de nosotros que ha aprendido a valorar y a tomar en cuenta las expectativas de la gente a nuestro alrededor y de la sociedad. Es una especie de *kit* de habilidades que nos ayuda a navegar por la vida. El *yo social* es dueño del lenguaje. Opera desde el neocórtex, que es la parte de nuestro cerebro responsable del pensamiento racional, crítico.

Cuando el *yo esencial* y el *yo social* tienen una comunicación libre, directa y frecuente, son un equipo imparable. Tu *yo esencial* quiere convertirse en astronauta… Tu *yo social* hace que te sientes a estudiar física espacial; tu *yo esencial* quiere ser escritora… Tu *yo social* consigue ideas, pluma, papel y te inscribe en clases.

Mantener al *yo esencial* y al *yo social* en sincronía es difícil, pues trabajan bajo principios que parecieran estar encontrados.

El *yo esencial* se rige por la atracción, lo único, lo innovador, la sorpresa, lo espontáneo y lo divertido; mientras que el *yo social* responde a la evasión, la conformidad, es imitador, predecible, planeado y trabajador. Es quien percibimos que somos, la idea que tenemos en nuestra cabeza de nosotros mismos, la que podemos articular rápidamente.

El *yo social* responde mucho al qué dirán, está tentado a convertirnos en el yo que debemos ser de acuerdo con otras personas, incluyendo autoridades. Quien resuelve y cuida a todo mundo, quien siempre mantiene la cabeza fría, quien siempre cocina, que nunca llora porque no es de hombres o porque la expectativa es ser fuerte. Es también un gran amigo y aliado del crítico interior. Está siempre al pendiente de ese inquilino en nuestra cabeza encargado de cuidarnos. Sin embargo, como lo dice textualmente Swoboda, lo que es importante recordar es que *el gran secreto del crítico interior es que se muere de miedo. Está inmerso en una rutina de miedo y no saldrá de ahí sólo porque queramos. Está convencido de que al criticarnos está protegiéndonos. No obstante, debajo de la condescendencia, lógica maligna, gritos, intimidaciones, el crítico está muerto de medio. Le asusta el cambio y hacer las cosas de diferente manera. Desea mantenernos en rutinas familiares para mantenernos a salvo.*

¿Cómo se ve esto en nuestra vida diaria?

Puede pasar en una primera cita, por ejemplo, que tu *yo esencial* quiere pedir pasta, filete, copa de vino y rebanada de pastel con taza de café cappuccino para rematar… Pero tu *yo social* pide una ensalada chica y un vaso con agua para que tu *date* no piense que eres muy tragona. A tu *yo esencial* le fascina combinar pantalones de flores grandes con blusas de rayas de todos colores… Tu *yo social* dice que eso sólo es admisible en *Halloween*. Tu *yo esencial* quiere dormir un par de horas más… Tu *yo social* te saca de la cama, hace que te alistes y vayas a trabajar. Tu *yo esencial* quiere renunciar a ese trabajo que te chupa la vida desde hace diez años… Pero tu *yo social* no quiere quedarle mal a la familia. Tu *yo esencial* quiere tener una carrera profesional… Tu *yo social* dice que una buena madre se queda en casa cuidando a los niños.

Todo lo anterior no quiere decir que el *yo social* sea un villano. Lo necesitamos también, de lo contrario estaríamos todos presos o muertos. En ocasiones, por ejemplo, nuestro *yo esencial* quisiera caerle a golpes a cierta persona y nuestro *yo social* nos guarda las manos en los bolsillos. Dice Beck: *No es que nuestro yo social sea una mala persona, al contrario, es una buena persona. Tiene el poder de conducirnos hacia nuestro propósito de vida, siempre y cuando nuestro yo esencial sepa decirle por dónde queda.*

El problema es que vamos aprendiendo a reprimir nuestros impulsos, a poner los intereses de los demás por encima de los nuestros, a ignorar lo que nos mueve, al grado que, podemos incluso olvidar quién somos y pasamos la existencia dándole gusto a los demás. Nuestro *yo social* se desconecta de nuestro *yo esencial*.

¿Cómo podemos saber si nuestros *yos* han dejado de comunicarse?

Si sentimos que nuestra vida en general está llena de insatisfacción, ansiedad, frustración, enojo, aburrimiento, apatía o desesperanza, entonces quiere decir que nuestro *yo esencial* y nuestro *yo social* no están sincronizados. Nuestro *yo esencial* encuentra la manera de hacerse escuchar.

La falta de alegría y satisfacción son señales que vale la pena escuchar. Nuestra parte más auténtica se rehúsa a mentir y pretender que todo está bien cuando en realidad no lo está. Nuestra parte auténtica cuando está reprimida nos hace sentir exhaustos, resentidos, anestesiados, faltos de energía.

Un vistazo a tu interior:

¿Cómo es la comunicación entre tu *yo esencial* y tu *yo social*?

_____

_____

_____

_____

_____

¿Escuchas tu compás interior o hace tiempo que se te perdió?

Las personas venimos cableadas de fábrica con información que nos hace únicas y logramos vivir más plenos y felices en la medida en que nos mantenemos alineados con nuestra esencia.

Con frecuencia ponemos a otras personas al mando de nuestras vidas. Dejamos de consultar nuestro propio sistema de navegación. Aparece la ansiedad, frustración, enojo, aburrimiento, apatía o desesperanza. Ignorar a nuestra voz interior tiene un precio.

¿Cómo podemos saber si nuestro *yo esencial* y nuestro *yo social* están fuera de sintonía?

Lo que voy a escribir a continuación es un resumen de un ejercicio de Beck que me parece muy poderoso. Mi intención es dejarte lo suficientemente interesado como para que consigas su libro *Encuentre su propia estrella polar*, lo leas y hagas el ejercicio las veces que sea necesario para restablecer la comunicación entre tus dos *yos*, en caso de que hayan roto relaciones diplomáticas. Esta aventura de introspección puede convertirse en un salvavidas para quienes rondamos las zonas de las crisis existenciales.

El *yo esencial* no es dueño del lenguaje, esa tarea la tiene a su cargo el *yo social*. Sin embargo, esto no es un impedimento, pues invariablemente encuentra la manera de hacerse escuchar. Primero lo hace sutilmente… Te susurra al oído; si no atiendes el mensaje, entonces grita.

¿Cuáles son las vías de comunicación que utiliza el *yo esencial*?

Para Beck tenemos que estar al pendiente de ocho diferentes síntomas…

Crisis de energía. ¿Has pasado por temporadas en que te sentías agotado o existen situaciones, experiencias, compromisos que drenan tu combustible? ¿Puedes identificar momentos del día o de la semana que pesan como losas de concreto sobre la espalda? Quizá notas que cuando vas al trabajo se desploma tu ánimo, pero mejora a medida que se acerca la hora de salida; o empiezas a bostezar cuando llegas a la reunión semanal del club de bordado y costura. Trata de identificar eventos o situaciones que disminuyen considerablemente tu nivel de energía.

Problemas de salud. Cuando atravesamos por periodos estresantes, pérdidas o vivimos en conflicto interior, nuestro sistema inmune se debilita. Esto hace que nos enfermemos más seguido o tardemos más tiempo en recuperarnos. ¿Te contagias de gripa con tan sólo ver un anuncio de Antiflu-Des en la televisión? Yo solía enfermarme cuando terminaba un semestre en la universidad. Recuerdo también pasar por un periodo de ataques de asma cuando mis tres hijas estaban pequeñas y demandaban la totalidad de mis días y mis noches. Dedica un rato a recordar temporadas en las que tu salud estaba mal y piensa… ¿Qué estaba pasando en tu vida durante cada uno de estos episodios y cuáles eran los síntomas físicos?

Olvidos. Por más ganas que ponga tu *yo social* para recordar información que considera importante, si a tu *yo esencial* no le interesa, lo más probable es que lo olvide. A mí se me borra todo lo que cae en el cajón de *pendientes de casa* —llamar al plomero, cambiar el foco fundido de la cocina. Tengo muchas habilidades, pero *housekeeping* no es una de ellas. Frecuentemente *no veo* el *Post-it* que mi *yo social* pega en el volante de mi carro para recordarme que tengo que hacer cita con el dentista. Nunca me interesó la física ni logré comprenderla; todos esos temas de aceleración, masa y poleas siempre fueron para mí una gran nube gris. ¿Qué tipo de información te cuesta trabajo recordar y olvidas fácilmente? —Nombre de las personas, los horarios de los juegos de soccer, dónde dejas cierto tipo de papeles...

Errores *tontos*. Nuestro *yo esencial* sabe distinguir lo que está bien de lo que está mal, conoce nuestros valores personales y hace todo lo posible para hacernos tropezar cuando nos alejamos de lo que no le hace sentido. Quizá te pasó cuando eras estudiante que le copiaste las respuestas del examen a tu compañero de clase junto con su nombre y apellido... O te equivocaste de hora y perdiste el avión que te llevaría a donde NO querías ir... O se te salió un comentario en voz alta frente a tu cuñada sobre el tedio que te producen las reuniones con la familia política. Piensa en tres errores *tontos* que hayas cometido alguna vez.

Suicidio social. Algunas personas sacan nuestra peor versión y nos hacen sentir incómodas, poco inteligentes, inadecuadas, furiosas, inadaptadas. Puede ser que cada vez que aparece «X» huyen tus palabras y tartamudeas; o cuando aparece «Y» sientes que te hierve la sangre, te pones ácido y sarcástico; o cuando aparece «Z» dudas de absolutamente todo lo que tienes que hacer. ¿Quiénes son esas personas que traen a flote tu peor versión? Quizá cometes errores *tontos* cuando estás cerca de ellas.

Alteraciones de sueño. Uno de los síntomas que distinguen rupturas entre el *yo esencial* y el *yo social* son las alteraciones de sueño. Podemos dormir mucho para evadir o escapar de una realidad que no nos gusta o bien, tenemos problemas para dormir y pasamos horas dando vueltas en la cama antes de conciliar el sueño o despertamos de madrugada. El insomnio puede ser un sello que distingue periodos rudos, tristes, de conflicto o indecisión.

¿Ubicas algunas temporadas en las que no podías dormir, dormías mal, o dormías tanto que te sentías amodorrado o adormilado? ¿Cuál era el problema en tu vida que ocasionaba distorsiones en tu sueño?

Adicciones y malos hábitos. Existen ciertos detonadores —lugares, personas, fechas, pensamientos— que ponen en marcha ciertos hábitos… Algunos buenos y otros no tanto. Una discusión con alguien que nos produce ansiedad puede provocar que nos mordamos la uñas; los problemas económicos o las presiones del trabajo pueden orillarnos a consumir más alcohol para limar los bordes. Haz un recuento de tus malos hábitos y de tus pensamientos obsesivos y trata de vincularlos con su detonador.

Cambios de humor. Algunas veces nuestro estado de ánimo parece inexplicable, injustificable o extremo. Explotamos como olla exprés ante el más mínimo detalle, estamos de muy mal humor o de pronto nos escurren lágrimas sin previo aviso.

¿Has pasado por temporadas donde tu estado de ánimo es parecido a un paseo en montaña rusa? Trata de identificarlas y piensa qué estaba pasando en tu vida durante esos periodos. ¿Cuántos de los síntomas tienes o has tenido? ¿Te imaginas cómo sería tu vida si construyéramos tu peor escenario posible combinando todos los puntos anteriores? Si ya estás en ese escenario es momento de hacer algo al respecto.

Ahora, identifica la contraparte de cada uno de los puntos anteriores. ¿Qué te llena de energía? ¿Qué personas sacan lo mejor de ti? ¿Qué tipo de información recuerdas sin problema? ¿Qué tipo de actividades te atraen como si fueran imanes? Identifica tu mejor escenario posible.

¿Qué pequeño cambio o qué acción puedes tomar para acercarte a tu *yo esencial* y vivir tu mejor versión posible?

Autoconocimiento

La autenticidad está fuertemente vinculada con el autoconocimiento. Para lograr convertirnos en la persona que queremos ser, es condición conocernos.

Si tuvieras que explicarle a un marciano quién eres más allá de tu nombre, edad, profesión, estado civil, lugar de nacimiento y plato de comida favorito, ¿qué tan bien podrías hacerlo?

Déjame preguntártelo de otra manera…

Si tu vida dependiera de la precisión y autenticidad con la que describieras quién eres en todos los aspectos de tu vida, en otras palabras, si dependiera de tu autoconocimiento, ¿te salvarías?

Antes de que respondas, considera las siguientes preguntas…

¿Cuáles son las emociones que más experimentas? ¿Dónde sientes la alegría, dónde la desilusión y dónde la culpa? ¿Qué te gusta hacer? ¿Qué te da miedo y qué te inspira? ¿Qué tipo de personas o situaciones te sacan de tus casillas? ¿Cómo reaccionas cuando te sientes amenazado y cómo cuando te sientes feliz? ¿Cuáles son tus fortalezas de carácter, tus talentos e inteligencias dominantes? ¿Qué te cuesta mucho trabajo hacer? ¿Cómo respondes a las agresiones? ¿Qué haces después de recibir una mala noticia? ¿Cómo pasas el tiempo libre y cómo te gustaría pasarlo? ¿Cuáles son tus valores personales? ¿Qué quieres lograr en la vida? ¿Qué te quita el sueño y por qué? ¿Te gusta estar rodeado de gente o más bien sólo? ¿Eres optimista o pesimista? ¿Qué es lo más importante para ti? ¿Cómo manejas la incertidumbre? ¿Qué te apasiona?

Ahora sí… ¿Te salvarías?

Me parece que andamos por la vida muy seguros de saber quién somos, pero cuando tenemos que responder con detalle a la pregunta… ¿Quién soy?, la tarea se parece más a tratar de morder nuestros propios dientes.

Preguntarnos quién somos —en todas nuestras tonalidades— es para mí, como adentrarme en un océano profundo del que resultaría imposible conocer cada cueva. Sin embargo, es muy importante bucear hacia el fondo, aunque nos incomode, para tratar de familiarizarnos con él.

En el estricto sentido de la palabra, no necesitamos del autoconocimiento para vivir, pero sí para tener una vida plena, exitosa y feliz.

El autoconocimiento está en el corazón de la inteligencia emocional y es la habilidad para reconocer nuestras emociones, pensamientos, valores personales y sus efectos en nuestra manera de vivir.

Las personas altas en autoconocimiento tienen una compresión sobresaliente sobre qué hacen bien, con qué recursos personales cuentan y qué los motiva y satisface. Saben qué personas o situaciones los alteran y cómo tienden a reaccionar ante diferentes estímulos y eventos.

La falta de autoconocimiento es muy común y puede manifestarse de varias maneras.

Como una discrepancia entre lo que pensamos de nosotros mismos y lo que las personas a nuestro alrededor ven. Un líder convencido de que es amigable y está disponible para su equipo, cuando la evidencia muestra que no responde los correos electrónicos y mantiene su puerta cerrada; una mujer agobiada porque le cargan la mano en la familia, sin darse cuenta de que a todo se apunta y a todo dice que sí; un niño indignado al ser enviado a la oficina del director por no haber hecho *nada*, cuando participó en el pleito tanto como su contraparte; un alcohólico que asegura no tener un problema con el trago.

Un pobre autoconocimiento puede estar detrás de oportunidades que dejamos escapar por no reconocer los recursos que tenemos para aprovecharlas, o de equivocaciones recurrentes porque no visualizamos cómo nuestro comportamiento contribuye al mismo resultado adverso de siempre.

Cuando no logramos traer a la conciencia e identificar el vínculo entre lo que pensamos, sentimos y hacemos, vivimos reaccionando a los estímulos y sin meter las manos para cambiar el rumbo de nuestros destinos.

Va un ejemplo:

Imagínate que tuviste una pésima tarde. Tu jefe estuvo furioso todo el día, te chocaron, no salió la venta, se mojó tu teléfono, lo que quieras. Llegas a casa y encuentras que tus hijos están jugando a ser caballos, convirtieron la sala en una pista de salto, relinchan y corren desbocados por las escaleras. Además, es el final del verano y justo anunciaron que el comienzo a clases se retrasa una semana.

¿Qué haces?

Opción 1. Se te suben los colores, gritas que dejen de correr, los castigas por haber usado los cojines del sofá para fabricar obstáculos, les quitas el iPad y los mandas a su cuarto… sin cenar.

Opción 2. Los evades, vas directo a servirte un whiskey doble para limar los bordes, te encierras en tu recámara y te olvidas… ¿cuáles niños?

Opción 3. Jalas aire, saludas y dices que necesitas un tiempo fuera. Buscas un espacio para relajarte unos minutos, sólo tú sabes el tiempo que necesitas.

La primera opción refleja una ausencia de autoconocimiento. No lograste reconocer que tu molestia no era provocada por el juego de tus hijos, sino por el evento negativo previo a llegar a casa. Actuaste por impulso y no manejaste correctamente tus emociones.

La opción dos es una anestesia emocional. Una copa de vino, un cigarro, naufragar en internet, darle vueltas a la página de Amazon, dormir en exceso, apostar, son ejemplos de anestesias que usamos para no sentir o evadir nuestras emociones. Tapamos lo que sentimos, en lugar de reflexionar sobre el porqué de la emoción y no resolvemos la causa raíz.

La tercera muestra inteligencia emocional y uso de autoconocimiento. Sientes el deseo de gritar a tus hijos, porque eso es lo que dictan tus emociones. Sin embargo, notas que ellos no tienen nada que ver. Entiendes que tu enojo es el resultado de una mala tarde y no de su juego. Quizá, incluso, les explicas qué sucedió y les pides que bajen el volumen mientras te relajas un rato.

En el mundo ideal lograríamos responder a las situaciones de nuestro día a día de manera congruente con la opción tres.

¿Cómo podemos desarrollar la habilidad del autoconocimiento?

Técnicas para desarrollar el autoconocimiento

Existen muchas estrategias que podemos poner en práctica para conocernos mejor.

La de «Las cinco preguntas del autoconocimiento» es mi favorita y aplica para cualquier situación. Confieso que no sé quién es el autor original de este recurso, ni dónde fue la primera vez que lo encontré, pero agradezco infinitamente su aportación.

Haciendo fila para comprar hamburguesas en el estadio durante el medio tiempo, sentado en el consultorio médico mientras esperas resultados, antes de una reunión de trabajo o mientras tu suegra te explica cómo deberías educar a tus hijos…

Consiste en hacerte cinco preguntas:

1. ¿Qué percibo con mis sentidos? Identifica olores, sabores, sonidos, imágenes y sensaciones físicas que estás experimentando.
2. ¿Qué pienso? Suposiciones, expectativas, creencias, interpretaciones, evaluaciones, opiniones sobre lo que estás viendo o escuchando.
3. ¿Qué siento? Ponle nombre a las emociones que estás sintiendo… Felicidad, enojo, impaciencia, frustración, miedo, entusiasmo, sorpresa, culpa…
4. ¿Qué quiero? Define aspiraciones, sueños, objetivos, intenciones.
5. ¿Qué acciones voy a tomar? Planes, promesas, estrategias, conductas.

Tener la capacidad para responder a estas preguntas, sin importar cuál sea el evento o situación en que estamos, significa que tenemos autoconocimiento.

Sin autoconocimiento no tenemos respuestas y entonces alguien más decide por nosotros, desde qué comemos, a qué nos dedicamos, a dónde vamos de vacaciones, qué tipo de actividades hacemos, qué tipo de amistades tenemos, hasta con quién nos casamos y qué carrera tenemos que elegir.

Sin autoconocimiento andamos por la vida sin saber qué nos mueve, a dónde vamos o dejando que otros decidan por nosotros; tarde o temprano esto se traduce en depresión, apatía, frustración, aburrimiento y todo lo que va en esa categoría. Vamos por la vida sin ser auténticos.

Conocernos bien nos permite dirigir nuestra vida hacia un destino auténtico y congruente con la persona que somos y, sobre todo, con la que queremos ser.

Existen herramientas adicionales para desarrollar nuestro autoconocimiento y el de nuestros hijos; entre más jóvenes empiecen a conocerse, menos frentazos se darán contra la pared y más capaces serán para orientar sus vidas en dirección a su estrella polar.

Te comparto otras seis estrategias:

Aumenta tu vocabulario emocional. Todo empieza por reconocer y ponerle nombre a lo que sentimos, por conocer las emociones.

Te invito a hacer el siguiente ejercicio…

Ejercicio: Durante dos minutos escribe en las notas de tu teléfono, aquí en el libro o en una hoja de papel todas las emociones que conozcas.

———————————————————————

———————————————————————

———————————————————————

No comas ansias, no te adelantes en la lectura y verdaderamente date la oportunidad de hacerlo.

¿Listo?

¿Cuántas emociones lograste escribir?

Revisa de nuevo la *Rueda de las Emociones* localizada en la página 51.

¿Ya viste cuántas emociones diferentes existen? Más de cien.

Generalmente nos quedamos en las seis emociones básicas: felicidad, sorpresa, ira, miedo, tristeza y asco. Pero debajo de cada una de estas hay más capas de posibilidades. Hay diferentes sabores de tristeza, por ejemplo, sabor culpa, sabor soledad, sabor vacío.

Es importante hacer esta distinción porque las medidas que tenemos que tomar para remediar cada emoción son diferentes.

La mayoría de las personas somos analfabetas emocionales. Si no conocemos las emociones, si no sabemos qué nombre ponerle a lo que sentimos, entonces tampoco podemos diseñar una solución a la medida.

Es fundamental incrementar nuestro vocabulario emocional y utilizarlo activamente con nuestros hijos. Te recomiendo que pongas la *Rueda de las Emociones* en un lugar visible como el refrigerador. Enséñala a tus hijos cuando estén tratando de explicarte cómo se sienten o cuando seas tú quien tenga que decirles cómo te sientes. Sí, esta calle es de ida y vuelta.

Reconecta con tu cuerpo. Cuando experimentamos una emoción, una señal eléctrica pasa por nuestro cerebro y se traduce en una sensación física. Las respuestas físicas pueden ser variadas: músculos del estómago contraídos, ritmo cardíaco acelerado, boca seca, manos sudorosas, frío, piernas temblorosas, nudo en la garganta, ganas de saltar.

Nuestra mente y cuerpo están tan conectados que podemos aprender a relacionar sensaciones físicas con emociones. Pregúntate… ¿Dónde siento el miedo? ¿En qué parte del cuerpo siento la vergüenza? ¿Dónde siento la felicidad?

Cuando guardo para mí lo que verdaderamente quiero decir, por ejemplo, literalmente siento un limón atorado en la garganta y me cuesta trabajo tragar; cuando tengo miedo, me da mucho frío; cuando siento angustia, parece que tengo un elefante sentado en el pecho.

Muchas emociones son inconscientes. Primero las sentimos físicamente y luego atraviesan a la conciencia. Estar en sincronía con nuestro cuerpo para identificar nuestras emociones es casi como magia. Haz pausas para identificar qué sientes y dónde lo sientes, practica la atención plena o *mindfulness*.

Encuentra el vínculo entre emociones y acciones. Las emociones son impulsos a la acción. Si ponemos atención vamos logrando conectar lo que pensamos, con lo que sentimos y lo que hacemos. ¿Qué haces cuando te sientes enojado? Algunas personas gritan, otras enmudecen. Tratemos de hacer conexiones del tipo: enojo-grito, aburrimiento-morder las uñas, ansioso-tomar dos copas de vino, deprimido-darle cucharadas a la *Nutella*, vulnerable-evadir al mundo. Es importante vincular la emoción que sentimos con la acción que habitualmente tomamos para que la siguiente vez que se presente el estímulo, logremos cambiar nuestra respuesta.

Identifica tus detonadores. ¿Qué te saca de tus casillas? ¿Hay ciertas cosas que te ponen de mal humor? ¿Qué acciones activan lo peor de ti? Probablemente es un compañero de trabajo, un familiar, una conducta que automáticamente te vuelve loco. Puede ser iniciar una conversación que no te gusta y te pone a la defensiva. Tienes que identificar perfectamente bien qué personas, situaciones, conversaciones, lugares o fechas te disparan. Si somos conscientes de esto, podemos trazar un plan de acción para mantener la calma la siguiente vez que jalen el gatillo.

Lleva un diario de emociones. El obstáculo más grande para desarrollar el autoconocimiento es la objetividad. En un diario puedes registrar eventos que detonan emociones fuertes y describir tus reacciones. Con esta práctica puedes identificar patrones y distinguir cómo te sientes físicamente ante cada emoción.

Identifica el efecto de tus emociones en los demás. Cuando soltamos una piedra en el agua, comienzan a formarse anillos hacia afuera. Nuestros despliegues de emociones, para bien o para mal, tienen consecuencias en las personas a nuestro alrededor. Las emociones son contagiosas. Piensa qué pasa con la conducta de tus hijos cuando tú estás de pésimo humor... Como mandado a hacer se portan peor, ¿o no? Pon atención a lo que contagias tú.

Identificar y manejar nuestras emociones es un trabajo de tiempo completo y puede ser verdaderamente agotador. Desarrollar el autoconocimiento nos hace más eficientes en esta labor, es como un atajo que hace el camino más corto. Nos permite aprender de nuestros errores más rápido, libera tiempo y energía que podemos dedicar a aventuras más interesantes.

Un vistazo a tu interior:

Elige una situación que esté generando insatisfacción en tu vida y utiliza las cinco preguntas del autoconocimiento para analizarlas y analizarte.

_____

_____

_____

_____

_____

Autorregulación

Cualquier persona puede enojarse, eso es fácil. Pero
enojarse con la persona correcta, en el grado correcto, en el
momento correcto, por la razón correcta y de la manera
correcta… ¡Eso no es fácil!

ARISTÓTELES

Seguro que no.

Y es que, para lograr lo anterior, tendríamos que ser campeones indiscutibles del autoconocimiento y la autorregulación, dos piezas claves de la inteligencia emocional.

La autorregulación es la habilidad para modular exitosamente nuestras propias emociones, pensamientos y comportamientos en diferentes situaciones.

Se construye a partir del autoconocimiento, pues para regular y utilizar nuestras emociones, primero tenemos que estar conscientes de ellas y conocerlas. Sólo cuando estamos conscientes de su vaivén, podemos canalizarlas en la dirección correcta.

La autorregulación incluye manejar el estrés efectivamente, controlar impulsos, la capacidad para motivarnos y calmarnos a nosotros mismos, establecer metas personales, académicas, laborales y trabajar para alcanzarlas.

Podemos hablar de dos tipos de autorregulación: emocional y de la conducta.

La autorregulación emocional está relacionada con la habilidad para controlar nuestras emociones, no ahogarnos en ellas, no salir corriendo detrás de ellas o desbordarnos por ellas.

¿Conoces a alguien que pierda el control cuando se enoja? ¿Alguien que grite a todo pulmón, se ponga rojo, se le salten las venas, no escuche, aviente cosas, salga corriendo, tire patadas, limpie el escritorio en un sólo movimiento? O, ¿conoces a alguien que rompa en llanto incontrolable sin aparente razón y no logre parar?

A lo mejor una amiga de tu prima…

Todos hemos estado en situaciones críticas de estrés. El repertorio es amplio —discusiones, malas noticias, accidentes, sustos, agotamiento, crisis económica. Explotar o perder el control ante una situación de estrés NO es autorregulación.

¿Te has topado con alguien que va como demonio poseído al volante por la calle? ¿Te has topado con alguien en un embotellamiento de tráfico que se cuelga del claxon y con gestos grita furioso que te muevas como si la vía estuviera libre, tuvieras opción y sólo estuvieras ahí porque te gusta? Estos son ejemplos claros de falta de autorregulación emocional.

Las rabietas que hacen los niños pequeños también pueden ser producto de una falta de autorregulación. ¿Alguna vez te tocó que una de tus criaturas se tirara al piso pataleando y gritando sin control dejándote con cara de interrogación porque no lograbas conectar con su mirada o hacerte escuchar?

Saber auto administrarnos nos permite continuar funcionando en favor de nuestro bienestar.

Si logras mantenerte calmado cuando te sientes enojado, si sabes cómo relajarte después de un susto, si conservas la cordura mientras tu papá critica tu manera de educar a tus hijos, si sabes ajustar tu estado de ánimo entre eventos o situaciones, entonces estás practicando la autorregulación emocional.

La autorregulación conductual, por otro lado, tiene que ver con la habilidad para actuar en favor de nuestros intereses de largo plazo de manera consistente con lo que es verdaderamente importante para nosotros. Es eso que nos permite tomar la decisión sana, aunque sintamos el fuerte deseo de hacer lo contrario. No quieres ir a trabajar, pero vas, pues recuerdas tus metas; no quieres estudiar para el examen, la fiesta es un plan mucho más divertido, pero recuerdas que quieres graduarte, pasas del plan y te quedas estudiando Física; te mueres de ganas de fumar, pero resistes la tentación.

¿Puedes comer sólo una galleta? ¿Puedes tomar sólo una copa de vino? ¿Puedes mantenerte en una rutina de ejercicio? ¿Puedes trabajar mucho tiempo para conseguir un sueño? Si la respuesta es sí, entonces estás usando la autorregulación de la conducta.

En cambio, aventarte un maratón de Netflix para ver toda la serie de golpe en lugar de terminar uno de tus proyectos, comerte la bolsa entera de papas o ponerte hasta el tronco de borracho... No es autorregulación.

La capacidad para postergar la gratificación y no responder a un impulso está en la raíz del autocontrol, desde mantenerte a dieta hasta recibirte de la carrera de medicina. Saber auto administrarnos evita que seamos nuestro propio obstáculo.

La autorregulación va más allá de respirar profundo y mantener el control cuando nos invaden emociones intensas, va más allá de poner un tapón cuando estamos a punto de explotar. Implica poder regular nuestras emociones y canalizarlas en la dirección correcta; lograr hacer una pausa y generar un espacio entre estímulo y reacción.

Quizá habrás notado que manejar nuestras emociones es un trabajo de tiempo completo...

Cuando fortalecemos el músculo de la autorregulación, mejoramos nuestra capacidad para hacer esa pausa que nos permite dirigir nuestras emociones en favor de nuestro bienestar.

Herramientas para desarrollar la autorregulación

*Entre estímulo y respuesta hay un espacio. En este espacio
está nuestro poder para elegir una respuesta y de esta
respuesta depende nuestro crecimiento y libertad.*

VIKTOR FRANKL

Desde mi punto de vista, en esa frase Viktor Frankl, autor del libro *El hombre en busca de sentido*, ilustra perfectamente bien el concepto de autorregulación, uno de los componentes clave de la inteligencia emocional.

Logramos hacer esa pausa mágica entre estímulo y reacción cuando tenemos bien entrenada la habilidad de auto administrarnos. Y es que durante esa pausa podemos cambiar el rumbo de nuestra mañana, nuestro día o nuestra vida entera.

¿Cómo podemos desarrollar esta competencia emocional? Siguiendo estos seis pasos:

Cuida tu rutina de sueño. La paciencia, la tolerancia y la autorregulación son lo primero que sale volando por la ventana cuando estamos crónicamente cansados. Cuando no hemos dormido suficiente aparecen los *qué más da*, los *me vale* y los *ya para qué*. El descanso es amigo de la autorregulación. Hay que hacer todo lo posible por dormir suficiente y tener un sueño de buena calidad. Desconéctate de los electrónicos una hora antes de dormir, pide a tus hijos que dejen sus teléfonos celulares fuera de sus recámaras, utiliza tu cama sólo para dormir, regula la temperatura del ambiente. Recurre a todos los trucos que conozcas para tener un sueño reparador.

Respira. Sí, tengo que decirte que respires. *Respira* es la clásica recomendación que todo mundo nos da para calmarnos cuando nos está llevando el tren. A mí, en especial y hasta hace poco, me ponía de pésimo humor que me salieran con *jala aire* justo cuando lo que quería era lanzar lumbre por la boca. Pero debo aceptar que funciona. Respirar es uno de los *tips* más sencillos y poderosos que existen para salir de un estado emocional difícil. Cuando concentramos nuestra atención en la acción de respirar, juntamos en el momento presente a nuestra mente y a nuestro cuerpo —que, aunque comparten el mismo contenedor, no siempre están en el mismo lugar pues a la mente le da por divagar en el tiempo.

Venir con la respiración al momento presente silencia las historias que alimentan nuestra ansiedad, enojo o sufrimiento. Cuando estés en una situación emocional estresante —una decisión difícil, recibiendo a un familiar incómodo, a punto de iniciar una presentación, tejiendo conspiraciones en la cabeza o sosteniendo conversaciones con pensamientos intrusivos— respira profunda y lentamente hasta crear esa pausa de alineación y balanceo que necesitas para corregir el rumbo.

Cuenta hasta 10. Tu maestra de kínder tenía razón. Esta es otra herramienta muy simple, pero efectiva para bajar la temperatura cuando las emociones están en modo ardiendo. Contar hasta diez es equivalente a sacarle el aire a un globo de poquito en poquito para restarle presión. Otra vez, concentrarnos en la numeración nos saca del lugar oscuro en donde estamos y nos permite generar un espacio entre estímulo y acción. Una oportunidad para hacer un cambio de dirección.

Medítalo con la almohada. *El tiempo y la paciencia son los guerreros más poderosos,* decía el escritor León Tolstói, pues tienen la habilidad de transformar situaciones, aliviar el dolor y brindar claridad. Con frecuencia saltamos a la acción inmediata para resolver cualquier situación que nos genere ansiedad, angustia o incertidumbre. Preferimos una solución de corto plazo que nos dé la sensación de certeza y alivio momentáneo, aunque no sea la más conveniente.

Dejar correr el tiempo ayuda a la autorregulación porque brinda claridad y perspectiva cuando nos envuelven los miles de pensamientos que circulan por nuestra cabeza y el tornado de emociones ante situaciones importantes. También nos ayuda a tomar el control de emociones que sabemos nos llevarían en direcciones equivocadas si las dejáramos al mando.

Haz públicas tus metas. Esta estrategia es especialmente útil cuando se trata de un tema de autorregulación de la conducta —dejar de fumar, correr un maratón, bajar de peso, graduarte de medicina, escribir un libro. Es mucho más fácil dejar de ir a correr cuando la única persona que sabe que piensas levantarte temprano a hacerlo eres tú. Quedarnos mal a nosotros mismos es cosa de todos los días. Sin embargo, dar a conocer nuestras metas, hacerlas públicas, compartirlas con alguien más es un gran incentivo para cumplirlas. Compromete públicamente e involucra a tu red de apoyo para lograr tus objetivos.

Prepárate para el cambio. Dicen que la única constante es el cambio. Nada es permanente, ni lo bueno, ni lo malo. Todo pasa. Admitir la idea de que nada —ni siquiera los aspectos más estables de nuestras vidas— está totalmente bajo nuestro control es sano. Los planes cambian, las personas cambian, los caminos cambian, todo cambia. A veces con previo anuncio, a veces de porrazo. Resistirnos al cambio genera mucho sufrimiento.

Cualquier estrategia que nos permita crear un espacio entre el estímulo y la reacción, nos ayuda a desarrollar la habilidad de la autorregulación. En esas micro pausas están las oportunidades para cuidar nuestras palabras, nuestros gestos, nuestras decisiones, nuestras vidas.

¿Encadenado o libre?

*Así como podemos distinguir al océano porque siempre
sabe a sal, podemos reconocer un estado de iluminación
porque siempre sabe a libertad.*

BUDA

Me encontré esta frase en el libro *Steering by Starlight* de Marta Beck y me gustó mucho.

Como vimos en secciones anteriores, cuando nuestros dos *yos* están conectados y en constante comunicación, tomamos decisiones congruentes con nuestro sentido de vida. Logramos atravesar el miedo y tolerar la incomodidad temporal para acercarnos a nuestra mejor versión posible.

La cosa es que el mundo exterior es estruendoso, está lleno de reglas y expectativas que cumplir. Y el *yo social*, que es obediente, complaciente y muy servicial, va silenciando a nuestro *yo esencial* hasta que naufragamos, en lugar de navegar.

En ese proceso el miedo juega un papel protagonista.

Las decisiones que implican retar el *status quo*, romper con una manera de vivir, salir de la zona de seguridad o decir *ya no*, invariablemente vienen de la mano del miedo.

El miedo nace en nuestro cerebro reptiliano, encargado de activar el mecanismo de sobrevivencia: *escapa, pelea o paralízate* y continuamente genera mensajes de alarma para recordarnos todo lo que necesitamos, pero no tenemos —suficiente amor, tiempo, dinero, trabajo— y todo lo terrible e inminente que puede pasar. Anuncia sin tregua escasez y ataques.

Entonces vivimos luchando para ver más allá de la cortina de miedo que fabrica el reptil que llevamos dentro.

Dada la realidad anterior...

¿Cómo tomar decisiones cuando el miedo que sentimos es tan real?

¿Cómo tomar decisiones cuando romper con el molde para seguir a nuestra estrella polar produce el mismo miedo que hacerlo para entrar en la boca de un cocodrilo hambriento?

Tomar decisiones sería más sencillo si analizáramos un poco menos con la cabeza, sintiéramos más con el corazón y nos sintonizáramos con nuestro cuerpo para escucharlo.

Nos explica Beck que, si reconectamos con nuestra brújula interna y ponemos atención a nuestras reacciones, podemos identificar dos tipos de sensaciones: una que nos hace sentir encadenados: *grilletes cerrados*, y otra que nos hace sentir libres: *grilletes abiertos*.

Piensa en un grillete, como el que ponen alrededor de una pata a los elefantes de circo. Si el grillete está cerrado, el elefante está encadenado; si está abierto, el elefante es libre para caminar.

Para mí fue fácil entender este concepto pensando en diferentes personas y explorando la sensación que me producía pensar en ellas.

Haz una lista de la gente con la que convives más seguido y revisa cómo reaccionan tu cuerpo y tu mente cuando las imaginas.

Cuando pienso en mi mejor amiga se me dibuja una sonrisa en la cara y siento paz... *Grilletes abiertos / libre*. En cambio, cuando pienso en mi tía esquizofrénica, mis músculos se tensan, me gira la cabeza a toda velocidad, sale humo verde por mis orejas y quisiera huir a Marte... *Encadenada / grilletes cerrados*.

Una endodoncia sin anestesia... ¿Grilletes cerrados o abiertos? ¡Cerrados!; reunión con un jefe déspota y arrogante... ¿Cerrados o abiertos? ¡Cerrados!; renunciar al trabajo exitoso que tienes como contador en la empresa de tu papá para convertirte en salvavidas en las Bahamas porque siempre quisiste vivir en la playa... ¿Aprisionador o liberador? ¡Liberador!

Entonces, cuando estés frente a una decisión importante aplícate la prueba rápida: ¿Cómo se siente esto?... ¿Grilletes cerrados o abiertos?

Y aquí es donde encaja la frase del inicio.

Así como el océano siempre sabe a sal... Una decisión, persona, lugar o experiencia que nos acerque a nuestra mejor versión vendrá quizá sí con un miedo, pero uno que huele a libertad.

TERCERA PARTE

PROPÓSITO DE VIDA

Descubre tu propósito de vida

Uno de los resultados de aquella revelación en la montaña cuando visualicé que mis decisiones de vida partían del miedo, fue también comenzar a notar ese sentimiento generalizado de insatisfacción que me envolvía. Tenía todo lo que alguna vez había deseado y, sin embargo, sentía que algo faltaba. Experimentaba una especie de vacío y no sabía cómo rellenarlo. Llegaba a la mitad de mi vida y me preguntaba si esto era todo. Deseaba con cada centímetro cuadrado de mí que la respuesta fuera no, que hubiera algo más. Algo más de diversión, aventura, ligereza, más conexión, más sentir, más color, más música, más arte, más fotografías, más amistades, más conocer nuevas personas, más intención, menos control, más aceptación, menos resistencia, más libertad. Pensé en mis logros hasta el momento. Sentí deseos de contribuir positivamente, empezaba a preguntarme cómo sería recordada por mis seres queridos o por las personas con quienes he recorrido algunos tramos del camino.

Siguiendo mi curiosidad y utilizando el amor por el aprendizaje, descubrí que todo esto apuntaba en una misma dirección. Eso que hacía falta en mi vida era tener un propósito superior. Para poder vivir feliz y plena, tenía que identificar mi para qué, mi razón de ser, reconectar con mi estrella polar. No llegué sola a este descubrimiento, sino con la ayuda de algo que dijo Dan Buettner, explorador de National Geographic, autor y fundador del proyecto Blue Zones, en una de sus conferencias. La idea va algo así como: Las personas que pueden articular la razón por la que se levantan de la cama cada mañana viven más tiempo y son más felices. En otras palabras, las personas que pueden articular su propósito de vida tienen vidas más plenas.

Cuando lo escuché entendí que eso era lo que me faltaba. Yo no tenía claro cuál era mi propósito, mi para qué. Y a esta edad, para mí los cuarentas, el reloj parece marchar más aprisa. Los días parecen correr al dos por uno.

En relación al tema de sentido de vida, yo distingo tres tipos de personas:

En el primer grupo, están aquellos que tienen tatuado su propósito en la frente, lo tienen claramente definido. Se ve, se huele, todas sus actividades se alinean con ese objetivo superior. La pasión se les ve desde cualquier ángulo. Toda su vida gira en torno a esa causa, ese interés. Tienen bien definida su vocación desde pequeños y saben a qué quieren dedicar sus vidas.

Están los niños que desde la cuna juegan con cohetes espaciales, conocen el nombre de los planetas, distinguen las constelaciones en la noche y de grandes van al espacio; las niñas que tienen un amor incondicional por los animales, cuidan pájaros lastimados y de grandes crean una fundación para sacar perros de las calles. Personas que tienen el contorno bien definido. Me asombran esas pasiones tan claras, transparentes. Cuando uno tiene claro qué quiere, organiza su vida en congruencia con eso. Hace todo más fácil.

Los libros y biografías están llenas de personajes que van detrás de sus sueños, superando todas las adversidades. A algunos les toma toda una vida conseguir eso que les quema por dentro. Admiro a las personas valientes, que van tras lo que enciende su corazón. Son mi tipo de personas favoritas.

También están quienes no saben qué los mueve. Responden *no sé, no tengo idea, todavía no lo encuentro,* y se vale. A veces toma tiempo encontrarnos con esa actividad o motor que nos impulsa. La cosa es que en este grupo también es común encontrar depresión, apatía, tonalidades grises, falta de energía, tristeza. Como decía el gato en la película de Alicia en el país de las maravillas: *Cuando no sabes a dónde quieres ir, cualquier camino te puede llevar.* Sin embargo, esta manera de vivir no va muy de la mano con plenitud y felicidad. A veces nuestra vida tiene sentido… hasta que no. Algo pasa que nos saca de curso, se empaña el periscopio o perdemos de vista lo importante. Pasamos por periodos de neblina y confusión. Hay temporadas en la vida en que nuestra brújula se desajusta y pierde de vista a nuestra estrella polar.

En el tercer grupo, están las personas que no tienen una sola gran pasión, pero sí múltiples intereses. Están metidas de lleno en más de una actividad e, incluso, sería problemático y estresante pedirles que se decidieran por una sola. Emile Wapnick, autora del libro *How to Be Everything*, les llama *multipotencialistas*. Cuando me enteré de esta opción sentí alivio porque yo entro en esta categoría. Hay más de dos cosas que me gustan mucho. Hay individuos que tenemos tantos intereses y pasiones que no sabemos por dónde empezar y creemos que para descubrir el propósito de nuestras vidas tenemos que viajar a las montañas del Himalaya a meditar un mes en silencio para ver si el universo nos susurra la respuesta. Por años estuve convencida de que mi propósito llegaría como un *ahá moment*, una gran revelación, en un país lejano.

Recordemos, la ciencia muestra que las personas que pueden articular en una frase corta cuál es la razón por la que saltan de la cama cada mañana —además del despertador— tienen vidas más largas y felices.

Saber qué nos mueve promueve la longevidad y la felicidad. Así que, dedicar tiempo a descubrir, definir o afinar nuestro propósito superior es una buena idea en términos de nuestro bienestar emocional.

Mientras me llegaba la oportunidad para ir a los Himalaya, por fortuna atiné a ponerme a estudiar sobre el tema. Aprendí que el propósito de vida es una especie de rompecabezas. Se compone de varias piezas. Si conocemos cada una y trabajamos en ellas, es posible juntarlas, encontrarles el sentido y la forma para que embonen. La unión de esas piezas tiene como resultado nuestro *Para qué*. Esto para mí fue un gran descubrimiento. Me daba la oportunidad de trabajar desde ya en el reconocimiento y diseño de mi propósito de vida.

En las siguientes secciones, haremos un recorrido por cada una de las piezas con la intención de que te descubras y logres armar el rompecabezas de tu propósito superior.

¿Qué es el propósito de vida?

> *Tú eres el diseñador de tu propósito, tú eres el contenedor de tus deseos, tú eres el liberador de tus pasiones.*
>
> GORDANA BIERNAT

En mi recorrido de lectura e investigación sobre el concepto de propósito de vida he encontrado diferentes definiciones al respecto. Aunque todas son distintas en su estructura de palabras, atrapan la misma idea y aquí les comparto algunas que me resultaron interesantes e ilustrativas.

Richard Leider, autor del libro *The Power of Purpose*, define el propósito como la esencia de quién somos, eso que nos hace únicos. Es una expresión activa de la dimensión más profunda de nuestro ser —*nuestro yo esencial* que sabe quién somos y para qué estamos aquí. Nuestro propósito es el objetivo alrededor del cual estructuramos nuestras vidas, una fuente de dirección y energía. Las palabras *expresión activa de nuestro yo esencial* son claves. De poco sirve conocer nuestro propósito si no le damos vida en el día a día. El propósito es acción, requiere de la compañía de un verbo.

Para Gordana Biernat, autora y conferencista estadounidense, nuestros deseos son el propósito de nuestra vida, pues nos señalan aquello que venimos a experimentar. La suma de nuestros deseos es una huella digital única que nos revela quién somos. Nuestros deseos pueden ser diferentes: deseo de vivir, conocer, explorar, aprender, cuidar nuestra salud, ayudar a los demás, pintar, construir, diseñar, cantar, cocinar, aliviar el dolor, llevar alegría a los enfermos. Y cuando decidimos seguir a nuestro corazón —estrella polar— haciendo lo que amamos, entonces expresamos eso que nos hace únicos y que venimos a hacer.

Martha Beck, a quien mencioné en capítulos anteriores, se refiere al propósito como a un compás muy sofisticado que viene cargado con toda la información que nos hace únicos. Es el contenedor de nuestra esencia que incansablemente intenta dirigirnos hacia nuestra estrella polar.

En cierta forma, para estos autores, nuestro propósito de vida no es algo que está en el mundo exterior y que tenemos que salir a encontrar. Es más bien algo que está en nuestro interior, listo para ser liberado. Para encontrar nuestro propósito, es necesario mirar hacia adentro y escuchar nuestra propia voz. La aventura es al interior.

Los japoneses tienen una palabra *Ikigai* para referirse al concepto de propósito de vida. No tiene una traducción precisa al español, pero esencialmente puede traducirse como *la razón de vivir*, la razón que te saca de tu cama cada mañana.

Cuando nuestro propósito es claro, podemos enunciarlo en una frase corta y, esta habilidad de ponerlo en palabras, nos da el contexto emocional para tomar decisiones. Para dirigir nuestra energía, alinear nuestra vida en congruencia, organizar nuestro tiempo y recursos. A través del lente de nuestro propósito podemos vernos y visualizar nuestro futuro más claramente. Nos da dirección. Logramos vivir con intención.

Cuando recién me topé con esta idea de reducir mi propósito de vida en un par de líneas, me pareció imposible. Cuando escuché la pregunta: ¿Puedes enunciar en una frase corta la razón por la que te levantas cada mañana? Mi respuesta fue *No*. Sabía que una parte fundamental de mi razón de ser era mi familia. Una parte muy importante de mi vida está motivada por mis seres queridos. Fuera de eso, en realidad no sabía mucho más. En ocasiones, basta que algo te haga ruido y te incomode para iniciar un camino nuevo. A mí me molestaba no poder resumir mi propósito en una línea y al mismo tiempo me jalaba la curiosidad por descubrirlo y lograrlo.

Soy de la idea de que, en lo más profundo de nuestro ser, las personas queremos saber que nuestra vida importó. Y a lo largo del trayecto necesitamos evidencia para creer que estamos creciendo y convirtiéndonos en nuestra mejor versión. Poner nuestro propósito en blanco y negro satisface la necesidad básica que tenemos de sentir que estamos aquí por una razón que reconocemos como valiosa.

El propósito es para mí como un rompecabezas que vamos armando cuando seguimos a nuestra brújula interior. Es necesario recorrer cada una de las direcciones en esa brújula para conocerla y trabajar en cada pieza, para luego unirlas todas y formar una imagen que nos haga sentido, pues en ella nos vemos reflejados y eso que vemos nos gusta, nos hace sentir plenitud y paz.

El propósito es una composición de nuestros mejores recursos personales y anhelos más profundos. Implica autoconocimiento de lo que nos gusta, nos interesa, nos da curiosidad. Tiene que ver con conocer y utilizar nuestras fortalezas de carácter e inteligencias dominantes. Incluye, además, el sentido de trascendencia. Nos llama a vivir activamente nuestros valores, movernos hacia la compasión por los demás y contribuir positivamente al mundo. Conocer el por qué detrás de lo que hacemos es el motor de nuestra motivación.

La oportunidad de hacer todas aquellas actividades que se alinean con lo que nos gusta hacer, nos da placer y satisfacción, con lo que despierta nuestro interés y curiosidad, con todo aquello que nos apasiona y da sentido a nuestras vidas. Lo que amamos, queremos y valoramos en nuestra vida. Para descubrir qué nos gusta, tenemos que atrevernos a sentir, a explorar, a intentar, a encontrar nuestra medida ideal con base en prueba y error. Hoy una clase de batería, mañana una de cocina, quizá en dos meses escribir, bailar o aprender un nuevo idioma.

Otra serie de piezas en el rompecabezas del propósito de vida tiene que ver con nuestros mejores recursos personales. Nuestras fortalezas de carácter, inteligencias dominantes, dones, habilidades, talentos, vocación. Funcionamos a máxima capacidad y la vida fluye mejor cuando podemos resolver nuestro día a día, nuestra vida, utilizando nuestros súper poderes. No tanto así, cuando invertimos tiempo, dinero y energía en mejorar nuestras áreas débiles. Para esto es necesario un ejercicio profundo de reflexión, desarrollar la competencia emocional del autoconocimiento. Para descubrir, identificar nuestras mejores versiones. ¿Tienes que invertir tiempo o desenvolverte en áreas o actividades que son difíciles para ti y que además no te interesan? Ahora, piensa en la contraparte, en esas ocasiones en que sí puedes invertir en algo que te gusta y que sabes hacer muy bien y que requiere de usar tus mejores habilidades y talentos. Muy diferente, ¿no?

Otra pieza de gran peso en esta composición de nuestro propósito es el sentido de trascendencia. Cuando las personas llegamos a la mediana edad comenzamos a pensar en nuestro legado, en esa huella que queda impresa para que nuestra estancia en el mundo no pase desapercibida. Queremos ser recordados por algo que conecte con nuestro corazón y sentimos el deseo de contribuir positivamente.

La zona ganadora, esa en donde podemos ser nuestra mejor y más auténtica versión, es aquella donde podemos hacer una contribución al mundo, utilizando nuestros mejores recursos personales, siendo quienes verdaderamente somos, y haciendo algo que nos apasiona, justamente eso que nos hace saltar de la cama cada mañana.

Con frecuencia y por diferentes razones, las personas nos alejamos de esa zona. Nos dejamos llevar por caminos ya trazados, por expectativas, por miedo. Richard Leider, autor e investigador en el tema de propósito, explica que… *Nuestro camino auténtico no es aquel que alguien nos paga por ocupar —un trabajo o una carrera—; tampoco es una tarea que ejecutamos o un talento que desarrollamos —arte o un oficio—; tampoco es un rol social —padre o abuelo— en el que otros nos envuelven. Tiene que ser nuestro propio camino y ese camino lo descubrimos experimentando al mundo.*

Desde que somos pequeños nos entrenan o educan para vivir ajustándonos al propósito de los demás o que los demás tienen para nosotros. Con el paso del tiempo vamos cayendo en la cuenta de que es más fácil elegir según lo que se espera de nosotros, en lugar de retar el estatus e ir detrás de lo que tiene significado para nosotros. Nos volvemos tan dependientes de los estándares externos que dejamos de saber lo que verdaderamente queremos o necesitamos.

Sin embargo, cada vez que hacemos algo que no amamos, no nos interesa, no nos motiva, salimos de la frecuencia de nuestro *yo esencial*, nos desconectamos. El resultado de vivir fuera de sintonía con nuestra esencia es que aparecen la tristeza, el miedo, el estancamiento emocional, el dolor físico. Esta es la manera en que nuestro *yo esencial* nos deja saber que para recuperar la alegría, la motivación, el sentido de vida es necesario regresar a vibrar en la misma frecuencia que nuestros deseos y pasiones. Restablecer la comunicación entre el *yo social* y el *yo esencial*.

En ocasiones ocurre que la vida nos pone en crisis y esto se convierte en una oportunidad para reconectar, cuestionar y replantear el rumbo. Damos la vida por sentada hasta que aparece un evento inesperado y no bienvenido —enfermedad, divorcio, pérdida del trabajo, muerte, nido vacío, pandemia— que nos hace plantearnos las grandes preguntas.

El beneficio de las crisis es que nos hacen soltar las preocupaciones minúsculas de la vida, los conflictos, la necesidad de controlar y darnos cuenta de que la vida es corta y cada momento es preciado. Sin embargo, no es necesario esperar la llegada de nuestros últimos años o de ese evento que nos saque del tapete sobre el que estamos parados para recalibrar nuestra brújula.

Me gusta la oportunidad que tengo con mis estudiantes, de compartir con ellos herramientas de Psicología Positiva para que comiencen desde jóvenes a conectar, descubrir y construir su propósito de vida. De esta manera pueden disfrutar de muchos años más de la paz y plenitud que acompaña el convertirnos en la persona que queremos ser y vivir la vida que queremos para nosotros. Entre más rápido nos sacamos de encima los trajes que no están hechos a nuestra medida, entramos a nuestra mejor versión y nos

adueñamos de ella, más plena será nuestra vida y mayores las probabilidades de cerrar nuestro paso por aquí sin arrepentimientos.

Te invito a explorar cada una de las piezas de tu compás para
que armes el rompecabezas de tu propósito y a que sigas los pasos
para encontrar esa frase que describa la razón por la que te levantas cada mañana. Liberar tu esencia es quizá el acto de valentía
más grande que tendrás que hacer, también el que más vale la
pena.

NOTA DE LA AUTORA: A lo largo de este capítulo, encontrarás
mi compás personal. Este incluye lo que es cierto para mí. Te comparto mis ejemplos para que los uses como guía, sin embargo, la
idea es que reflexiones sobre tu vida y vayas creando tu propio
compás con tus respuestas. Es por esto que dejaré, junto a mis
respuestas, unas líneas para que tú coloques ahí lo que es verdadero y cierto para ti en todos esos ámbitos que iremos revisando y
vayas armando tu propio compás. Quiero decirte también que este
es un trabajo en continuo proceso por lo que te conviene regresar
a tu compás cada cierto tiempo para seguir calibrando tu brújula
personal.

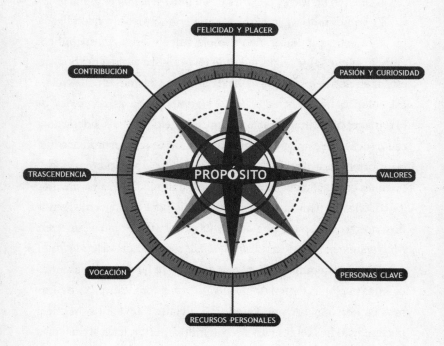

Mitos sobre el propósito de vida

Alrededor del propósito de vida existen varios mitos. Para mí fue muy útil conocerlos y comprenderlos pues logré eliminar barreras de pensamiento y creencias limitantes. Desbaratar ideas preconcebidas —y equivocadas— me dio permiso de atreverme a dar pasos en dirección a mi propósito de vida. Te comparto cuatro de los mitos que señala Richard Leider en su libro *The Power of Purpose*.

El primer mito sugiere que para tener un propósito que valga la pena, es necesario hacer algo completamente original, magnífico, grandioso que salga en portadas de revista y sea la nota del horario estelar en noticieros internacionales. Si nos instalamos en esta creencia, entonces nos vienen a la mente las grandes causas, como descubrir una vacuna, ir al espacio, ser presidente de un país, liderar una causa social que cambia el rumbo de la historia, crear un producto que transforme nuestro estilo de vida, ganar un Óscar o un premio Nobel. La única condición que tiene un propósito de vida es que haga vibrar a su dueño. No tiene que ser novedoso, solo tiene que hacernos sentido a nosotros mismos. Una de mis tías favoritas me dijo alguna vez: *Mi propósito de vida es ser la abuelita más consentidora del mundo.*

Otra idea equivocada es que solamente las vidas de algunas cuantas personas tienen un propósito verdadero. Entonces pensamos en personajes como Gandhi, Bill Gates, Steve Jobs, Michael Jordan. Esto nos regresa un poco al mito anterior. La gran mayoría de las cosas extraordinarias en el mundo son el resultado de acciones de personas comunes y corrientes que siguieron su curiosidad con determinación. Cada uno de nosotros tenemos una razón de ser y contribuimos en causas que engrandecen nuestro corazón, aunque no salga en las noticias.

Un tercer mito sugiere que los verdaderos propósitos llegan de golpe o en una revelación. Una especie de iluminación o señal que nos dice *esta es tu razón de ser, esto es lo tuyo.* Yo era creyente de esto. De ahí mi idea de viajar a los Himalaya para provocar el encuentro. Son pocas las personas afortunadas de saber desde muy pequeños cuál es su razón de ser, otras cuantas a las que les llega su momento *ahá* como mensaje escrito en las nubes, en el reflejo del agua, o en una voz que susurra en una tarde tranquila. Los propósitos también se construyen y la inspiración llega a quienes están inmersos en el proceso creativo o de búsqueda. Dijo Picasso: *La inspiración existe, pero tiene que encontrarte trabajando.* Yo agregaría que, al menos tiene que encontrarte con la interrogante y el deseo de descubrirla.

Existe también la idea de que el propósito de vida es un lujo. Vivir en la zona del propósito de vida es sólo opción para aquellos con cuentas bancarias bien cargadas, no para quienes tienen que pagar las facturas. Entonces pateamos para *después*, para cuando cierta condición se cumpla, la posibilidad de invertir tiempo en aquello que nos llama. El único momento que tenemos garantizado es el momento presente. Si queremos acercarnos a nuestra mejor versión y vibrar desde nuestra esencia, es necesario robarle unos minutos a cada día para nutrir y darle vida a nuestro propósito.

Un vistazo a tu interior:

¿Te identificas con alguno de los mitos anteriores? ¿Cuál?
¿Cómo te detiene eso?

_____

_____

_____

_____

_____

Tres preguntas importantes: ¿Por qué? ¿Cómo? y ¿Qué?

Aquel que tiene un por qué vivir, puede soportar casi cualquier cómo.

FRIEDRICH NIETZSCHE

Antes de conocer las piezas para armar el rompecabezas de nuestro propósito, me gustaría dedicar este espacio a tres preguntas que considero valiosas. Comenzar a pensar en ellas puede ponernos en marcha.

En su libro *Empieza con el por qué (Start with WHY)*, el autor Simon Sinek habla del círculo de oro que se conforma por tres conceptos: en el círculo de más adentro, está el corazón de nuestra razón de ser y responde a la pregunta: ¿Por qué? En el círculo del medio, se encuentra la pregunta: ¿Cómo? Y, en el círculo exterior está la pregunta: ¿Qué? El libro de Sinek está principalmente dirigido al mundo empresarial, no obstante, las ideas y conceptos son fácilmente trasladables a la vida personal.

La respuesta a la pregunta ¿Qué? nos deja saber qué actividades, productos, servicios pequeños o grandes hacemos. Podemos describir sin problema el detalle de qué hacemos. Es fácil de identificar: Me dedico a la Psicología Positiva o Ciencia de la Felicidad a nivel individual, en el área de educación y entrenamiento de las empresas.

Responder ¿Cómo hacemos lo que hacemos?, nos lleva a describir una propuesta específica, una entrega o ejecución en especial: Doy clases en la universidad, conferencias, talleres, *Team Building*, escribo un blog semanal, estoy escribiendo este libro, acompaño con sesiones de coaching personal.

La más difícil de las preguntas es ¿Por qué? Esta nos obliga a ir al centro de nuestro corazón para descubrir por qué hacemos lo que hacemos. Muy pocas personas o empresas pueden articular por qué o para qué hacen lo que hacen. El para qué, es nuestro propósito, la causa o creencia que nos mueve. ¿Por qué existo? ¿Cuál es la razón que te saca de la cama cada mañana? ¿Por qué es importante o cómo contribuyo con eso? Mi propósito es ayudar a las personas a aprender a vivir más felices, tener vidas llenas de sentido y alcanzar su versión más auténtica.

Dice Sinek: *Las personas no compran lo que hacemos, sino por qué lo hacemos.* Las personas que tienen claro y a la vista su por qué son, al menos para mí, atractivas, son como un imán. Tienen un carisma que inspira.

Tener claridad en estas respuestas simplifica la toma de decisiones. Tener un por qué claro, provee un filtro transparente para elegir entre posibilidades. Nos ayuda a dirigir nuestro tiempo, energía y recursos. Además, nos hace menos propensos a rendirnos después de unos cuantos fracasos, pues comprendemos la causa mayor.

Un vistazo a tu interior:
Dedica unos minutos para reflexionar sobre tu ¿qué?,
¿cómo? y ¿para qué?

_____

_____

_____

_____

_____

Piezas en el compás del propósito de vida

Felicidad y placer

Una de las direcciones que tenemos que recorrer en el compás de nuestro propósito de vida, nos conduce a todo aquello que nos gusta hacer. Las actividades, lugares, personas, experiencias que se traducen en placer, en satisfacción, gozo y que nos generan emociones positivas.

Uno de los primeros pasos en el descubrimiento, construcción o conexión con nuestro propósito superior consiste en identificar qué nos hace felices.

Con frecuencia nos lanzamos a una aventura sin asegurarnos de tener los elementos fundamentales en orden. Queremos ser felices, aspiramos a ser felices y hacemos todo lo posible para serlo. Muchas veces sin detenernos a pensar en lo más elemental: ¿Qué es la felicidad para mí? ¿Qué me hace feliz? Si tenemos identificado todo aquello, pequeño y grande que se traduce en felicidad para nosotros, será entonces mucho más fácil tomar acciones para elevar, mantener o recuperar nuestra sensación de felicidad. Nuestra estrella polar siempre apunta en dirección a lo que nos hace vibrar de manera positiva.

Cuando sabemos qué nos gusta y nos funciona, podemos usarlo como recurso. Las personas tenemos gustos diferentes y encontramos la felicidad, la tranquilidad o la plenitud en actividades distintas.

Hacer ejercicio me hace feliz. Pero en términos de generación de satisfacción no cualquier tipo de ejercicio es igual para mí. Me gusta andar en bicicleta y correr al aire libre; en cambio, una clase de baile me hace sentir miserable, y el yoga me estresa porque no logro mantener el equilibrio. Prefiero una conversación profunda con un par de personas que una fiesta alborotada, prefiero el silencio que el ruido de la televisión. Me encanta leer, escribir, pintar y tomar fotos. Me fascina pasar tiempo en contacto con la naturaleza y me hacen más feliz unas vacaciones en un lugar que me permita contemplar paisajes y caminar que una visita a Disney. Me llena aprender cosas nuevas, hablar con personas de diferentes rumbos de vida. En el día a día, mis momentos placenteros están asociados con lo que a mí me gusta, me inspira y me emociona.

En mi libro *Felicidad en el Trayecto: 8 Rutas*, escribí que la felicidad tiene componentes o rutas que son universales, pero cada quién debe recorrerla como más le guste y avanzar al ritmo que le funcione. En ese libro hice una analogía con la bicicleta y comenté que incluso entre los aficionados de la bicicleta hay gustos diferentes. A algunos les gusta la bicicleta de ruta y disfrutan pedaleando distancias largas en grupo. Hay quienes eligen la de montaña con pistas llenas de obstáculos; otros gustan de las bajadas pronunciadas a toda velocidad, y también hay quienes prefieren la bicicleta estacionaria del gimnasio. Lo mismo sucede con la felicidad. Para reducir el nivel de estrés hay muchas posibilidades: escuchar música, meditar, cocinar. Logramos mucho más fácil nuestros objetivos cuando elegimos actividades que disfrutamos, cuando pasamos tiempo con personas o en lugares que nos nutren. Y es responsabilidad de cada uno de nosotros desarrollar la habilidad del autoconocimiento para tenerlo claro.

Felicidad y placer no son la misma cosa. No toda la felicidad es igual y es importante conocer la diferencia. Existen la felicidad momentánea y la que perdura en el tiempo.

La felicidad momentánea está asociada al placer, a sentirse bien en el instante y tiene un efecto efervescente, fugaz o de corta duración. Casi siempre es generada por un estímulo externo y tiene como fin evitar el dolor o el sufrimiento.

La felicidad en el tiempo viene del interior, tiene un efecto de larga duración e incluye los momentos difíciles que nos reparte la vida. La construimos cada día y es el resultado de cultivar nuestros lazos sociales, tener un sentido de vida y propósito definido, cuidar nuestra salud, practicar la gratitud y alcanzar nuestras metas personales, entre otras cosas.

Ciertas acciones que generan placer también contribuyen a la felicidad en el tiempo. Hacer ejercicio, ayudar a otros, pasar tiempo con la gente que queremos o haciendo lo que nos gusta por ejemplo, generan una sensación placentera instantánea y además abonan a nuestro bienestar de largo plazo (mejor salud, sentido de vida y lazos sociales estrechos).

Por otro lado, algunas actividades o conductas tienen el potencial de poner en riesgo nuestro bienestar futuro. Para evadir el dolor o el sufrimiento, por ejemplo, podríamos generar placer abusando del alcohol, apostando o comprando compulsivamente. Estas acciones se sienten bien en el momento, pero pueden tener un impacto negativo más adelante.

Es importante alinear lo que nos genera placer temporal con nuestra felicidad en el tiempo. Construimos nuestro bienestar futuro con momentos y experiencias cotidianas e incluir estos momentos en nuestro día a día hacen nuestro presente más agradable.

Vamos a concentrarnos en la felicidad del momento presente. Aunque te parezca extraño, casi siempre dejamos la felicidad para después. Para el lunes, el siguiente mes, el próximo año o cuando cierta condición se cumpla. Si te suenan conocidas frases como: *Voy a ser feliz cuando me promuevan en el trabajo. Voy a ser feliz cuando me case. Voy a ser feliz cuando baje de peso. Voy a ser feliz cuando esté de vacaciones,* es que has caído víctima de la trampa del cuando, y la felicidad siempre te quedará a la vuelta de la esquina.

¿Cómo hacemos para generar o reconocer momentos agradables ahorita? Lo primero es identificar las actividades que nos ayudan rápida y efectivamente a mejorar nuestra sensación de felicidad. Si hicieras una lista de todo lo que te hace feliz, ¿Qué escribirías en ella?

Ahora piensa: ¿Qué tan seguido lo haces? Los días se nos resbalan como arena entre los dedos mientras recorremos la lista repetitiva e infinita de lo que tenemos que hacer —trabajo de oficina, viajes, supermercado, tintorería, partidos de soccer, juegos de básquet, clases de baile, citas con el dentista, revisar tareas, preparar la comida. Los meses vuelan en automático.

Un vistazo a tu interior:

De tu lista creada con lo que te hace feliz, ¿qué actividad puedes incluir en tu rutina? Anótalas aquí. Saca tu agenda y genera un espacio en tu calendario para hacer una de ellas. Decide deliberadamente integrar en tu agenda lo que disfrutas. Empieza hoy.

_____

_____

_____

_____

_____

Para trabajar en tu compás:

¿Qué te hace feliz? Piensa en lugares, personas, actividades, experiencias que te producen emociones positivas. ¿Qué te gusta hacer? ¿Qué disfrutas? Correr, pasar tiempo con tus hijos, tocar el piano, pintar, cantar, ver un atardecer, tejer, andar en bicicleta, jugar futbol, pasear al aire libre, surfear, tomar café con tus amigas, cocinar, leer, aprender algo nuevo, escuchar música, investigar, meditar. ¿Cómo te gusta pasar el tiempo libre? Escríbelo en tu compás en el área de FELICIDAD Y PLACER.

....
....
....
....
....
....
....
....
....

- LEER, DAR CLASES
- AYUDAR A OTROS
- PASAR TIEMPO AL AIRE LIBRE
- CONVERSAR CON AMIGOS
- TOMAR FOTOS
- CORRER
- PINTAR
- ANDAR EN BICICLETA
- APRENDER SOBRE EL TEMA
  DE LA FELICIDAD

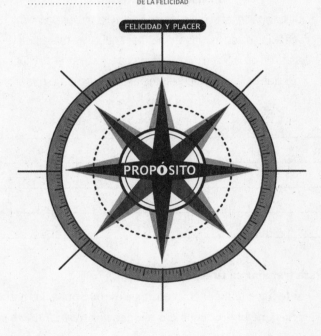

FELICIDAD Y PLACER

PROPÓSITO

Lista de vida

Me gustan los aviones sí y sólo sí tengo ambos pies sobre la tierra. El modo vuelo no es lo mío. Y a las personas que desconfiamos de las máquinas voladoras, no nos ayuda nada un cielo cargado de nubes negras y un piloto que amablemente nos anticipa por el altavoz «turbulencia de ligera a moderada durante la ruta de esta noche».

Cuando abordo una aeronave, mi cerebro activa la alarma del sistema nervioso central. Aparece un pensamiento angustiante que llega asegurándome que su intención es noble, que lo único que quiere es protegerme del peligro inminente y hacerme escapar antes de que cierren la puerta. Estoy consciente de sus exageraciones, me queda claro que siempre se equivoca —aquí sigo—, pero igual viaja conmigo fielmente. En respuesta a lo anterior, he desarrollado la costumbre de enviar mensajes cariñosos a mis personas favoritas antes de despegar, por si las dudas.

Estaba a 10,000 metros sobre el nivel medio del mar cuando decidí comenzar mi *lista de vida* —en inglés *bucket list*. La expresión en inglés viene de *patear la cubeta,* que es otra manera de decir «morir». En español tenemos algo parecido… colgar los tenis.

Una lista de vida es una colección escrita de todo lo que nos gustaría hacer antes de morir.

Muchas personas tienen una idea de lo que quisieran hacer o les gustaría hacer a lo largo de sus vidas; pero muy pocas la tienen en papel y pluma o en computadora. Tener una lista de vida escrita es importante por varias razones.

La primera porque nos obliga a pensar en la pregunta: ¿Qué queremos de la vida?

La segunda es que cuando escribimos ideas, les quitamos lo abstracto; dejan de pasearse amorfas por nuestra mente y bajan al mundo de la realidad. Esto da sentido a nuestras vidas y nos da una razón para hacer cambios sustanciales. Cuando sabemos a dónde queremos ir, podemos comenzar a trazar un plan.

La tercera es que una vez que las ideas están claras, empezamos a detectar oportunidades para llevarlas a cabo. Es como si el universo las hiciera visibles. Quizá sientes ganas de comprarte cierto tipo de pantalones y comienzas a notar a todas las personas que los llevan puestos; o deseas tener un bebé y de pronto todas las mujeres a tu alrededor están embarazadas.

Escribir lo que queremos hacer antes de *colgar los tenis* es el primer paso para conseguirlo. Escribir nuestras intenciones es poderoso.

¿Cómo se hace una lista de vida o qué puedes poner en tu lista? En realidad, puedes hacerla como tú quieras y puedes poner lo que te plazca. Te comparto algunas ideas sobre lo que puedes incluir...

Cosas que sirven en tu propósito superior de ser feliz —escribir una novela, dar una conferencia en TED, crear una fundación para sacar a perros de las calles, construir casas con material reciclado.

Puedes incluir cosas que ya lograste o hiciste —correr un maratón, hacer el recorrido de Matacanes, escribir un libro de estrategias para vivir más feliz, graduarte de la escuela de arte, tener hijos, tener un perro Golden Retriever.

Piensa en diferentes aspectos o categorías en tu vida —cosas que quieres hacer con tu pareja, familia, amigos, metas profesionales.

Lugares que te gustaría visitar, libros que leer, clases de algo que te guste y llame tu atención —batería, canto, buceo. Experiencias que te gustaría tener —ver la aurora boreal, hacer el camino de Santiago de Compostela en bicicleta, nadar con tiburones ballena, bailar bajo la lluvia, ir a un concierto de Maroon 5, ver jugar a Roger Federer, tomarte una foto con Shakira.

Las locuras también se valen —tirarte de paracaídas, comer gusanos, nadar en un río, pintarte el pelo de azul.

Escribe en tu lista el mayor número de cosas posibles. Puedes consultar algunas páginas de internet para inspirarte con ideas (https://bucketlistjourney.net/my-bucket-list/) Una vez que tengas una buena cantidad de ideas en ella, dedica unos minutos a ver si tienes muchas actividades relacionadas con una categoría o actividad en especial. Por ejemplo, muchas cosas relacionadas con cocina y experiencias gastronómicas, o muchas habilidades en actividades acuáticas. Esto podría darte una pista de un área que para ti es importante, inspiradora y que se alinea con los deseos de tu *yo esencial*.

Es tu lista. Nadie tiene que estar de acuerdo con ella. Escribe lo que tú quieras, siempre y cuando esté alineado con lo que para ti es importante y te acerque a tu versión más auténtica.

Y una vez que tengas tu lista —a la que siempre podrás ir agregándole nuevas ideas— lo que sigue es palomear cada ítem cuando lo vayas consiguiendo.

Ejercicio: Haz una lista de vida con cincuenta elementos. Tenla a la mano. Ponla en un lugar visible. Actualízala. Dedica unos minutos a observar para ver si logras identificar un tema que se repite.

Lista de Vida

1. Dar una conferencia en TED

2. Escribir una novela

3. Tomar clases de batería

4. Hacer el Camino de Santiago con cada una de mis hijas

5. Vivir seis meses en una casa a la orilla del mar

6. Aprender italiano

7. Ser abuela

8. Pasar una noche en el desierto

9. Escribir un artículo para la revista National Geographic

10. Ir a un concierto de U2

11. Tomarme una foto con Jeremy Irons

12. Andar el Camino Portugués de la costa hasta Santiago de Compostela

13. Ahora ¡síguete tú_____

14. _____

15. _____

16. _____

17. _____

18. _____

19. _____

20. _____

21. _____

22. _____

23. _____
24. _____
25. _____
26. _____
27. _____
28. _____
29. _____
30. _____
31. _____
32. _____
33. _____
34. _____
35. _____
36. _____
37. _____
38. _____
39. _____
40. _____
41. _____
42. _____
43. _____

44. _____

45. _____

46. _____

47. _____

48. _____

49. _____

50. _____

Pasión y curiosidad

> *No te preguntes qué necesita el mundo. Pregúntate qué te hace sentir vivo y luego, ve y hazlo. Porque lo que el mundo necesita es más gente que esté cobrando vida.*
>
> HOWARD THURMAN

Si tuviera que hacerlo, me atrevería a apostar que en algún momento de tu vida has escuchado la frase «sigue tu pasión». Con estas tres palabras, alguien con muy buenas intenciones nos deja entender que, para descubrir nuestro propósito, tener una vida plena, feliz y exitosa, sólo tenemos que seguir a nuestra pasión. Esta recomendación siempre me generó una sensación de angustia. ¿Si no tenía claro cuál era mi pasión, entonces detrás de qué se supone que tenía que correr? Imposible perseguir algo que desconozco. ¿Y, si tenía más de una pasión? ¿Cómo saber a cuál de todas seguir? Me parece que a veces encontramos frases lindas y motivadoras, pero poco útiles cuando no vienen acompañadas de los *cómo*.

De acuerdo con la definición de diccionario, la pasión, es un sentimiento o una emoción muy intensa. Podemos sentir pasión por una persona, también por una actividad, un tema, una causa. Para Leider y Shapiro, autores del libro *Work Reimagined,* la pasión es eso que nos inspira, la fuerza que nos impulsa, el imán que nos jala; en términos artísticos, es nuestra musa. La pasión es eso por lo que te levantas y eso que quieres expresar.

Desde mi punto de vista, cuando hablamos de pasión, casi podemos asegurar que se trata de algo no negociable. La pasión nos provoca efervescencia, nos empuja a la acción y no sabe de muros de contención ni de disfraces. No sabe esconderse, se deja ver, escuchar, transpira por la piel.

Algunas personas tienen su pasión tatuada en la frente. Si tú eres de los afortunados que conocen su pasión, quizá te has dado cuenta de que cuando hablas del tema, o trabajas en esa actividad, cuando creas, tu energía se transforma, tu vitalidad aumenta, el tiempo desaparece, entras en *tu zona* y se produce una satisfacción difícil de comparar con otra cosa.

No todas las personas tenemos una pasión tan clara y absoluta, o si la tenemos, quizá la descubrimos hace poco. También es posible que no tengamos una sola pasión y que la idea de elegir nos provoque incomodidad. Tal vez, aún no hay nada que te motive lo suficiente como para llamarlo pasión.

En algunos casos, descubrimos una pasión como resultado de un evento inesperado. La muerte de un hijo ocasionada por alguna enfermedad puede dar origen a una pasión por ayudar a familias que están pasando por situaciones similares; alguien que supera una situación traumática, puede encontrar una pasión y un propósito en compartir su experiencia para intentar que otros no sufran lo mismo. Una mamá con un hijo con una discapacidad de aprendizaje, puede descubrir una vocación en el diseño de herramientas o estrategias de enseñanza dirigida a niños y jóvenes con la misma condición. Una niña que rescata un perro de la calle descubre que le apasiona el bienestar de los animales.

Es posible también, que nos encontremos sin pasión o que la hayamos perdido en el camino. Llegan los hijos, empiezan las noches en vela, nos quedamos en un trabajo estable, lidiamos con las dificultades o sorpresas de la vida, pasa el tiempo y la flama de la pasión se extingue. Todo esto casi sin darnos cuenta. Primero gradualmente, luego *súbitamente*, como dijo Ernest Hemingway. Me parece que este fue mi caso. Así me encontró ese momento *Ahá* en la montaña. Cayendo en cuenta de aquel nivel generalizado de insatisfacción, de tonos grises y temperaturas tibias. Hoy, habiendo pasado el tiempo, puedo reconocer que no era que no tuviera pasiones, tenía muchas, más bien las había guardado, les había dado la espalda. A veces, necesitamos un empujón para desenterrar nuestras pasiones y traerlas a la luz.

Dice Caroline Adams Miller, autora del libro *Getting Grit*, que sin pasión es muy difícil persistir cuando los tiempos son retadores y las soluciones elusivas. Sin pasión, es muy fácil sucumbir a las críticas, no es posible distinguir los ruidos y las distracciones que intentan descarrilarnos. Sin pasión, es complicado sumar aliados. Cuando falta la pasión, la vida se convierte en un día más de pendientes y no en la misión que cambiará nuestra vida o el mundo.

Cuando tenemos una meta que nos quema, una pasión que nos enciende es más fácil convocar nuestros recursos internos y personales para trabajar duro y resistir las tentaciones, para llevar nuestro proyecto hasta la meta.

Encontré eco a mis ideas en esa conferencia que ya les comenté de Elizabeth Gilbert, autora de la famosa novela *Comer, Rezar y Amar*. En la charla, ella relata que por años les dijo a las personas *sigue tu pasión*; sin embargo, el paso del tiempo y la experiencia la llevaron a concluir que era mucho mejor seguir a nuestra curiosidad. Jalar del hilo que está prendido de algo que despierta tu interés, puede ser suficiente para llegar a un tema que te haga vibrar, al final de esa hebra es posible descubrir una pasión. Toparnos con un tema que nos interese lo suficiente como para seguir aprendiendo, queriendo mejorar. Siguiendo mi curiosidad, he llegado a lugares que jamás hubiera imaginado y que hoy se han convertido en pasiones.

¿Recuerdas qué te gustaba hacer cuando eras niño? ¿Qué soñabas con ser de grande? Richard Leider, a quien mencioné anteriormente, explica que cuando niños y jóvenes no son forzados a conformarse con situaciones que les son impuestas, sueñan en grande. Tienden a imaginar su vida como una serie de grandes aventuras que les permitirán vivir la vida al máximo. Imaginan que pueden ser lo que sea que quieran ser, sin importar las probabilidades de que se haga realidad. Sus elecciones reflejan lo que aman hacer —arte, música, deportes, servicio comunitario. Los niños hablan de sus sueños y en el corazón de estos sueños está el fuego interior del llamado.

¿Recuerdan a Giordana Biernat? Ella explica que, cuando hacemos lo que amamos, estamos alineados con nuestros deseos, pasiones y esencia. En cambio, cuando negamos un deseo, ignoramos una pasión, negamos un llamado o silenciamos una verdad interior, nuestro espíritu se evapora.

Si no tenemos por el momento algo a lo que podamos llamarle una pasión, podemos comenzar por dedicar tiempo a reflexionar sobre algunas preguntas, ponernos en modo curioso y aventurarnos en búsqueda de respuestas.

¿Qué te interesa? ¿Cuáles son los temas que llaman tu atención? ¿Qué te entusiasma? ¿Qué preguntas te quitan el sueño?

¿Qué programas te gustan? ¿Qué revistas compras? ¿Qué tipo de noticias sigues? ¿A qué tipo de personas admiras? ¿Qué causas sociales te mueven? ¿Si escribieras un libro de qué sería? ¿Qué problema o necesidad te gustaría resolver? ¿Cuáles son las 5 cosas que te gustan en las que más has gastado dinero e invertido tiempo?

¿Recuerdas la frase de Oliver Wendell que te mencioné al inicio del libro? *Muchas personas mueren con su música adentro.* La música es la metáfora para también describir esa pasión que arde por ser expresada. Una vez que descubrimos nuestra música, esta nos mueve, nos llena de energía. Nuestra música es tan poderosa que no podemos evitar movernos a su ritmo. Nos obliga a bailar. A tomar acción.

Si no perseguimos a nuestra pasión, pero si a nuestra curiosidad, quizá la encontremos.

Ejercicio: ¿Qué te apasiona? ¿Qué temas o actividades te llenan de energía? ¿Qué te hace sentir vivo? ¿Qué te da curiosidad? Escribe tus respuestas en el compás.

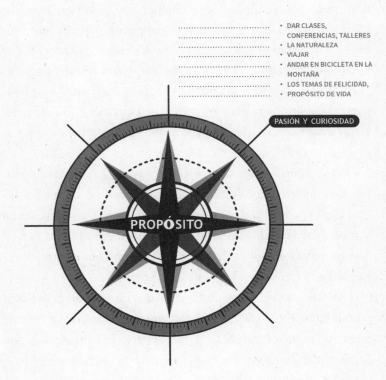

- DAR CLASES, CONFERENCIAS, TALLERES
- LA NATURALEZA
- VIAJAR
- ANDAR EN BICICLETA EN LA MONTAÑA
- LOS TEMAS DE FELICIDAD,
- PROPÓSITO DE VIDA

PASIÓN Y CURIOSIDAD

PROPÓSITO

Valores personales

Nuestros valores personales están en el corazón de nuestra esencia. Nos recuerdan quién somos, de qué estamos hechos y qué es fundamental para nosotros.

La aventura para descubrir o reconectar con nuestro propósito de vida incluye identificar y obtener claridad sobre nuestros valores. Con frecuencia no sabemos cuáles son, o qué nombre ponerles. Dice Brené Brown, en su libro *Atrévete a Liderar (Dare to Lead)*, que cuando no tenemos claridad sobre nuestros valores personales y no sabemos a dónde voltear, si no tenemos esa lámpara que alumbra quién somos y porqué estamos aquí, entonces alguien más toma decisiones por nosotros y las críticas y los juicios ajenos nos ponen de rodillas.

Somos más capaces de tolerar la adversidad o pasar malos ratos cuando tenemos claras nuestras creencias. Cuando estamos *con la cara en el suelo* nuestros valores nos recuerdan quién somos. Nos recuerdan porqué estamos en esa lucha. Cuando nuestro entorno se pone oscuro y el panorama se ve negro, nuestros valores son la luz que alumbra el camino.

Los valores se definen como principios o estándares de comportamiento. Brown define un valor como una manera de ser o de creer que es muy importante para nosotros. Los valores son una expresión activa de nuestras más profundas creencias; son activos. Son algo que hacemos. Y Leider dice que nuestra vocación es invisible, excepto cuando está en acción. Expresamos nuestros valores a través de las decisiones que tomamos y de nuestras acciones.

Cuando somos nuestra versión más auténtica, tenemos claridad sobre lo que es más importante para nosotros, nuestras intenciones, pensamientos, palabras, actitudes, y comportamientos están alineados con nuestros valores.

Hay dos ejercicios que me gustan para identificar cuáles son nuestros valores personales más importantes, en caso de que aún no los tengamos claros o necesitemos recordarlos. Uno llega por vía indirecta y otro por vía directa.

Uno de los ejercicios más lindos que he hecho para descubrir mis valores personales, lo hice durante mi certificación en Psicología Positiva con la orientación de María Sirois, psicóloga, autora y una de mis maestras favoritas. Ella le llamó *Mi yo ideal*. Esta dinámica me pareció muy poderosa, pues no tenía claro cuál era el objetivo del ejercicio y el final fue una sorpresa. El proceso comienza eligiendo dos personas a quienes admiras mucho. Puede ser alguien de tu familia, un amigo, una persona de tu comunidad, un personaje de literatura, una mujer emprendedora, una activista social, un presidente, un deportista, un inventor. Después, es necesario describir con la mayor cantidad de detalle posible por qué admiramos a esas personas o qué características en particular nos resultan atractivas, qué valores nos llegan al corazón y nos hacen vibrar. Entre más detalles agregamos a la descripción, más poderoso es el ejercicio. El siguiente paso consiste en hacer una lista de las características y valores que tiene esa persona a la que admiramos. Una vez que los tenemos en una lista, hacemos una oración con cada uno de esos valores. Por ejemplo, *mi abuela es bondadosa, mi abuela es valiente* y así con cada uno de los elementos en nuestra lista. En el paso final, reemplazamos el nombre de esa persona con la palabra *Yo: Yo soy bondadosa. Yo soy valiente.* En ocasiones es más fácil identificar los valores que consideramos más importantes o con los que nos identificamos más, cuando los vemos en otras personas —por eso la propuesta de descubrir nuestros valores de manera indirecta. Puede ser también, que son aspiracionales. Que hoy no nos distinguen, pero que una versión mejorada y más auténtica de nosotros los llevaría a la acción. Este ejercicio de reflexión nos permite descifrar el código de nuestro *yo ideal*. Si queremos movernos en esa dirección, podemos preguntarnos cada mañana ¿Cómo puedo acercarme 1 % más hoy a mi versión ideal? ¿Qué puedo hacer hoy o que voy a hacer hoy para acercarme a mi yo ideal?

El segundo ejercicio que recomiendo es de Brené Brown, quien desarrolló una herramienta directa donde nos comparte una lista de más de cien valores. Búscalo en: https://daretolead. brenebrown.com/workbook-art-pics-glossary/.

El paso uno consiste en identificar aquellos valores que más cerca guardas de tu corazón, los más sagrados, sin importar el contexto o la situación en la que estés. Tenemos que saber cuáles son, de lo contrario no podemos alinear nuestras vidas con ellos. Se eligen entre diez y quince para empezar, y después te quedarás con dos. Transcribo sus palabras: *Nuestros valores tienen que ser tan cristalinos, precisos e infalibles, que no se sientan como decisiones, son simplemente la definición de quién somos en nuestras vidas.* Estos dos valores tienen que sentirse bien, como fuerzas que te jalan. Identifícalos guiándote con el corazón, no con la cabeza, ni con lo que te gustaría ser o crees que deberías ser. Pregúntate: ¿Esto me define? ¿Esto soy en mi mejor versión? ¿Es este un filtro que utilizo para tomar decisiones difíciles? Estos valores sirven también como soporte, como armas para pelear contra el miedo.

Un siguiente paso consiste en pensar cómo traduces esos valores en acciones en tu día a día, en comportamientos observables. Si decimos que tenemos ciertos valores, pero no se ven en la práctica, entonces esos valores no sirven de mucho. Cuando nos salimos de la zona congruente con nuestros valores, aparecen emociones difíciles, malestares físicos. Nuestra esencia se hace escuchar y vale la pena atender su mensaje, si es que queremos tener una vida plena, feliz y alcanzar nuestra versión más auténtica.

Un vistazo a tu interior:

¿Sabes cuáles son tus cinco valores distintivos? Te invito a realizar los ejercicios descritos con anterioridad para descubrirlo. Escríbelos y después trasládalos a tu compás. Ahí tendrás los cinco valores personales más importantes para ti.

_____

_____

_____

_____

_____

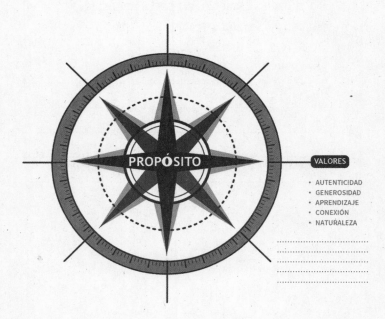

Personas clave

A lo largo de nuestra vida, vamos coincidiendo con diferentes tipos de personas. Una gran cantidad de estos encuentros son inconsecuentes. Personas entran y salen de nuestras vidas sin dejar marca. De vez en cuando, sin embargo, nos topamos con alguien que cambia el rumbo de nuestras vidas. Algunos encuentros podrían catalogarse como fortuitos, como intersecciones inesperadas del destino que nos transforman y redireccionan. Sacuden nuestras creencias, iluminan posibilidades que no teníamos en el radar, sacan nuestra mejor versión o nuestra peor versión, nos avientan un salvavidas o nos tiran al barranco sin paracaídas. Estas coincidencias pueden ser para bien o para mal. Lo importante aquí es que nos cambian. Marcan un antes y un después en nuestra historia. Estos encuentros fortuitos no tienen que ser con alguien a quien conocemos de manera personal. Es posible coincidir con un autor cuyas líneas nos llegan al corazón, un pianista que nos eriza la piel, un activista que nos conecta con una causa social, un personaje de ciencia ficción que nos inspira a desarrollar una habilidad, un maestro que nos ayuda a explotar un talento o nos despierta curiosidad por un tema, un poeta, un filósofo, un familiar que nos instala un miedo o una creencia limitante en lo más profundo, una mujer cuya espiritualidad nos cubre de paz, un extraño que con un acto de bondad nos abre la puerta para estudiar una maestría en el extranjero, una mirada que nunca podrás olvidar porque removió tus entrañas.

Hice una lista de las personas que han sido trascendentales en mi camino y dediqué tiempo a reflexionar sobre los cambios que tuvo mi vida como consecuencia de haberse cruzado con la de ellos. Es fácil identificar a las personas que han sido clave cuando empezamos con nuestra familia, nuestra pareja y nuestros amigos, pues determinan la dirección de los tramos más importantes. Podemos seguir las rutas que recorremos o recorrimos juntos, así como lo positivo y lo negativo derivado de ese andar. Sin lugar a duda, en mi vida, las personas más trascendentales son mi esposo, mis tres hijas, mis padres y hermanos. Con ellos comparto mis días, los momentos especiales y los no tan especiales. Mis mejores amigos y amigas son quienes me recuerdan quién soy cuando a mí se me olvida, quienes me apuntan otra vez a mi trayecto, que me acompañan.

Encuentro en mi recorrido, hombres y mujeres que han transformado mi camino y me han transformado a mí.

Hace casi veintidós años, uno de estos encuentros me puso en la ruta del estudio científico de la felicidad. Tuve la fortuna de tener a un gran maestro, que después se convirtió en mi asesor de tesis y mentor. Gracias a esa coincidencia, es que hoy me encuentro en el mundo de la Psicología Positiva, aunque mi carrera haya iniciado en el reino de la economía. Sería imposible calcular el valor que han tenido para mí, sus puntos de vista y las horas de conversaciones profundas, filosóficas y transformadoras. Fue una de las primeras personas en alentar mi gusto por la escritura y me dio la oportunidad de salirme de los temas de tesis comunes en la economía. Me dio margen amplio y me ayudó a encontrar un tema con el que podía conectarme lo suficiente para dedicar un año entero de mi vida. Ese tema se convirtió en mi pasión y en mi verdadera vocación. Me gusta pensar que estudié economía sólo para poder coincidir con él.

Quería estudiar una maestría en Estados Unidos y necesitaba una beca para poder hacerlo. La oportunidad de participar para una beca se me perdió en un paquete de servicio de mensajería que no entregó a tiempo los papeles. Mi última esperanza estaba puesta en las becas de Conacyt. Cuando salieron los resultados de la convocatoria, mi nombre no estaba. Se me escapaba con esto la oportunidad de ir. Sólo que algo me dijo que tenía que insistir. Me lancé a la ciudad de México para asistir a una reunión que había logrado conseguir de último momento. Por cuestiones de tráfico, se me hizo tarde —viajé desde Puebla— y me encontré las oficinas recién cerradas y en la puerta, un cordón rojo sostenido en forma de «u» de dos patas doradas. Al fondo de la oficina que estaba oscura, estaba una persona comiendo en su escritorio. La desesperación en mi cara lo movió a hacerme una seña para pasar. Brinqué el cordón rojo y me senté en la silla que me señaló. Me desplomé, sería una mejor descripción. Me escuchaba mientras daba mordidas a su sándwich. Cuando terminé de atropellarme con las palabras, me dio una hoja de papel blanco y una pluma azul. *Explica todo eso que me dijiste ahí y yo le llevo la carta a la persona que venías a ver.* Así, nada más. Salí de ahí con pocas esperanzas. No pensé que fuera a entregar la carta. Dos semanas más tarde —y a unas cuantas de tener que irme a Nueva York— sonó el teléfono. Era del Conacyt. Llamaban para avisarme que habían reconsiderado mi caso y que sí me darían la beca. Ese encuentro fortuito provocado por un acto de bondad de una persona de apellido Meléndez, cambió mi vida. Gracias a él, pude estudiar una maestría en el extranjero. Me gusta pensar que se me hizo tarde sólo para poder conocerlo a él.

Cuando terminé mis estudios de maestría, envié mi currículo a la Universidad de Monterrey y aterrizó en manos de alguien que justo estaba con la inquietud de estudiar la relación entre ingreso y felicidad, que era mi tema de investigación. Así llegué a la UDEM y coincidí con cuatro maestros a quienes les *picaba la misma espina* que a mí. Arrancamos el Centro de Estudios sobre Bienestar —para esto coincidimos en el tiempo con un Vicerrector que nos dijo sí a la idea de crear el Centro y con un benefactor que creyó en nuestra aventura, tanto, como para patrocinar una de las primeras investigaciones que se hicieron en México sobre la felicidad y sus determinantes. Con esas coincidencias, arrancaron los siguientes años de hacer investigación en el tema de la felicidad en el que fuimos pioneros.

Avanzando en el tiempo, una tarde de viernes en el 2007, encontré un mensaje muy extraño en mi contestadora de teléfono. Esa tarde, mi único plan era sobrevivir a mis gemelas de casi tres años y a una panza de siete meses de embarazo. No logré entender bien el mensaje pues la comunicación se entrecortaba. Pero alcancé a escuchar dos pedazos clave: *National Geographic* —mi revista favorita— y el nombre de mi asesor de tesis. No lograba entender ese mensaje. Así que decidí llamar a mi asesor, sabiendo que no contestaría, pues era su costumbre desconectar el cable del teléfono para no tener interrupciones. Él no contestaba y yo podría decir *ya cumplí*. Pero esa tarde de viernes, contestó el teléfono. Entonces me explicó que estaba en Monterrey un explorador de *National Geographic* que andaba queriendo entender por qué en Monterrey y en Saltillo las personas decían ser tan felices, le había recomendado hablar conmigo y que seguro para eso era el mensaje. Recuerdo haberle preguntado… *¿Tengo que vestirme formal para esa entrevista o puedo ir en jeans? Puedes ir como estás.* Sólo por eso devolví la llamada. Y entonces conocí a Dan Buettner, explorador de *National Geographic* que estaba escribiendo un libro sobre los lugares más felices del mundo, luego de su éxito Blue Zones, que trata sobre burbujas en el mundo donde las personas rebasan los cien años en proporciones no atribuibles al azar. Con él venía Jesús, un fotógrafo de *National Geographic*. Y estos dos datos son importantes: antes de ser economista y cuando tenía unos diez o doce años, yo soñaba con trabajar para esta publicación. Esperaba con ansias la llegada de la revista amarilla para perderme entre sus páginas. Me imaginaba viajando por lugares remotos del mundo, entrevistando a personas de todo tipo, fotografiando animales y paisajes. Ése era mi sueño. La vida me llevó por un rumbo diferente o, mejor dicho, me dejé llevar por otro lado. Más de corte tradicional: carrera en Economía, casarme, formar una familia… Dejé ese sueño en el cajón. Este cruce con Dan y con Jesús fue trascendental para mi carrera profesional. Los conocí esa misma tarde en una de las cafeterías de la UDEM. En ese entonces, daba sólo una clase una vez por semana y trabajaba por proyectos. Ya no estaba de tiempo completo en la universidad sino agotada cuidando a mis gemelas y con otra hija en camino, pensando que quizá ya era hora de dedicarme a mi casa, a mi familia. Me sentía tan cansada que no creía poder con la carga de seguir trabajando con una tercera niña en casa. Pero ese encuentro, verlos a ellos, era como tocar mi sueño, aunque fuera de lejos y a través de sus historias y experiencias. Apoyé a Buettner con datos e información relacionada con la felicidad en México. Conocerlo me sacudió. Hablando de su proyecto, se encendió en mí una chispa. Me reconectó con este tema que me fascina. Y sucedió que, en lugar de abandonar mi trabajo y dejar el tema a un lado, me metí más. Ya no sólo tomando lo que llegara, sino saliendo a buscar por todos lados oportunidades de proyectos. Me gusta pensar que ese viernes escuché un mensaje entrecortado en mi contestadora, mi asesor contestó el teléfono —cosa que nunca hacía—, sólo para conocer a Dan y a Jesús y reactivar mi carrera profesional, ahora con una intención y una energía muy diferente. Ya no quería hacer sólo investigación, deseaba hacer algo más práctico y estar en contacto directo con las personas.

Entonces, conocí a otro Vicerrector que venía llegando a la Universidad de Monterrey y que es un convencido de la importancia de desarrollar habilidades de inteligencia emocional y felicidad en los jóvenes. Un día le sugerí abrir una materia nueva, «Acciones para la felicidad», una clase práctica que tuviera como objetivo compartir estrategias prácticas de la Psicología Positiva para que los estudiantes pudieran desarrollar la habilidad de la felicidad, clave para la vida. Gracias a su apoyo y convicción, es que hoy existe en la Universidad de Monterrey la clase *Acciones para vivir más feliz*. Esto sucedió un poco después de que yo decidiera dejar el departamento de economía y la Universidad para dedicarme de lleno al tema práctico de la felicidad. Esa clase va en su año número siete.

En uno de los semestres, conocí a una alumna que me conectó con quien más adelante sería la persona que lograría bajar con su experiencia, el libro que traía dando vueltas en mi cabeza desde hace años. Había mencionado en mi salón que quería escribir un libro, pero aún no lograba hacerlo. Ella dijo que su mamá esa semana presentaba un libro y que ella conocía a alguien (—siempre hay alguien que conoce alguien, así que aprovecho para sugerirte que pongas en voz alta tus sueños, pues nunca sabes quién está ahí para escucharte en el momento adecuado). Así entonces, en esa presentación de libro, entré en contacto con este mundo de escribir activamente. Conocí a Ángeles Favela, a mis compañeros de taller, escribí y publiqué mi primer libro. Me gusta pensar que ese día hablé de mi sueño de escribir un libro para que Dani me escuchara y me construyera un puente al mundo de las letras, otra de mis pasiones. En este universo de palabras he encontrado personas que han despertado mi creatividad, amigos y amigas extraordinarios que me han ayudado a encontrar mi voz y a darle vida a esta parte de mí que por años estuvo guardada y no explotada. Entré en una dimensión nueva, llena de personas interesantes y valientes, que encuentran rimas en las banquetas y figuras en el cielo, que crean realidades con sus letras y que te prestan un lente para ver perspectivas diferentes, originales, entretenidas, inspiradoras. Y todo esto me conectó con mi lado artístico y creativo. Mi siguiente proyecto será escribir una novela.

He tenido encuentros con libros que han definido qué quiero explorar y que me han ayudado a reparar aspectos míos que estaban desajustados, rotos y que me ayudaron a poner en palabras, emociones que no sabía cómo describir. Con la guía de sus palabras, pude encontrar herramientas que necesitaba, que necesito todavía para superar obstáculos y crecer como persona. Autores que me han ayudado a encontrar el valor para viajar al interior, para enfrentar miedos, temores. Para atreverme a ser un poco más auténtica que ayer, a tomar mejores decisiones. Brené Brown, a quien he citado varias veces ya, es una de ellas. Leerla, hasta ahora, no me ha dejado indiferente, vuelvo a sus libros una y otra vez. En Oprah Winfrey, anfitriona del show que lleva su nombre, autora y filantropista, encontré una de las palabras más poderosas en mi lucha contra el miedo. La palabra *surrender*, de la que te contaré más adelante. Ha sido un encuentro fortuito transformador.

Encuentros inesperados con escritores que viajan en el tiempo, inventan sentimientos y crean mundos donde viven ángeles con alas azules.

Hasta ahora he descrito los encuentros lindos, positivos. También he tenido de los otros. Encuentros con personas que aparecen en tu camino para destrozarlo. Que sacuden lo que conoces, que fracturan lo que has construido, que te retan en lo más profundo porque te hacen entrar en contacto con emociones difíciles. Personas que con sus palabras y con sus actos, te rompen y te provocan dolor en el alma, que destruyen. En ocasiones, son las personas a quienes más queremos, las que más daño hacen. Nos obligan a encontrar en ese dolor, fuerzas que no sabíamos que teníamos. Nos llevan a redefinirnos, reencontrarnos, reacomodarnos. Nos obligan a renunciar a versiones nuestras que habíamos imaginado y anhelábamos.

En las peores crisis, descubrimos habilidades que estaban dormidas, talentos ocultos. Tenemos que reinventarnos y con suerte salimos mejores personas, encontramos y construimos mejores versiones de nosotros. Puede pasar también, que nos ayuden a descubrir nuestros detonadores, que ponen luz en nuestras versiones más negras y oscuras, y entonces podemos trabajar en ellas.

Hay encuentros que nos devuelven a la senda de nuestro propósito de vida. Estoy convencida de que llegan con esa razón a nuestras vidas y me siento agradecida con todas estas personas que han marcado mi andar. Me han devuelto mis pasiones, me han llenado de esperanza, han sacado mis súper poderes a la superficie. También agradezco a los que me han retado, porque hoy soy más resiliente gracias a eso. Tengo músculo más fuerte para perseguir lo que quiero para mí.

Una vida plena, feliz y alcanzar mi versión más auténtica.

Un vistazo a tu interior:

¿Quiénes son las personas, personajes, que han marcado un cambio en el rumbo de tu vida? Identifica esos encuentros fortuitos en tu vida. Ponles nombre, escribe con detalle cómo esa coincidencia en tu trayecto hizo una diferencia. ¿Quién te ayudó a reconectar con tu esencia? ¿Quién te ayudó a descubrir tu propósito? ¿Quién te hizo más fuerte? ¿Quién te retó al máximo? ¿Qué descubriste sobre ti con cada uno de estos encuentros? Escríbelo y traslada al compás sus nombres o la lección que aprendiste con ellos, la oportunidad que generaron.

_____

_____

_____

_____

_____

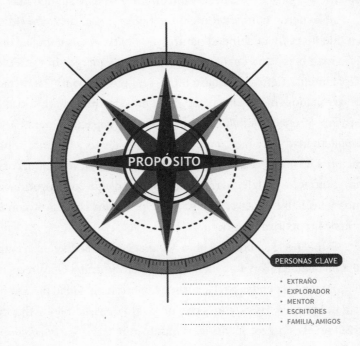

PERSONAS CLAVE

.... • EXTRAÑO
.... • EXPLORADOR
.... • MENTOR
.... • ESCRITORES
.... • FAMILIA, AMIGOS

Recursos Personales

Talentos y habilidades

Una pieza clave en el compás de nuestro propósito superior tiene que ver con nuestros talentos y habilidades. No sólo con conocerlos, sino con darles vida en el día a día y ponerlos al servicio de los demás. Las personas somos más felices cuando salimos de nosotros mismos y contribuimos positivamente en la vida de alguien más.

De acuerdo con la definición del diccionario de Cambridge, un talento es una habilidad natural para hacer o desempeñar una actividad bien, una cualidad inherente que emerge sin esfuerzo. Típicamente tienen una base biológica, pueden o no estar bien desarrollados (inteligencia, habilidad musical, matemática, atlética). Por otro lado, *habilidad* es la destreza o capacidad para hacer una actividad muy bien, aprendida con esfuerzo y práctica (operaciones en la bolsa financiera, programación, investigación, cocina). Entonces, los talentos se conciben como algo con lo que nacemos y las habilidades como algo que podemos conseguir con la práctica repetitiva y enfocada.

Carol Dweck, autora del libro *Mindset* explica la diferencia entre una mentalidad fija y una mentalidad de crecimiento. Con frecuencia, los talentos tienden a relacionarse con una mentalidad fija. Desde esta perspectiva, las personas con un punto de vista mental fijo, no creen en el esfuerzo. Su visión es más bien binaria: *Soy bueno o soy malo.* Si alguien tiene que esforzarse para mejorar en algo, entonces no tiene un verdadero talento. Cada persona tiene un nivel fijo de inteligencia o ciertos dones que no cambian con el tiempo. Cuando vivimos en un mundo con cuotas de inteligencia y cualidades limitadas, los errores y fracasos son enemigos número uno. Los retos no son bienvenidos —es mejor mantenerse en la zona que dominan—, el éxito ajeno es amenazante. Cuando alguna tarea resulta difícil, es más fácil renunciar que aceptar que *no soy tan inteligente*. El éxito y el valor personal están en función de logros. La mentalidad de crecimiento asume que las cualidades son cambiantes y que las personas pueden retarse para aprender cosas nuevas. Es posible mejorar con buen entrenamiento, esfuerzo y práctica. Este tipo de visiones admite que podemos aprender, que los errores y fracasos son oportunidades de aprendizaje llenos de información valiosa, que la retroalimentación es constructiva, que el éxito de los demás es inspirador. La perseverancia distingue a este tipo de personas incluso cuando se sienten frustradas. Para ellas el esfuerzo sostenido es la clave del éxito.

El talento sin esfuerzo no llega muy lejos y, no necesariamente el esfuerzo nos lleva lejos si no tenemos cierta habilidad sobre la cual construir. La combinación que hace la diferencia, es esa en que practicamos con intención y dedicamos esfuerzo a una actividad para la que somos relativamente buenos o a algún área donde tenemos talento. Esa es la combinación más poderosa.

Una parte del propósito consiste en contribuir con nuestros dones naturales y aquellas habilidades que hemos desarrollado a lo largo del camino. Cada uno de nosotros tenemos habilidades y talentos que nos hacen únicos. ¿Sabes cuáles son los tuyos?

Como te comenté, hace un tiempo, me topé con una frase de Oliver Wendell Holmes que me estremeció: *Muchas personas mueren con su música adentro*. Ocurre que estamos preparándonos para vivir y cuando menos nos damos cuenta, se nos termina el tiempo. Nunca nos atrevimos. ¿Qué música tienes tú para compartir? Llegan a mi mente las personas que me han contado que quieren escribir cuentos para niños, pero aún siguen tomando cursos para hacerlo o no se dan permiso de intentarlo porque no estudiaron literatura. Personas que quieren cantar, pintar o crear recetas nuevas y no se atreven. Desde entonces, utilizo esa frase en mis talleres y en mis clases. Recuerdo con claridad a un estudiante que luego de leerla dijo en voz alta: *Maestra esto está muy deprimente*, y devolví un: *Sí, asegúrate de que no te pase, que no nos pase*. Así que, si conoces tus talentos y tus habilidades, quizá puedas comenzar a preguntarte ¿cómo puedo ponerlos al servicio de los demás? ¿Cómo puedo darles vida en la acción? ¿Cuál es ese don o regalo único que puedo hacerle al mundo y usarlo para contribuir de manera positiva? Para liberar nuestro propósito, tenemos que liberar nuestra historia, nuestra curiosidad y nuestros dones. En caso de que no los tengamos claros, podemos responder las siguientes preguntas para ayudarnos a descubrirlos:

- ¿Qué te gusta hacer y compartir de manera natural? ¿En qué te gusta ayudar?
- ¿Para qué te piden ayuda las personas? ¿Qué es esa habilidad tuya que los demás vienen a buscar en ti? Quizá tu capacidad para encontrar el dato importante en una inmensidad de información o para organizar eventos, contar chistes que alegran una reunión, cocinar, hacerte cargo de la logística en un proceso de producción, quizá piden tu consejo imparcial, o aprecian tu manera de contar historias, y hasta de implementar aventuras creativas.
- ¿Qué habilidades notan los demás en ti? Termina la frase con lo que has escuchado a los demás decir sobre ti: *Eres buenísimo para...* —hacer operaciones matemáticas, dividir la cuenta, diseñar, decorar espacios, mezclar ingredientes, coreografías, componer música, tranquilizar niños.
- ¿Qué habilidad o talento disfrutas tanto que pierdes la noción del tiempo cuando lo haces? El tiempo se ha borrado, creemos que han transcurrido veinte minutos, cuando en realidad ¡fueron cincuenta! En momentos así hasta nos olvidamos del mundo exterior, de las sensaciones físicas como hambre y sed. Nuestra cabeza y energía entran en ritmo.

La zona de máximo potencial es aquella en la que logramos hacer algo que disfrutamos y para lo cual somos muy buenos. Acércate a las actividades que cumplan con la condición: soy bueno + me gusta. El reto es encontrar o ensamblar dichas combinaciones.

Ojo. Ser muy bueno para algo, no necesariamente coincide con algo que te apasiona y motiva. A mí, por ejemplo, me fascina la música, me inspira y me llena de energía, pero no tengo una bonita voz para cantar ni soy entonada. Por esta razón, no elegí una carrera en música.

Por otro lado, soy muy buena investigadora académica. Durante años me dediqué a hacer investigación, pero no me encanta. Me resta energía y me cansa.

Enseñar es una actividad que combina algo que me apasiona con algo que sé hacer bien. Me llena de energía y me motiva. Me da la oportunidad de unir mi capacidad de comunicación con mi deseo de contribuir. Incluso en el ámbito de la enseñanza, hay materias que me gusta enseñar y otras que no. Puedo enseñar Macroeconomía muy bien, pero no me inspira como lo hace la Psicología Positiva.

En nuestras peculiaridades y rarezas, también es posible encontrar talentos y habilidades. Nuestras peculiaridades nos hacen interesantes. Sin embargo, tendemos a esconderlas para encajar o darle gusto a los demás. Pregúntate: ¿Cuál es tu particularidad, es decir, esa rareza que a la gente le sorprende descubrir? ¿Qué es eso fuera de lo ordinario que te hace interesante? Descubrí que no puedo hacer operaciones sencillas —elementales— de matemáticas mientras corro o ando en bicicleta, pero sí puedo escribir un poema. Tengo un pésimo sentido de orientación —reza porque tu vida no dependa jamás de mi sentido de orientación—, pero llego a donde quiero llegar. Tengo una habilidad para ser sarcástica.

¿Cuál es ese talento o habilidad del que nos estamos perdiendo porque no te has atrevido a compartirlo? No mueras con tu música adentro.

> **Ejercicio:** Encuentra tres actividades que cumplan con las dos condiciones: te gusta y además eres buena para hacerlo y haz una lista de tus talentos y habilidades.

_____

_____

_____

Fortalezas de carácter

Fortalezas y debilidades son dos palabras que con frecuencia escuchamos juntas. Son representativas de entrevistas de trabajo y formularios de registro en programas de educación. Cuando queremos inscribir a nuestros hijos en un campamento de verano o llenar una forma para que su nueva maestra de grado los conozca mejor, podemos contar con que habrá un apartado para resaltar sus fortalezas y *sus áreas de oportunidad* —que no es más que una manera diplomática de llamarle a las debilidades. Quizá tú has tenido que responder estas preguntas sobre ti mismo en contextos como talleres de crecimiento personal, certificaciones, entrenamientos, sesiones terapéuticas. Y no es fácil. ¿Sabes cuáles son tus fortalezas y debilidades?

Tradicionalmente, el enfoque para mejorar el desempeño o rendimiento en cualquier contexto —educación, trabajo, deportes—, ha estado basado en corregir las debilidades, los defectos. La regla no escrita dice que debemos reparar lo que está mal, pues lo que está bien se cuida solo. Cuando revisamos las calificaciones de nuestros hijos, resaltamos la única materia reprobada, en lugar de las otras con notas sobresalientes. Estamos entrenados para detectar errores y a obviar lo que sale bien. Sin embargo, investigaciones recientes muestran que nuestra energía está mejor invertida cuando trabajamos en hacernos mejores en algo en lo que somos buenos, que cuando trabajamos en hacernos promedio en nuestras debilidades.

En los últimos años, la ciencia ha mostrado que esta no es la manera más eficiente de alcanzar nuestra mejor versión y florecer. Hemos crecido creyendo que, para ser optimistas, resilientes, felices y exitosos, tenemos que deshacernos de nuestras debilidades. Sin embargo, desde la Psicología Positiva, se ha probado que existe una mejor manera de lograrlo y es enfocándonos en potenciar nuestras fortalezas. Construyendo sobre nuestros mejores recursos personales, funcionamos mejor y vivimos más plenos.

Hugo Alberts, creador del curso en línea *Maximizing Strenghts* utiliza una analogía con un barco de velas. Las velas representan las fortalezas de una persona. Sin ellas, la embarcación flotaría sobre el agua sin dirección ni movimiento. Así como las fortalezas permiten a una persona florecer en la vida, las velas permiten al bote avanzar y moverse en direcciones favorables. Las velas generan *momentum*, ayudan al capitán a crear un viaje que vale la pena. Una persona que utiliza sus fortalezas, se siente llena de energía e involucrada con su vida, como un bote que navega a toda velocidad con el viento a su favor.

Esto no quiere decir que debamos ignorar nuestros puntos débiles. Es necesario atender las fugas, de lo contrario el bote se llena de agua. No obstante, dedicarnos exclusivamente a corregir las imperfecciones, no hace que la embarcación avance, para eso son las velas. Arreglar sólo nuestros problemas nos hace promedio. Una novela, por ejemplo, puede tener una ortografía perfecta, una técnica impecable y ser tan aburrida que la abandonamos luego de leer unas cuantas páginas; en cambio, hay textos que llegan directo al corazón, a pesar de tener errores en su escritura.

Alcanzamos nuestro máximo potencial cuando nos enfocamos en nuestras fortalezas y administramos las debilidades.

¿Qué es una fortaleza?

Clifton y Nelson, autores del libro *Soar with your strenghts*, definen a las fortalezas como un talento muy específico, por ejemplo, una habilidad para hacer cálculos matemáticos mentales complicados, meter canastas de basquetbol, tocar un instrumento musical o correr muy rápido. Las fortalezas también pueden ser un rasgo de personalidad positivo que una persona tiene en abundancia, un patrón de comportamiento, pensamientos y sentimientos que producen un alto nivel de satisfacción.

En libro *Average to A+*, Alex Linley, define las fortalezas como: *Una capacidad preexistente de cierta conducta particular, pensamiento o sentimiento que es auténtico, llena de energía a quien la utiliza y, además, promueve el funcionamiento, desarrollo y desempeño óptimo.* Es preexistente porque ya está presente dentro de nosotros, no es algo que obtenemos del exterior. Es por eso que algunas fortalezas son visibles desde temprana edad. Aunque, que estén ahí, no significa que la persona las ha usado o desarrollado, algunas fortalezas permanecen en nosotros de manera latente. Generan sentimientos de autenticidad, pues cuando usamos nuestras fortalezas nos sentimos genuinos, muy nosotros, y se siente natural. Por último, nos llenan de energía. Nuestras fortalezas nos dan vitalidad, son agradables y aumentan nuestra sensación de bienestar. Usarlas incrementa nuestras probabilidades de florecer en la vida.

En su libro *Educar en las fortalezas (The Strength Switch)*, Lea Waters explica que las fortalezas son cualidades positivas que nos llenan de energía, actividades que desempeñamos bien y que elegimos con frecuencia. Si las utilizamos en maneras productivas, contribuyen al cumplimiento de nuestras metas y desarrollo. También son observadas y reconocidas por otros, dado que contribuyen positivamente al entorno. En resumen, las fortalezas son cosas que hacemos bien, seguido y con energía.

Las personas no siempre estamos conscientes de nuestras fortalezas personales. Hasta hace unos años, la inteligencia emocional y competencias como el autoconocimiento, no eran parte del currículum en las escuelas. Aprendimos matemáticas, ciencias sociales, computación, pero no a conocernos a nosotros mismos o a desarrollar la agilidad emocional. Hugo Alberts, a quien te mencioné unas líneas arriba, señala cinco razones por las que no conocemos nuestras fortalezas:

1. No estamos acostumbrados a vernos desde nuestras fortalezas, no tenemos el vocabulario para nombrarlas o no sabemos exactamente qué es una fortaleza.

2. Pensamos que nuestras debilidades, más que nuestras fortalezas, son las principales áreas de crecimiento, entonces nos enfocamos en los déficits.

3. La sociedad premia la humildad, la modestia, y esto puede ser un obstáculo para aprender y hablar sobre nuestras fortalezas.

4. Dado que son preexistentes, las usamos sin darnos cuenta, no las vemos como especiales y pensamos que todos pueden hacer lo mismo.

5. A veces, como resultado de la envidia, somos criticados por nuestras fortalezas y recibimos retroalimentación negativa que desmotiva su uso.

Continuando con la analogía de Alberts, una persona que no conoce sus fortalezas, es como un capitán que no sabe qué hacer con las velas del bote. No tiene conocimiento de su tamaño, de su potencial o uso correcto. Cuando no conocemos nuestras fortalezas, desaprovechamos nuestro potencial y reducimos la probabilidad de vivir plenos.

La buena noticia es que existen muchas estrategias para descubrir nuestras fortalezas, las de nuestros hijos, pareja, amigos y compañeros de trabajo.

La primera consiste en conocer nuestras fortalezas de carácter, pues son las partes positivas de nuestra personalidad que impactan en cómo pensamos, sentimos y nos comportamos. Describen nuestras mejores partes.

El instituto de VIA (*Values in Action*) valores en acción, define a los valores como características morales que cuando usamos, contribuyen al significado de nuestra vida y felicidad. Identifican la existencia de veinticuatro fortalezas de carácter. Estas se encuentran organizadas en seis virtudes —características que los filósofos valoraron a lo largo del tiempo—: sabiduría, valentía, humanidad, justicia, trascendencia y templanza. Puedes conocer las tuyas realizando la prueba en: (https://www.viacharacter.org/character-strengths-via). Estos veinticuatro valores son una especie de ingrediente que dan sustancia a las virtudes.

Virtudes	Fortalezas
Sabiduría y conocimiento	Creatividad, curiosidad, juicio, amor por el aprendizaje, perspectiva
Valentía	Coraje, perseverancia, honestidad, buen ánimo
Humanidad	Amor, bondad, inteligencia social
Justicia	Trabajo en equipo, justicia, liderazgo
Templanza	Perdón, humildad, prudencia, autorregulación
Trascendencia	Apreciación de la belleza y excelencia, gratitud, esperanza, sentido del humor, espiritualidad

Después de realizar esta prueba, conocerás tus fortalezas de carácter dominantes. Podrás ver el listado de las veinticuatro fortalezas de carácter ordenadas de más acentuadas a menos acentuadas en ti. Si exploras un poco más a fondo cada una de ellas, lograrás entender por qué ciertas actividades o situaciones son fáciles para ti, mientras que otras no lo son tanto. Si, por ejemplo, resulta que el sentido del humor está en primer lugar, pero la prudencia en último, entenderás por qué te metes en problemas. Las fortalezas guían nuestros pensamientos, sentimientos y acciones. Una persona con un nivel bajo de autorregulación tenderá a caer en tentaciones con más frecuencia que una persona con un nivel alto. Si conocemos a fondo nuestras fortalezas, podremos utilizarlas en favor de nuestro bienestar general.

El uso de nuestras fortalezas puede ser diverso. La creatividad, por ejemplo, no siempre tiene que expresarse en el arte, en la pintura o escritura. Existen personas muy creativas encontrando soluciones a problemas de logística o muy creativas en la formulación de alternativas de investigación. Las fortalezas pueden expresarse de muchas y diferentes maneras, la clave está en descubrir cómo las manifiestas o expresas tú.

Pasemos a la segunda estrategia, consiste en observar con la intención de descubrir las fortalezas en acción. Las fortalezas tienen ciertas características que nos permiten distinguirlas, así que podemos ponernos en modo detective.

1. **Detecta anhelos, impulsos o atracción por ciertas actividades.** Cuando algo nos gusta y nos permite utilizar nuestras fortalezas, es como traer dentro un imán que nos jala a ciertas actividades o experiencias (tocar el piano, poner una mesa para vender limonadas, construir túneles para

un hámster, dar clase a los muñecos de peluche, crear recetas nuevas en la cocina).

2. **Observa el nivel de satisfacción.** La cara de gozo de un músico cuando toca, la sonrisa de un joven que mete una canasta de basquetbol, la armonía de una bailarina de ballet. Podemos notar que realizar ciertas actividades generan felicidad, plenitud, satisfacción, orgullo, paz. Si no se siente bien al practicarlo, entonces no es una fortaleza. Algunas pistas para detectar que algo se siente bien y nos gusta: tener pensamientos como *podría hacer esto siempre, me encanta, esto es divertido;* sentimientos o emociones como energía, vitalidad, pasión, involucramiento, motivación, autenticidad, confianza.

3. **Fíjate si existe un rápido aprendizaje.** Una fortaleza se caracteriza por un aprendizaje acelerado al inicio, que luego se sostiene y crece durante el tiempo. Las expresiones de conductas congruentes con esto son atención plena, enfoque, persistencia, alto desempeño. Aprender un nuevo deporte, armar rompecabezas, armar un mueble, programar. Quizá notes que prefieres aprender haciendo, es decir, sobre la marcha.

4. **Destellos de excelencia.** Puedes identificar una fortaleza en un momento, en un destello durante una actuación, una chispa que llama tu atención y te genera la sensación de que en esa actividad sucede algo que vale la pena explorar. Por ejemplo, al cantar una canción, al impartir una conferencia. Esto es común en los deportes. Cuando los equipos reclutan jugadores, observan algo durante un entrenamiento que les permite decidirse por un jugador en lugar de otro. Quizá notas que tu hijo se transforma en la cancha de tenis, que tu hija se transporta a otro lugar cuando pinta o cuando canta.

5. **Perfecto y total desempeño.** Esto describe un estado de entrega absoluta a cierta actividad, es un estado continuo de desempeño donde la persona no se da cuenta, no está consciente de las rutinas, de los pasos, solo fluye, va en piloto automático, no nota el paso del tiempo. Un conferencista que al hablar eleva la energía del lugar, fluyen las palabras; un director de orquesta que conduce con todo el cuerpo; un actor que se fusiona con el personaje al que interpreta; un neurocirujano. Lo hacen parecer tan fácil, que terminas pensando que también puedes hacerlo.

¿Cómo se conectan nuestras fortalezas personales con nuestro propósito de vida? Existe una relación estrecha entre nuestras fortalezas de carácter dominantes, nuestros intereses y pasiones inherentes. Incluso, cuando usamos nuestros mejores recursos aumenta lo que se conoce como nuestra pasión armoniosa. El uso de fortalezas puede contribuir al sentimiento de autenticidad de una persona al internalizar la expresión de esa fortaleza en su identidad. Cuando juntamos nuestro propósito con nuestras fortalezas, obtenemos el combustible para avanzar en esa dirección.

De manera inconsciente o consciente elegimos pasatiempos y áreas de interés que nos permiten expresar una fortaleza en particular. Es posible que alguien escoja un deporte para poder utilizar su perseverancia; practicar un deporte de equipo para demostrar su liderazgo; jugar ajedrez para poder expresar su pensamiento crítico; hacer yoga para expresar su espiritualidad. Nuestras fortalezas de carácter y nuestras pasiones se encienden juntas. Es muy difícil concebir sentir pasión por una actividad que nos cuesta mucho trabajo hacer. No es lo común.

Una nota de precaución. El mundo nos dice quién debemos ser y qué deberíamos hacer de una y mil maneras. Con frecuencia, las personas que más queremos y que son más cercanas a nosotros, con la mejor de las intenciones, nos presionan con las expectativas que tienen de nosotros. Si las expectativas que tienen de nosotros no caen dentro del área de nuestras fortalezas, pueden hacernos mucho daño, generar altos niveles de frustración y baja autoestima. Por ejemplo, exigir a un niño que no tiene una gran habilidad motriz que sea el campeón goleador y la estrella en el equipo de futbol. ¿Te sucedió esto en algún momento? ¿Haces esto con tus hijos? Te invito a reflexionar.

Detectar nuestras fortalezas y las de nuestros hijos también puede bajar el nivel de estrés que sentimos al pensar que tienen que ser *todólogos*. Saturamos sus horarios y los nuestros con la intención de que desarrollen habilidades en todos los departamentos: música, matemáticas, arte, deportes, declamación, modales. Clifton y Nelson argumentan que, no ser todo, es una estrategia inteligente, enfocarnos en desarrollar nuestras fortalezas es la ruta a la excelencia. Esto supone la disposición de dejar de hacer y ser todo, para enfocarnos en hacer más de lo que hacemos bien.

Cuando descubras para qué eres muy bueno, hazlo mucho. Sabemos que conocer nuestras fortalezas no es suficiente. Los beneficios los obtenemos cuando las usamos. El barco avanza, cuando iza sus velas.

Ejercicio: Visita el sitio de *Values in Action* que te compartí en la página 158 y haz la prueba para descubrir tus fortalezas de carácter. Escribe tus cinco fortalezas dominantes en el compás de la página 169.

Inteligencias dominantes

¿Has oído hablar del concepto de inteligencias múltiples? Quizá sí o quizá no. Pero estoy segura de que sí has escuchado hablar del término coeficiente intelectual o IQ. Incluso, apostaría a que en algún momento de tu vida te han puesto una prueba para medir tu nivel de inteligencia —antes de entrar al colegio, a la universidad, a un trabajo nuevo, a una familia— y pronosticar tus probabilidades de éxito.

La prueba del IQ por años fue considerada como «la medida» para determinar el nivel de inteligencia de una persona. Y de ahí venía la creencia o la conclusión simplista de que uno es *burro o listo al parejo,* de que uno es *bueno para todo, regular para todo* o *malo para todo.*

El concepto de inteligencia basado en el coeficiente intelectual ha tenido importantes implicaciones en la psicología, pero además en el mundo de la educación y en el ámbito laboral.

El sistema educativo tradicional ha enfocado sus programas en el desarrollo de las habilidades lógicas, matemáticas y lingüísticas. Quienes sobresalen en estos reinos son elogiados y privilegiados. No tanto así, los que dominan el territorio de la creatividad, las artes o la música, por ejemplo.

Y otra cosa…

Dicho sistema, también asume que todas las personas podemos aprender los mismos materiales de la misma manera y que una medida uniforme y universal basta para evaluar nuestro aprendizaje. Es un modelo rígido que no admite la diversidad de habilidades. Nos obliga a todos a entrar en el mismo cajón, aunque no tenga nuestra forma y no sea de nuestro tamaño.

Le pedimos al conejo, que es especialista en agilidad y saltos, que nade como pez en el agua. Si no lo logra, le buscamos un tutor por las tardes y clases de natación los sábados para que mejore su nado de pecho. En lugar de promover que pase las horas mejorando sus saltos, utilizando sus fortalezas y siendo un feliz conejo, lo hacemos sentir un pez incompetente.

A lo mejor en esto pensaba Howard Gardner, profesor de educación de Harvard y autor de varios libros, cuando desarrolló su teoría de las inteligencias múltiples. A él le pareció que el coeficiente intelectual o IQ era un indicador limitado para medir la inteligencia de una persona y se puso a investigar durante una buena cantidad de años.

En su teoría, Gardner argumenta que las personas tenemos ocho tipos de inteligencias. Aunque todos tenemos todas, hay unas más dominantes que otras.

Te cuento de qué se tratan cada una de estas inteligencias. La idea es que identifiques cuáles resaltan más en tu caso y comprendas mejor por qué cierto tipo de temas, actividades o situaciones te gustan, te motivan y se te facilitan más —o al revés.

Inteligencia Visual–Espacial. Este tipo de inteligencia supone un buen sentido de orientación y comprensión del espacio alrededor. A este tipo de personas generalmente les gusta dibujar, hacer rompecabezas, saben interpretar mapas, identifican patrones de colores y formas, son buenos para diseñar. Aprenden mejor cuando tienen apoyos visuales y pueden utilizar herramientas como: gráficas, fotografías, modelos en 3D, videos, textos ilustrados, diapositivas. Entre las profesiones que encajan bien con la inteligencia visual-espacial están los diseñadores gráficos, decoradores de interiores, marineros, pilotos, arquitectos, pintores, paisajistas, publicistas, fotógrafos, dentistas, cirujanos plásticos, cartógrafos, ilustradores, dibujantes.

Inteligencia Motriz–Kinestésica. Los individuos que tienen muy desarrollada este tipo de inteligencia usan su cuerpo efectivamente. Les gusta moverse, crear y hacer cosas con las manos, tienen buena coordinación, utilizan el lenguaje corporal para comunicarse. Aprenden mejor haciendo, con actividades *manos a la obra*, actuando, interpretando roles. Les gusta trabajar con objetos reales, máquinas, equipo. Piensa en bailarines, cirujanos, carpinteros, atletas de alto rendimiento, acróbatas, deportistas, constructores, manualidades, escultores, actores, entrenadores, rehabilitadores físicos, jinetes.

Inteligencia Musical. Las personas que tienen esta inteligencia de manera dominante se caracterizan por su sensibilidad al ritmo, a los sonidos en el medio ambiente y a las notas musicales. Aman la música, distinguen tonos, componen, memorizan letras de canciones con facilidad, tocan instrumentos, entienden las estructuras musicales, son buenos cantando. Tienen *buen oído* para traducir e interpretar lo que escuchan en el piano, guitarra, batería. En este tipo de inteligencia destacan los músicos, cantantes, compositores, conductores, maestros de música, ingenieros de sonido.

Inteligencia Interpersonal. Se asocia con la extroversión. Quienes tienen marcada esta inteligencia tienen una alta capacidad para entender a los demás e interactuar socialmente. Son personas muy empáticas que identifican las emociones de los demás, sus deseos o intenciones. Tienen muchos amigos, disfrutan de las actividades grupales, evalúan situaciones sociales desde diferentes perspectivas, crean relaciones positivas, resuelven conflictos entre personas. Son buenos para ofrecer alivio, para escuchar, vender, convencer, encajan bien en cualquier contexto social y *hablan hasta con las piedras*. Cargan su energía estando con otras personas y disfrutan de las reuniones sociales. Los psicólogos, enfermeras, médicos, consejeros, filósofos, vendedores, políticos, negociadores, organizadores de eventos, maestros, son buenos representantes de este tipo de inteligencia.

Inteligencia Intrapersonal. Se asocia con la introversión. Las personas con esta inteligencia dominante están en sintonía con su mundo interior, conocen sus estados emocionales, sus intereses y metas, saben qué les motiva. Tienen muy desarrollada la intuición y el autoconocimiento. Disfrutan de la introspección, la reflexión, el análisis, la discusión de teorías, la filosofía. Aprenden mejor en solitario, les gustan los libros, materiales creativos, los diarios. Valoran mucho su tiempo solos y su privacidad. Recargan su energía pasando tiempo consigo mismos. Se cansan rápido en lugares llenos de gente o en situaciones que implican interactuar con otras personas durante mucho tiempo —aunque esto no significa que no puedan hacerlo. Destacan aquí los filósofos, emprendedores, escritores, poetas, científicos, investigadores, pensadores.

Inteligencia Lingüística-Verbal. Se caracteriza por el uso efectivo de las palabras. Las personas que tienen esta inteligencia de manera dominante son buenas para aprender idiomas, les gusta leer, los juegos de palabras, hacer crucigramas, escribir, contar cuentos o chistes. Tienen una gran capacidad para comunicarse de manera verbal o escrita. Recuerdan fácilmente lo que leen o escuchan. Son extraordinarios para convencer o motivar a los demás, para debatir, argumentar y explicar. Aprenden mejor leyendo. Entre las profesiones que utilizan esta inteligencia están: escritores, periodistas, locutores de radio, abogados, maestros, sacerdotes, conferencistas, editores, traductores, guionistas, relaciones públicas, bibliotecarios.

Inteligencia Lógica-Matemática. El fuerte de las personas con este tipo de inteligencia es analizar problemas, operaciones matemáticas y temas que tienen que ver con estrategia —piensa en juegos como ajedrez y *Risk*. Entienden el mundo en números, fracciones y proporciones. Tienen capacidad para pensar conceptual y abstractamente, disfrutan explorar patrones, experimentando y resolviendo misterios. Son espectaculares para resolver problemas complejos, resumir información, analizar datos. Pueden hacer cálculos complicados o desarrollar programas de cómputo.

Las profesiones que se apoyan en este tipo de inteligencia son: científicos, financieros, programadores, desarrolladores de software, ingenieros, matemáticos, físicos, químicos, farmacéuticos, astrónomos, contadores.

Inteligencia de Naturaleza. Se asocia con una conexión y sintonía con el medio ambiente. Las personas que destacan en este tipo de inteligencia muestran un gran interés por fenómenos de la tierra —tornados, terremotos, geografía, climas. Les gusta aprender sobre otras especies, aman a los animales, comprenden el mundo de las plantas, disfrutan pasando tiempo al aire libre, en comunicación con la naturaleza, cargan su energía haciendo caminatas, buscan oportunidades para acampar. Entre las profesiones congruentes con este tipo de inteligencia están: botánica, biología, zoología, veterinaria, geología, meteorología, guardabosques, jardinería, granjeros, rancheros, chefs, ambientalistas.

¿Lograste identificar tus inteligencias dominantes?

El mundo es muy diverso y las personas también.

Al saber cuáles son nuestras inteligencias dominantes, podemos comenzar a resolver nuestros días a partir de ellas, en lugar de pasar tiempo corrigiendo debilidades o tratando de encajar en moldes que no nos quedan.

Esto es especialmente útil e importante para los jóvenes que están en proceso de elegir una carrera profesional. Conocer sus inteligencias dominantes les permite encontrar las carreras que hacen mejor *fit* con sus habilidades.

Imagínate qué terrible sería para un joven con un alto nivel de inteligencia interpersonal, de naturaleza y kinestésico, tener que trabajar todo el día sentado, detrás de una pantalla haciendo números, en una oficina sin ventanas y sin contacto con otros compañeros y sin embargo, esta es la realidad de muchos adultos. Atados a trabajos que no empatan con su personalidad o en donde no tienen oportunidad para utilizar sus fortalezas. Se drena la energía, se apaga el espíritu, se pierde felicidad.

Como padres, podemos ayudar a nuestros hijos a identificar sus fortalezas y a promover que las utilicen para que alcancen su mejor versión.

La vida fluye mejor cuando podemos dedicarnos a lo que nos gusta, utilizando nuestros mejores recursos personales.

Un vistazo a tu interior:

¿Conoces tus inteligencias dominantes?
Descúbrelas realizando una prueba en línea en este
link: https://personalitymax.com/multiple-
intelligences-test/ y reflexiona sobre su resultado.
Escríbelas también en tu compás.

_____

_____

_____

_____

PROPÓSITO

RECURSOS PERSONALES

INTELIGENCIAS DOMINANTES

FORTALEZAS DE CARÁCTER

.... - VERBAL
.... - SOCIAL
.... - NATURALEZA
....
....
....

- AMOR
- JUSTICIA
- GENEROSIDAD
- AMOR POR EL
  PRENDIZAJE
- INTELIGENCIA SOCIAL

....
....
....
....
....

Vocación

¿Qué es vocación?

Nuestra vocación es un llamado. De acuerdo con Leider y Shapiro, la vocación es muy personal, es la semilla de nuestra identidad, un sello que tenemos, una huella digital que imprimimos en el trabajo que hacemos y en cómo lo hacemos. En nuestra vocación está cimentando el reconocimiento de que cada uno de nosotros nacemos con los dones, fortalezas e inteligencias que nos permiten cumplir con nuestro propósito de vida.

Nuestro llamado aparece una y otra vez en nuestra vida, buscando que lo atendamos. Es eso que siempre nos apasiona, nos llama la atención. Temas a los que volvemos, ideas que no nos abandonan. Visiones de algo que queremos lograr. La vocación nos jala como imán en cierta dirección y nuestras vidas se sienten incompletas cuando nos desviamos del camino. Es activa, nos moviliza a compartir nuestros talentos y habilidades en una actividad que nos llena de energía y en un entorno que es consistente con nuestros valores personales fundamentales. Nos conecta con otras personas, con el servicio y nuestro sentido de trascendencia. Cuando logramos entrar en esa zona y vivir desde ahí, florecemos.

¿Recuerdas qué anhelabas ser cuando fueras grande? Cuando somos niños, antes de que el mundo nos diga quién o qué tenemos que ser, estamos mucho más conectados con nuestra esencia. En algún momento nos desviamos, silenciamos la voz interior que nos habla sobre lo que verdaderamente nos importa, elegimos —o eligen por nosotros— con base en lo que es práctico; dejamos de lado *sueños infantiles* en favor de ganarnos la vida o de satisfacer las expectativas de alguien más. Parece que olvidamos quién somos y qué amamos hacer.

Me identifico con esta idea. Como ya les platiqué soñaba con ser fotógrafa de *National Geographic*. Esperaba con ansias la llegada de la revista amarilla que abría paisajes majestuosos y un sinfín de posibilidades. Pasaba horas viendo sus páginas, me imaginaba caminando en esos lugares remotos, hablando con las personas, fotografiando animales, paisajes y escribiendo reportajes. Mis venas son viajeras, exploradoras y curiosas. Pude haber construido una vida más artística, menos estructurada, más pintura, menos paredes, más naturaleza, más olas de mar y libertad. Pero seguí el camino esperado. Hice caso a voces, miedos y límites ajenos. Elegí una carrera que estaba de moda, tenía prestigio y era prometedora. Nunca me llenó. No estaba alineada con mi esencia y entré en esa zona gris gobernada por el miedo. Nuestra voz interior sabe. Comencé a escuchar y mi vocación logró entrar por las grietas que fueron abriéndose. Dejé la economía para construir una vida profesional que me permitiera integrar lo que me apasiona. Con intención estoy regresando a mi versión más auténtica y eso supone dar pasos valientes. Aún no descarto la posibilidad de escribir para *National Geographic*.

Para escuchar el llamado, es necesario salir del modo prisa, quitar el volumen, hacer una pausa y viajar al interior. Conectar, escuchar esa voz profunda que te susurra quién eres y te apunta en la dirección de tu estrella polar.

¿Cómo podemos conectar, reconectar o descubrir nuestra vocación? Existen muchas herramientas en el campo de la Psicología Positiva para hacerlo. Te compartiré mis favoritas.

Felicidad en el trabajo

¿Felicidad en el trabajo?... ¿Qué? ¿De qué estás hablando? Podemos hablar de felicidad por un lado y de trabajo por el otro, pero estas dos palabras en la misma oración hacen corto circuito. Ser feliz en el trabajo es imposible… ¡Es trabajo! A la felicidad la dejamos en la puerta de entrada a la oficina —junto al reloj checador— y la recogemos al salir.

Existe la idea generalizada de que el trabajo es una obligación con la que tenemos que cumplir para ganarnos la vida y que no tiene que gustarnos. Para una gran mayoría el trabajo es algo que se tolera solamente. Vivimos esperando con ansias los viernes y el domingo en la tarde empieza a recorrernos una especie de desánimo y pesadez que anuncia la próxima llegada del odiado lunes.

Esta manera de pensar es sin duda desgastante. Me gustaría compartir contigo algunos conceptos interesantes que ha encontrado la ciencia con respecto a la importancia de ser feliz en el trabajo.

El trabajo es fundamental para nuestro bienestar. Gallup, una empresa estadounidense que realiza encuestas de opinión en todo el mundo, se dio la tarea de investigar qué explica el bienestar de una persona. Los resultados de encuestas en más de 150 países, permitieron identificar cinco elementos del bienestar que son universales: bienestar en el trabajo, bienestar social, bienestar financiero, bienestar físico y bienestar en la comunidad. Y ¿quieres saber cuál de estos cinco elementos salió como fundamental? El bienestar en el trabajo.

¿Por qué?

Por un tema de identidad y otro de tiempo. Nuestro trabajo en gran parte nos define. Cuando nos preguntan: ¿Y qué haces? o ¿a qué te dedicas?, respondemos justo lo que hacemos en el trabajo. Es parte de lo que somos y en buena medida determina la calidad de nuestras vidas: dónde vivimos, los amigos que tenemos y las oportunidades que se nos presentan, están altamente influenciadas por el trabajo que hacemos. Por otro lado, en la oficina o en el lugar de trabajo es donde pasamos la mayor parte del tiempo. Es donde estamos de nueve de la mañana a cinco de la tarde —si bien nos va— cinco días a la semana, cincuenta semanas al año durante unos cuarenta años.

Cuando nuestro trabajo no está alineado con lo que disfrutamos hacer, se generan problemas en otras áreas de nuestras vidas. ¿Has tenido un mal día o una mala racha en el trabajo? ¿Cómo llegas a tu casa? o ¿cómo llega tu pareja a la casa después de un pésimo día en la oficina? Los costos físicos y mentales de la frustración y el estrés profesional pueden ser muy altos.

Estudios sobre satisfacción en el trabajo muestran que los daneses son la fuerza laboral más feliz del mundo. Incluso tienen una palabra especial para referirse a la felicidad en el trabajo: *Aberjdsglaede*. Para la mayoría de los daneses, el trabajo no es únicamente un medio para ganar dinero, sino una fuente de satisfacción personal. En Dinamarca existe una filosofía de trabajo basada en felicidad y la expectativa es pasarla bien. ¿Qué pasaría si cambiáramos nuestra manera de pensar con respecto al trabajo y en lugar de verlo como un mal necesario, lo viéramos como un espacio donde podemos aprender, desarrollar nuestras habilidades y pasarla bien? Me parece que los lunes dejarían de ser tan tenebrosos.

Otro concepto interesante detrás de nuestras ideas sobre el trabajo, tiene que ver con la relación entre el éxito y la felicidad. Si ponemos atención a las personas que nos rodean y a nuestros estilos de vida, es posible observar que la mayoría funcionamos bajo la lógica de la siguiente fórmula: el éxito lleva a la felicidad. En otras palabras… tenemos que ser exitosos para ser felices. Si estudiamos mucho, trabajamos duro y competimos fuerte seremos exitosos y cuando seamos exitosos, entonces seremos felices. Cuando gane más dinero, cuando me suban de puesto, cuando me gradúe, cuando me cambie de casa, cuando me case, cuando adel-

174 | DESCUBRE TU PROPÓSITO

gace, voy a ser feliz. Este patrón de pensamiento explica en buena parte lo que nos motiva en la vida y nuestra manera de vivir. Estamos atrapados en la «trampa del cuándo».

El problema es que esta fórmula no funciona muy bien. Shawn Achor, experto en felicidad en el trabajo y autor del libro *La felicidad como ventaja*, argumenta que, si el éxito causa felicidad, entonces cada persona que recibe una promoción o un aumento de sueldo, cada estudiante que es aceptado en una universidad o cualquier persona que ha alcanzado una meta, debería ser feliz.

Pero sucede que cuando alcanzamos una meta, inmediatamente ponemos otra más alta y nuestra definición de éxito se vuelve más exigente. Al final parece que la felicidad nos queda siempre un paso adelante. Siempre a la vuelta de la esquina.

La ciencia nos dice que la fórmula está al revés: felicidad primero, éxito después. No es que la fórmula tradicional no sirva. Después de todo, es el patrón que hemos venido siguiendo y ahí la llevamos. Pero esta nueva fórmula es mucho más eficiente y genera menos fricción. ¿Por qué? Porque cuando nos sentimos bien, tenemos acceso a nuestros recursos de mejor calidad, funcionamos mejor y ser exitosos se vuelve más fácil.

Con lo anterior vale la pena preguntarnos… ¿Me gusta mi trabajo o lo veo sólo como un medio para ser exitoso y luego ser feliz? ¿Busco el éxito a costa de mi bienestar? Hay muchas personas allá afuera con carreras muy exitosas que no disfrutan lo que hacen y sufren las consecuencias personales del desgaste. Trabajar en nuestra felicidad primero es una buena idea, pues alcanzar el éxito se hace más probable.

Por último, ser feliz tiene ventajas en el trabajo. Los empleados relativamente más felices reciben mejores evaluaciones en sus reportes de desempeño, tienen mayores sueldos y son promovidos más rápido. Desarrollar la habilidad de ser feliz es una excelente idea si quieres crecer dentro de tu organización, pues resalta tus competencias. Te conviene.

¿Trabajo, carrera o vocación?

Ahora que sabemos que ser felices en el trabajo es importante para la calidad de nuestras vidas, es importante descubrir cómo te relacionas tú con el tuyo.

En el mundo ideal, todos tendríamos un trabajo apasionante y motivante, que nos permitiera crecer personalmente, trascender y de paso ganar mucho dinero. El trabajo de nuestros sueños. Fuente de orgullo y satisfacción personal.

Ciertas personas lo consiguen y se quedan con él toda la vida, otras lo crean justo a la medida, algunas lo encuentran por temporadas. Pero son la minoría —sólo una de cada tres personas está comprometida con su trabajo de acuerdo con encuestas de Gallup.

Quejarnos del trabajo es una costumbre bien arraigada. En los pasillos de la empresa, en conversaciones con amigos y familiares, en reuniones, en todos lados. Y la tendencia ante esta situación es de resignarnos a aguantar la carga; sin embargo, la ciencia muestra que podemos hacer un poco de labor para rediseñar algunos aspectos de nuestro trabajo o cambiar nuestra manera de pensar con respecto a éste para alegrar nuestra experiencia profesional.

¿Cómo te sientes con respecto al trabajo que haces? ¿Te sientes motivado e inspirado o sientes que tu trabajo es una carga? Tu respuesta es importante. Según Amy Wrzesniewski, académica de la Universidad de Yale, existen tres maneras principales de concebir nuestra actividad profesional: como un trabajo, una carrera o una vocación. A ver con cuál te identificas tú.

Trabajo. Las personas con una orientación basada en realizar sólo un trabajo, tienen muy baja motivación. El trabajo es una fuente de desgaste y lo hacen porque «tienen que», no les gusta y no le dan valor. El trabajo es una obligación a la que hay que sobrevivir. Están constantemente esperando un descanso, que termine el día, que sea viernes, que se vaya la luz o que truene la máquina. No piensan en el trabajo cuando están fuera de su oficina y solamente les motivan el sueldo y las prestaciones, están enfocados en los beneficios materiales que recibirán como resultado de ese trabajo ya que les brinda los medios que les permiten disfrutar la vida fuera de este. El día de pago es el único medianamente feliz.

Las personas que no logran conectar su actividad principal con un propósito superior tienden a ser menos felices y a estar menos satisfechos con sus vidas. Tienen mayores probabilidades de caer víctimas del *burnout* o agotamiento, que es el resultado del estrés acumulado que nos lleva a un estado de agotamiento físico, emocional y mental. Algunos síntomas del *burnout* incluyen: problemas para dormir, sentimiento de vacío, estar ausente de los eventos, enfermedades recurrentes, irritabilidad, retirarte emocionalmente, falta de alegría, estar envuelto en gris, uso de anestesias emocionales como alcohol, drogas, comida, compras. Puede parecerse a una depresión y convertirse en una. Nos lleva a una muerte interior, a la muerte de nuestro propósito. Nos hace perder la esperanza, rendirnos ante la situación o a nosotros mismos.

Carrera. A las personas con una orientación a una carrera profesional les mueven el poder y las oportunidades de crecimiento, el reconocimiento social, las posibilidades de crecer y ser promovidos dentro de la organización. Quieren dejar una huella en su trayectoria, la cual se refleja como un estatus más alto, más poder y autoestima. Buscan estar bajo los reflectores y en contacto con las personas claves dentro de la empresa.

Vocación. Las personas que ven a su trabajo como una vocación en donde aman lo que hacen, no pueden separar el trabajo de sus vidas. Reciben un sueldo, pero generalmente dicen que harían el mismo trabajo gratis. A estas personas literalmente les pagan por hacer lo que les gusta. Consideran que su trabajo no sólo es un medio monetario, ni una oportunidad para ganar prestigio, sino que contribuye a algo más allá, que mejora la calidad de vida de los demás y es una fuente importante de satisfacción personal y propósito.

¿Cómo te sientes con respecto a tu trabajo?

Si tienes la fortuna de ver tu actividad principal como una vocación estás en el lugar indicado. Pero... ¿y si no?

Puede ser que no estés en el lugar ideal porque estás en la posición equivocada, no te dedicas a la profesión que te gusta, la empresa no va contigo o con tu estilo, no tienes las herramientas que necesitas para hacer tu trabajo o las condiciones de seguridad dejan mucho que desear. Si cambiar de trabajo es una posibilidad para ti... buscar algo alineado con tus gustos e intereses es la mejor opción.

Pero... ¿qué hacer cuando no estás satisfecho en el trabajo y de momento no puedes dejarlo? ¿Podemos hacer algo más que resignarnos?

Existe un nuevo concepto dentro del mundo de desarrollo organizacional que se conoce como *job crafting* o diseño de trabajo. Consiste en realizar cambios para darle un toque personal a nuestro trabajo o modificarlo para encontrarle más sentido y propósito.

Podemos cambiar nuestro lugar físico de trabajo —poner una planta, decorar con fotos de personas favoritas, escuchar música— o adaptar las tareas que hacemos —dividirlas, hacerlas de diferente manera, en distinto orden o lugar. Quizá te gusta interactuar con personas, pero te sientes solo, entonces podrías comer en el comedor en lugar de en tu escritorio o buscar la posibilidad de integrarte a algunos proyectos. Puede ser que te guste analizar datos, pero no las ventas… ¿sería posible reorientar algunas de tus actividades en esa dirección?

Las ideas anteriores van dirigidas a cambiar la forma. Son pequeñas acciones para aligerar las horas que pasas en tu lugar de trabajo. Para modificar el fondo, rediseñar el trabajo que haces, cambiar tu percepción con respecto a este e incrementar tu motivación, es fundamental atender tres aspectos: autonomía, nivel de maestría y sentido de propósito. Aquí es donde entra la posibilidad de utilizar nuestras habilidades, inteligencias dominantes. Cada uno de nosotros podemos meterle sentido a nuestro trabajo. ¿Cómo puedes conectar tu actividad inmediata con un propósito superior? ¿Cómo contribuye tu actividad a un bien mayor en la comunidad? ¿Cómo haces con tu trabajo una diferencia en la vida de los demás, sin importar lo pequeña o grande que sea? ¿De qué manera es tu trabajo una oportunidad para desarrollar y expandir tus talentos?

El trabajo puede ser una fuente importante de satisfacción si cambiamos un poco nuestro enfoque y recurrimos a la creatividad para hacer pequeños ajustes en nuestra rutina diaria. Si vamos a dedicar tantos años de nuestras vidas al trabajo, me parece a mí que, dedicar tiempo a descubrir cómo hacerlo más placentero es una buena inversión.

¿Cómo descubrir cuál es tu vocación?

La herramienta más poderosa que he encontrado para descubrir mi vocación y apoyar a otros a encontrar la suya es el ejercicio de Leider que se llama *Calling Cards* que consiste en seleccionar de una lista de cincuenta y dos posibilidades, las cinco que más resuenen en tu corazón. Te invito a consultar este ejercicio en: https://richardleider.com/wp-content/uploads/2020/04/CallingCards_Handout.pdf

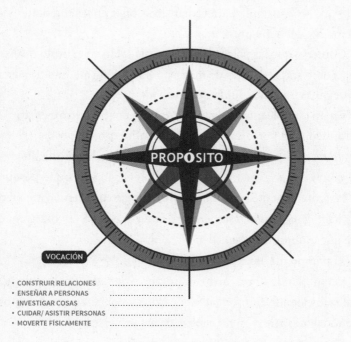

- CONSTRUIR RELACIONES ....
- ENSEÑAR A PERSONAS ....
- INVESTIGAR COSAS ....
- CUIDAR/ ASISTIR PERSONAS ....
- MOVERTE FÍSICAMENTE ....

¿Dónde ha dejado tu corazón sus mejores latidos?

Los ejercicios anteriores están más enfocados a nuestra vocación en el aspecto profesional y el tipo de entornos que promueven esa vocación.

Descubrí una pregunta poderosa. Me puso en contacto con mi esencia y me ayudó a descubrir qué es lo que más me hace vibrar y me sirve de guía para tomar decisiones en las diferentes situaciones que se me presentan.

Confieso que las palabras bonitas que están en el título de este capítulo no son resultado de mi inspiración. Únicamente convertí en pregunta una frase linda que me encontré.

En mi cumpleaños número cuarenta y cuatro, estuve en arresto domiciliario por dictamen de una influenza «Tipo B». Quizá resulta raro lo que voy a escribir, pero la pausa obligatoria que recibí como regalo de cumpleaños fue buena. El virus que pesqué fue extremadamente gentil. Únicamente bajó mi energía, me hizo *potencialmente contagiosa para la gente* y me robó la voz, así que tuve que estar quieta y en silencio conmigo misma.

El tiempo me alcanzó para mucho.

Leí un par de libros, armé una colección de frases trovadoras, pasé ratos viendo fotos, visité recuerdos y conecté pensamientos que andaban sueltos en mi cabeza para formar ideas.

El escrito de hoy es resultado de uno de esos ensambles… Una mezcla de acción poética con el tema de propósito de vida y un juego infantil.

La frase *El corazón nunca olvida dónde dejó sus mejores latidos* —no sé de quién es— me pareció una excelente herramienta para identificar dónde está nuestra estrella polar o reencontrarla cuando la perdemos de vista.

No todas las personas sabemos con claridad cuál es nuestro propósito de vida o dejamos de reconocerlo por varias razones;

pero este, siempre está conectado con lo que nos mueve desde lo profundo, siempre está conectado con el corazón.

Convertí la frase en una pregunta… ¿Dónde ha dejado mi corazón sus mejores latidos? y resultó ser poderosa. Te invito a sentarte un rato con ella. Literalmente a sentarte, pues tiene la capacidad de sacudirte.

Pensando en eso me acordé de aquel juego infantil *Caliente-Frío*. Quizá lo recuerdas. Alguien escondía algo y para ayudarte a encontrarlo te daba pistas utilizando la temperatura… *Congelado* —si te alejabas mucho del lugar—, *Frío* —cuando corregías la dirección—, *Tibio* —conforme te acercabas, *Caliente… Calientísimo…* ¡Hirviendo! —ante el inminente hallazgo.

Recuerdo vívidamente lo emocionante que era acercarte a la meta, el corazón marchaba más aprisa, ir en la dirección correcta se sentía muy bien. Por el contrario, alejarte y perder el rumbo tenía un efecto *bajoneador*. ¿Te acuerdas?

Nuestro corazón constantemente juega a *Caliente-Frío*. Si no me crees, échate un clavado a tu baúl de recuerdos, abre tu caja de tesoros, visita tus álbumes de fotos. Cada imagen, cada objeto, cada recuerdo le imprime una temperatura diferente a tu corazón. Hay memorias que lo envuelven en hielo, otras que lo incendian, hay muchas tibias.

Somos nosotros los que dejamos de jugar.

¿Por qué dejamos de escuchar a nuestro corazón? Peor tantito… ¿Por qué lo ignoramos? ¿Por qué lo sometemos? ¿Por qué caminamos voluntariamente en dirección al *iceberg* sabiendo que ahí no está lo que buscamos? ¿Por qué nos resignamos a tener vidas *tibias*? Sería mejor vivir nuestra vida siguiendo esas pistas que dicen: *caliente, hirviendo*.

Dice otra frase que encontré: *El corazón siempre sabe a quién pertenece*. Estoy de acuerdo y agregaría… *también sabe a qué y en dónde pertenece*.

Somos de quién nos mueve, de lo que nos interesa y apasiona, de lo que da sentido a nuestras vidas, de los pasatiempos que nos nutren el alma... Somos de esos lugares donde nuestro corazón ha dejado sus mejores latidos.

Un vistazo al interior:
¿Dónde ha dejado tu corazón sus mejores latidos?
Es importante que nos volvamos hábiles para notar los momentos en que sentimos emociones que nos conectan con un sentido de vida y propósito.

_____

_____

_____

_____

_____

Trascendencia

Una pieza clave en nuestro propósito de vida es el sentido de trascendencia y de servicio a los demás. Me atrevo a decir que todas las personas queremos dejar nuestra huella, una pequeña abolladura en el mundo. Llega un momento en nuestras vidas en que empezamos a pensar en nuestro legado, en hacer una contribución positiva en nuestra familia, comunidad, país o en el mundo. Cuando exploramos nuestro legado nos preguntamos: ¿De qué queremos que se haya tratado nuestra vida?

Dentro del tema de trascendencia, encuentro tres preguntas que me han servido de guía: ¿Qué guardas en tu caja de tesoros?

¿Qué contribución quieres hacer al mundo? y, ¿cómo quieres ser recordado?

¿Qué guardas en tu caja de tesoros?

Una pieza importante para formar el rompecabezas de nuestro propósito de vida es la pregunta: ¿Qué guardas en tu caja de tesoros? La idea es encontrar aquello que es muy valioso para nosotros.

Las respuestas que los participantes han compartido en mis talleres son variadas: boletos de conciertos, fotografías, piezas de joyería de abuelos o padres, caracoles recolectados en playas, piedras, cartas de enamorados, el brazalete que le ponen en el hospital al bebé recién nacido, recortes de periódico que conservan imágenes de eventos especiales, cartas a Santa Claus, flores disecadas, diarios, dientes de leche —sí, por alguna extraña razón, los dientes que se caen de la boca de los hijos se convierten en tesoros.

En realidad, no importa el contenido exacto del cofre. Lo más valioso tiene que ver con recuerdos, experiencias, momentos compartidos, evidencias de logros y sueños cumplidos, es decir, con todo aquello que hace latir nuestro corazón desde lo profundo.

Al inicio del 2020 anduve envuelta en una frazada de nostalgia con puntadas de melancolía. Los días habían estado matizados de gris turbio y mucho más fríos de lo que me gustan. Soy de cielos azules, con el sol colgado al centro y de temperaturas por encima de los veinticinco grados. Así que, parte de esta sensación podía endosársela al clima.

Pero sólo una parte.

Y como los últimos meses, había venido hablando con diferentes grupos sobre la importancia de atender nuestras emociones y mostrar curiosidad, decidí jalar la punta del hilo y descubrir a dónde me llevaba.

Sabía que el viaje sería al pasado, pues de allá son la melancolía y la nostalgia.

Fui a parar a mi clóset. El hilo conectaba con mi caja de tesoros, un contenedor de plástico transparente que deja ver las cartas que he recibido desde que tengo memoria. Ahora sé que también guarda pedazos de mí.

Hace buen rato que tenía la intención de releer todo lo que estaba ahí y de ponerle orden. Abrí la tapa y comenzaron la estampida de recuerdos y la reconstrucción de historias.

Me encontré cartas casi con tantos años como yo. Las más antiguas resaltan por su papel adelgazado y amarillento. Sus dobleces gastados exponen ojales discontinuos entre un extremo y otro. Son frágiles.

Saqué las cartas una por una y estornudé cientos de veces. Las ordené utilizando tres criterios principales: por remitente, autores diversos y *no tengo idea*.

Aparecieron letras que reconocí a la primera y los apodos de cariño que he tenido. Tropecé con dibujos de colores, postales, comics hechos a la medida para contar algún evento en particular de la secundaria, juegos de palabras, cartas en clave o con acertijos que seguramente en su momento pude descifrar, notas con esa emblemática firma que incluía un ratón.

Cartas anónimas o que decían *adivina quién* … Y si no supe entonces, ¿cómo se supone que debo de saberlo treinta años después? Esto me hace pensar que, si queremos ser recordados, hay que poner nuestro nombre en la raya donde dice *firma*. Aunque no es garantía, prueba de eso mi categoría de *no tengo idea*. Asumo que habrá líneas mías en los cajones del olvido de otras personas. Ni modo, se van perdiendo pedazos de nosotros en el camino.

De la caja salieron papeles doblados en forma de pretzel, de flecha, de acordeón, de triángulo y cuadrado. Esas eran las cartas que intercambiábamos los amigos entre una clase y otra. Son muchas. Poner atención dentro del salón, por lo visto, no era la prioridad.

De lo más emocionante de esa tarde de sacar tesoros del cofre, fue toparme con las cartas que decían Embajada de México. Esas las enviaba mi tío desde distintos rincones del mundo en los que pasaba largas temporadas. Describía con detalle cómo era la vida en cada uno de esos lugares y los apuntaba en mi *Bucket List*. Volví a leer todas esas letras ya, pero esa es una historia para otra publicación.

Descubrí algunos diplomas de cuando era gimnasta, de cuando practicaba el atletismo y otros tantos de cuando me dio por ser delegada de las Naciones Unidas en la simulación que organizaba mi colegio. Me topé con la blusa del uniforme de primero de primaria con los nombres de mis compañeros escritos con esa letra torpe de quienes recién comienzan a escribir. Increíble pensar que alguna vez tuve ese tamañito.

Estuve buscándome en la correspondencia, reencontrado mis sueños e ilusiones más remotos. No son las cartas que escribí las que tengo guardadas, sino las que recibí de otras personas. Así que sólo puedo intentar descifrar a partir de sus historias o las respuestas a lo que yo les contaba, quién era yo y en qué andaba en ese tiempo.

Me encantaría recuperar por un rato todo lo que envié. Sería posible, entonces, reconstruir mi historia. Ver al mundo desde donde lo veía, asomarme a las emociones de ese momento, ubicar puntos de inflexión.

Me gusta pensar que en esos intercambios queda algo de nosotros. Pedazos nuestros entraron por buzones de correo, viajaron en avión o en autobús, fueron sorteados en oficinas de correo y paseados en moto para llegar al destinatario. Pedazos nuestros se quedaron en tránsito, se perdieron en ruta o le llegaron a la persona equivocada. Me imagino que uno que otro habrá ido a parar la basura y se habrá desintegrado ya, pero también quedarán cachitos bien atesorados en el corazón de alguien más.

A partir de mis hallazgos concluí que mis tesoros tienen que ver con personas y mascotas, con viajar a lugares diferentes, aprender cosas nuevas y completar metas. Mi gusto por el deporte, pasar tiempo en la naturaleza, tomar fotos, leer, escribir y contar historias, me han acompañado de manera consistente en el tiempo. Mi propósito personal tiene estos ingredientes.

El viaje al pasado me reconectó con versiones de mí que hace tiempo no recordaba y con todo lo valioso que he acumulado en el trayecto. Me gustaba tocar piano y algo me dice que volver a tomar clases aportaría a mi felicidad.

Un vistazo a tu interior:

¿Qué guardas en tu caja de tesoros?

_____

_____

_____

_____

_____

¿Cómo quieres ser recordado?

Estoy escribiendo las partes finales de este libro desde el confinamiento de mi casa. Llevamos casi cinco meses viviendo en un mundo que se ha puesto de cabeza debido a la pandemia del COVID-19. Muchas cosas han cambiado. Planes cancelados, incertidumbre, confusión, enojo, duelos. Estas crisis sirven para replantearnos, para descubrir quién somos, reconectar con nuestra esencia y la de los demás. Alinear prioridades. He descubierto lo que verdaderamente es importante y confirmado lo que ya sabía. Al mismo tiempo, no puedo evitar pensar en qué pasaría si el virus viniera por mí. Pienso en ¿cómo quisiera irme? Y la pregunta *¿cómo quiero ser recordada?* se ha reposicionado en mi mente de manera importante.

En 2020 fallecieron personas cercanas y muchas desconocidas en todo el mundo. Han sido meses tristes, de duelos, ceremonias de despedida y palabras para celebrar sus vidas.

Me dejan pensando.

Cada vez que alguien querido se va, nos vemos obligados a reacomodarnos en su ausencia. Recogemos los recuerdos que nos dejaron por todos lados en un intento por llenar el hueco y los buscamos en sus recetas, su sazón, en sus cuadros, fotos, poemas, frases, anécdotas, mensajes y enseñanzas.

Cerramos los ojos, delineamos sus caras y casi podemos escuchar su voz, casi podemos olerlos, casi podemos sentirlos. Siguen días que no sabemos exactamente cómo vivir, pues lo que era ya no es. Asimilar el espacio vacío no es cosa fácil.

Cada vez que alguien se va, nos recuerda que la vida es ahora. Que debemos quitar el piloto automático para reconocer que hoy estamos aquí, pero que no sabemos por cuánto tiempo más. Que sería un error dejar ir los días sin exprimirlos, sin vivirlos. Que no dejemos ir los días sin ser nuestra mejor y auténtica versión.

Hagamos un esfuerzo por andar sin disfraz, por dejarnos ver, hacer lo que nos gusta, nos inspira y decirle a la gente que queremos cuánto la queremos.

Un ejercicio poderoso para tratar de descubrir nuestro propósito de vida consiste en pensar cómo queremos ser recordados cuando ya no estemos… ¿Qué te gustaría que dijeran de ti tus seres queridos cuando te vayas?

Construyamos recuerdos útiles para los que se queden cuando a nosotros nos llegue la hora. Que nos rememoren activos, involucrados, apasionados, entregados, auténticos, libres, generosos. Hay que irnos de aquí sabiendo que dejamos todo en la cancha. Esta pregunta de ¿*cómo quieres ser recordada?* me ha obligado a vivir desde hoy de manera consistente con ese recuerdo que quiero dejar. YO quiero ser recordada, entre otras cosas, como una mamá divertida y como alguien que contribuyó en el área de la Psicología Positiva. Desde que identifiqué que estos son dos recuerdos que quiero dejar, aprovecho las oportunidades que la vida me presenta para construir este legado.

Hace unos años abrieron en Monterrey, que es la ciudad donde actualmente vivo, un lugar de brincolines gigantes. Mis tres hijas querían ir e insistían mucho en que las llevara. La cosa es que el lugar está muy lejos de mi casa, además de la fatiga que supone manejar hasta allá por las horas de traslado, para mí son muy molestos los lugares encerrados y ruidosos. Este lugar además prometía un mundo de niños brincando, haciendo piruetas y grandes probabilidades de accidentes. Nada en esa combinación era atractivo para mí. Así que siempre encontré razones para no llevarlas. Prefería darles permiso para ir con alguna otra mamá más valiente y animada que yo. En una visita a Puebla durante Semana Santa para pasar tiempo con los abuelos, mis hijas descubrieron un lugar de brincolines. Entonces dijeron, mamá aquí sí tienes que traernos, está a unas cuadras de casa de los abuelos y tú estás de vacaciones. Dije que sí. Antes de salir de la casa, tomé mi libro. Mi plan era sentarme en la cafetería del lugar a leer mientras ellas brincaban. Cuando llegamos al lugar, resultó que estaba vacío. Justo cuando me disponía a ir a la cafetería, una de mis hijas dijo: *Mamá, brinca con nosotros.* Definitivamente no tenía ganas de brincar, me parecía un plan terrible. Entonces, llegó a mi mente mi intención de ser recordada como una mamá divertida. Mis hijas me estaban dando una oportunidad de construir un recuerdo en esta línea. Guardé mi libro, pedí calcetines y entré a esa zona de telas elásticas. Pronto estaba saltando con ellas. Aún tengo sus sonrisas grabadas en la cabeza. Y entonces sucedió algo increíble. Me di cuenta de que había un aro de basquetbol. Ese fue mi deporte y siempre imaginé lo delicioso que debía sentirse brincar alto y clavar la pelota en el aro. Hoy tenía la oportunidad de sacudirme la duda de encima. Empecé a hacer intentos para llegar de un brinco y clavar la bola. Cada intento fallido desató risas entre mis hijas. El mejor momento de la mañana fue cuando lo logré. Brinqué y llegué, encesté la bola, sentí el aro en mis manos y me agarré. Me quedé colgada de ahí y me balanceé como profesional. Ahí estaba feliz viendo a mis hijas desde arriba cuando llegó un encargado a decirme que eso estaba prohibido, que si lo volvía a hacer tendrían que pedirme que me retirara del lugar. Entonces me solté y me uní a las carcajadas colectivas de mis hijas. Estoy segura de que ese momento quedará en sus memorias en el cajón de *mi mamá era divertida*.

Un vistazo a tu interior:
¿Qué te gustaría que dijera tu obituario?
¿Cómo quieres ser recordado? Transcribe después
tus respuestas en el compás.

_____

_____

_____

_____

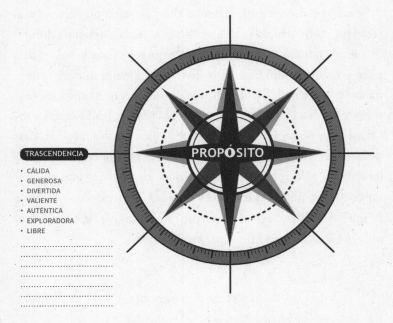

TRASCENDENCIA

- CÁLIDA
- GENEROSA
- DIVERTIDA
- VALIENTE
- AUTÉNTICA
- EXPLORADORA
- LIBRE

....
....
....
....
....
....

Contribución

¿Cuál es la contribución que tú quieres hacer al mundo? Un componente importante en el sentido de trascendencia y en el propósito de nuestra vida es el deseo de hacer una contribución positiva. El mejor escenario posible es ese donde logramos poner al servicio de los demás nuestros dones, talentos y fortalezas para contribuir haciendo algo que nos apasiona. Ese lugar donde se junta lo que queremos hacer, con lo que sabemos hacer y que el mundo, tu comunidad o tu familia necesitan.

Recuerda la frase de Oliver Wendell: *La mayoría de las personas mueren con su música adentro*. Al final de nuestra vida nos tocará responder a las preguntas: ¿Tuve una buena vida? ¿Toqué mi música? Las respuestas revelarán nuestro legado, lo que dejamos, nuestra huella, la música que sonará cuando nosotros ya no estemos.

¿Por qué tantas personas mueren con su música adentro? Leider y Shapiro señalan diferentes razones: falta de tiempo, de claridad y de confianza. Todas contribuyen al silencio colectivo. Responsabilidades inesperadas, enfermedades, cambios en la situación familiar, causan que las personas pospongan sus vidas. En sus palabras… *Pero la razón más poderosa y común, es porque no descubren cuál es su música. Nunca identifican su canción. Permanecen confundidos. No escuchan su llamado. Quizá van por ahí cantando fuerte, pero la canción que están entonando no es su auténtica melodía.* ¡Qué no nos pase! Todas las herramientas en este libro están aquí para ayudarte a encontrar y construir tu propósito.

Un vistazo a tu interior:
¿Qué diferencia quieres hacer?
¿Qué producto quieres inventar?
¿Qué solución o servicio?
¿Qué nueva manera de hacer algo?
¿Qué nuevo conocimiento?

_____

_____

_____

_____

_____

- CONTRIBUCIÓN EN EL CAMPO DE
  LA CIENCIA DE LA FELICIDAD
- ACOMPAÑAR A LAS PERSONAS
  EN EL DESCUBRIMIENTO DE SU
  MEJOR VERSIÓN
- COMPARTIR HERRAMIENTAS DE
  PSICOLOGÍA POSITIVA

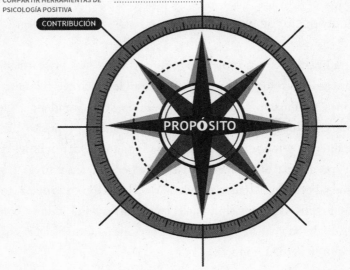

Juntando todas las piezas

Hemos recorrido cada una de las direcciones en el compás y descubierto mucho acerca de nosotros mismos. ¿Qué hacemos ahora con todos estos descubrimientos? Al inicio de este trayecto dijimos que las personas que pueden articular en una frase corta la razón por la que se levantan cada mañana viven más sanos, plenos y felices. El objetivo ahora está es resumir todo esto que ahora sabemos en una frase corta.

Tu propósito de vida en una frase

Para liberar nuestro propósito es importante revisar nuestra vida para descubrir los hitos y temas más grandes que revelan nuestros dones, pasiones, valores, gustos y sentido de trascendencia. Con todo esto, lo siguiente es crear una frase clara de propósito que te de energía y te saque de la cama cada mañana con intención y alegría. Las palabras en esta frase corta tienen que ser tuyas. Capturar tu esencia. Y tienen que llamarte a la acción cada día. Tienes que lograr visualizar el impacto que tendrás en el mundo como resultado de vivir tu propósito. Tus acciones, no tus palabras, son lo que en verdad importa.

¿Cómo hacemos esto? Pasa todas las respuestas de tus distintos compases al de la página 196 para que veas la visión completa. Así tendrás tu compás lleno de información. Pasa tiempo revisándolo, haciendo conexiones, encontrando los elementos en común, aquellos elementos que coinciden y parecen repetirse.

- LEER, DAR CLASES
- AYUDAR A OTROS
- PASAR TIEMPO AL AIRE LIBRE
- CONVERSAR CON AMIGOS
- TOMAR FOTOS
- CORRER
- PINTAR
- ANDAR EN BICICLETA
- APRENDER SOBRE EL TEMA DE LA FELICIDAD

- DAR CLASES, CONFERENCIAS, TALLERES
- LA NATURALEZA
- VIAJAR
- ANDAR EN BICICLETA EN LA MONTAÑA
- LOS TEMAS DE FELICIDAD,
- PROPÓSITO DE VIDA

- CONTRIBUCIÓN EN EL CAMPO DE LA CIENCIA DE LA FELICIDAD
- ACOMPAÑAR A LAS PERSONAS EN EL DESCUBRIMIENTO DE SU MEJOR
- VERSIÓN COMPARTIR HERRAMIENTAS DE PSICOLOGÍA POSITIVA

FELICIDAD Y PLACER

CONTRIBUCIÓN

PASIÓN Y CURIOSIDAD

TRASCENDENCIA

- CÁLIDA
- GENEROSA
- DIVERTIDA
- VALIENTE
- AUTÉNTICA
- EXPLORADORA
- LIBRE

PROPÓSITO

VALORES

- AUTENTICIDAD
- GENEROSIDAD
- APRENDIZAJE
- CONEXIÓN
- NATURALEZA

VOCACIÓN

- CONSTRUIR RELACIONES
- ENSEÑAR A PERSONAS
- INVESTIGAR COSAS
- CUIDAR/ ASISTIR PERSONAS
- MOVERTE FÍSICAMENTE

RECURSOS PERSONALES

PERSONAS CLAVE

- EXTRAÑO
- EXPLORADOR
- MENTOR
- ESCRITORES
- FAMILIA, AMIGOS

INTELIGENCIAS DOMINANTES

- VERBAL
- SOCIAL
- NATURALEZA

FORTALEZAS DE CARÁCTER

- AMOR
- JUSTICIA
- GENEROSIDAD
- AMOR POR EL PRENDIZAJE
- INTELIGENCIA SOCIAL

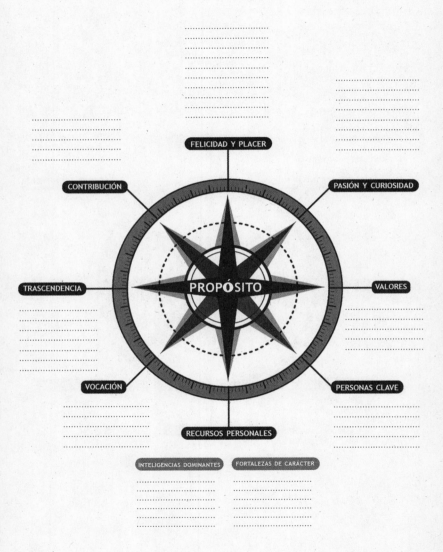

En mi compás puedo observar que aparecen de manera repetida los temas de enseñanza y aprendizaje, esos empatan bien con mis fortalezas de carácter que tienen que ver con amor por el aprendizaje e inteligencia social. En mis inteligencias dominantes aparecen la inteligencia verbal (que me permite comunicarme de manera clara) y la inteligencia social. Hasta este punto puedo sospechar que mi propósito tiene que ver con otras personas, con el aprendizaje. Los temas que me apasionan son la felicidad, el bienestar y el propósito de vida. En mi vocación apareció otra vez el tema de enseñanza. Cuando recorro el camino de la trascendencia, descubro que para mí es importante ser recordada como exploradora, cálida y generosa, y la contribución que quiero hacer tiene que ver con compartir las herramientas de la Psicología Positiva con las personas.

¿Cómo puedo utilizar todo esto para hacer una frase? A mí me sirvió pensar que esta frase puedo grabarla en una placa de metal en una banca de un parque o en un cuadro bonito para colgar en mi oficina. Después de muchos intentos y varios retoques, logré escribir mi frase. Te la comparto:

Compartir mi conocimiento acerca de la felicidad para contribuir positivamente en la vida de las personas que cruzan por mi camino.

Ejercicio: Analiza y reflexiona sobre toda la información que reuniste en tu compás. Date permiso de ensayar con frases que capturen tu esencia y tu propósito de vida. Escribe tu frase.

Tu propósito de vida en una línea

Una vez que tenemos nuestra frase, estamos listos para dar un siguiente paso. ¿Cómo podemos reducirlo a una línea? Imagina que vas a una reunión social y tienes que presentarte diciendo tu nombre seguido de tu propósito de vida en lugar de tu apellido. Esta línea tiene que ser corta y clara. Este ejercicio no es fácil e incluso puede causar estrés. No hay prisa. No tiene que quedar perfecto a la primera. Es posible ensayar, recalcular. Si tenemos esta misión en mente, puede ser que la línea te llegue cuando menos te lo esperas.

Te comparto mi propósito de vida en una línea:

Soy Nicole, ayudo a las personas a aprender a vivir más felices y a descubrir su mejor versión.

Hay personas que llegan a esta línea en un taller de dos horas, personas que se sienten agobiadas con el reto, personas que no se sienten cómodas con sus frases o líneas. Está bien. Lo importante es que hemos comenzado a pensar, a descubrir. ¿Cómo sabrás que tu línea es tu línea? Para mí, el mejor indicador es tu nivel de emoción al compartirla. Si te mueres de ganas de decirla, tu cara se ilumina, sientes los hombros erguidos, todo tú te sientes bien al decirla, quiere decir que es tu línea. Por el contrario, si te apenas, no quieres decirla, sientes que necesitas acompañar de justificaciones o explicaciones, entonces es señal de que necesitas continuar con el trabajo de autoconocimiento, de introspección y de exploración personal.

Hace tiempo, uno de mis estudiantes cuando revisábamos este ejercicio me dijo: *Sé que mi propósito tiene que ver con medicina, me veo en el Amazonas con mi familia ayudando en comunidades marginadas, pero no logro construir mi frase.* Ya te llegará, le contesté, sigue pensando y reflexionando. El semestre terminó y no supe cómo terminó su tarea. Meses después, recibí una solicitud de amistad en mi cuenta de Instagram. Era mi alumno y su nombre de usuario era *El doctor de la selva*. Me encantó.

Tu línea de propósito en una pregunta

Para recibir los beneficios de nuestro propósito de vida no es suficiente con conocerlo, tenemos que llevarlo a la acción. Tenemos que darle vida, tiene que estar reflejado en nuestro día a día, en nuestras decisiones. ¿Cómo le hacemos?

Convertimos nuestra línea de propósito en una pregunta. En mi caso: ¿Cómo puedo ayudar a las personas a aprender a vivir más felices y a descubrir su mejor versión? Y al cambiar mi línea a pregunta, mi cerebro comienza a generar oportunidades. Le doy vida a mi propósito cuando doy una clase en la universidad, cada vez que doy una conferencia, dirijo un taller. Le doy vida en mi práctica de coaching de vida, cuando escribo mi blog, al escribir este libro, grabando mi podcast. Cada vez que me hago la pregunta genero nuevas ideas. Y estas ideas tienen que estar alineadas con mis valores, con mis fortalezas.

Ejercicio: Cambia tu línea de propósito a pregunta y escribe todas las ideas que vengan a tu mente. Si estas ideas estaban alineadas con todos los elementos de tu compás, lo único que sigue es vencer al miedo y comenzar a dar pasos en esa dirección.

Te comparto una nota más. En una ocasión, casi al final del taller, una persona preguntó qué pasaba si en su compás se dibujaban dos posibles rumbos. En mi compás aparece de manera recurrente mi pasión por la naturaleza, explorar nuevos lugares y andar en bicicleta. Al igual que ella, yo también podría conectar otros puntos en mi compás para crear una frase de propósito más en esta dirección. Esto me dejó pensando unos segundos y agregué: Si pudiera hacer esto que hago hoy, y viajar por el mundo en mi bicicleta no podría pedir más, sería como hecho a mí medida.

Entonces alguien levantó la mano y preguntó: Nicole, ¿cómo podrías ayudar a las personas a aprender a vivir más felices y a descubrir su mejor versión viajando por el mundo en bicicleta? Ese día se despertó en mí una nueva posibilidad.

¿Cómo cuidar y mantener tu propósito de vida?

Metas personales

Los días cercanos al año nuevo nos invitan a reflexionar. Hacemos un recuento del año que termina y resaltamos lo más significativo, los momentos más felices, gratificantes, emocionantes, tristes, difíciles o estresantes. Si el balance es positivo concluimos que el año fue bueno, agradecemos nuestras bendiciones y lo guardamos en el cajón de favoritos. Pero si el saldo es negativo, declaramos que fue un mal año, sentimos alivio porque ya terminó y no queremos saber más.

El cambio de año tiene un poderoso efecto simbólico. Las tradiciones a su alrededor nos recuerdan que estamos frente a una nueva oportunidad. En nuestra mente hacemos algo así como un «borrón y cuenta nueva». Al año que termina le dejamos el dolor, la tristeza y los problemas. Al año nuevo, lo vemos con esperanza, como a una hoja en blanco sin tachones donde podemos escribir algo mejor. Los lunes y los cambios de mes también son micro ejemplos de inicios nuevos.

Entonces nos disponemos a hacer cosas nuevas o de diferente manera, declaramos nuestras intenciones para cambiar hábitos, emprender nuevos proyectos, superar obstáculos o personas. Decidimos ser una mejor versión de nosotros mismos y hacemos una lista de nuevos propósitos.

Como el papel está en blanco y estamos llenos de ánimo, escribimos un montón de cosas: tomar agua caliente con limón en ayunas, meditar, comer más verduras, gastar menos, ordenar las 16,580 fotos, dejar de fumar, ir al gimnasio, tener paciencia con los hijos, gritar menos. Todo al mismo tiempo porque ahora sí va en serio. Este año es el bueno.

El 2 de enero nos levantamos decididos —el primero es asueto— y empezamos contundentes. La primera semana sale excelente; en la segunda, todo cuesta más trabajo y concedemos algunas licencias —voy a comer postre sólo el fin de semana. Flaqueamos en la tercera semana, decidimos que tres de esos propósitos no son tan importantes y los quitamos. Durante la cuarta semana es común ver a las buenas intenciones salir volando por la ventana.

La determinación y la energía con la que arrancamos el año para cumplir con nuestros propósitos de año nuevo caen en picada.

Este fenómeno es tan común, que al tercer lunes de enero le han bautizado «el día más deprimente del año». Para estas alturas, ya tuvimos uno que otro contratiempo, tenemos que pagar las cuentas de lo que gastamos en la época navideña, el sol está atrapado detrás de nubes grises y los cientos de actividades que saturan nuestros días despegaron otra vez.

Me topé con una foto en redes sociales que decía: *Mi propósito para el 2019 es cumplir con las metas que me puse en 2018, que debí haber completado en 2017, porque hice una promesa en 2016 que planeé desde el 2012.* Cuando la leí, recordé todas las veces que he dicho que quiero organizar las más de 50 mil fotografías digitales que tengo guardadas en diferentes equipos.

¿Por qué abandonamos y no logramos cumplir con las metas personales que elegimos?

Porque no las escogemos ni las diseñamos correctamente. Elegir nuestras metas personales y llevarlas a término tiene ciencia detrás. Un mito generalizado es que, para alcanzar una meta, lo único que tenemos que hacer es escogerla. Si conocemos algunos aspectos básicos relacionados con la construcción, eliminación o modificación de hábitos, elevaremos las probabilidades de concretarlas. Te comparto lo que dice la ciencia con respecto a lo que debes considerar al elegir y diseñar metas personales. Poner en práctica estas estrategias ha cambiado mi manera de vivir.

La pregunta más importante

Con frecuencia hacemos una lista larga de propósitos que sacamos del cajón de los *machotes* o del de *una talla para todos*. Y con esto, de entrada, arrancamos mal.

No existe una solución universal ni una talla para todos. Definimos nuestras metas con base en lo que dicta la sociedad, la moda o los deseos de otros y no conforme a lo que realmente queremos o nos hace sentido. Creemos que al copiar los hábitos de las personas productivas, creativas, llenas de energía y en buen estado físico, vamos a tener el mismo éxito. Es fundamental seleccionar y cultivar hábitos adecuados a nuestra realidad y congruentes con nuestros gustos, aspiraciones y temperamentos. Tenemos que conocernos bien e identificar qué funciona para nosotros y qué no. Christine Carter, en su libro *The Secret Spot*, señala que antes de definir cualquier tipo de meta o propósito, tenemos que hacernos las siguientes preguntas: ¿Cómo quiero sentirme? ¿Qué sensaciones o emociones quiero experimentar? Por ejemplo: quiero sentirme con más energía, más concentrada, más conectada con la gente que quiero, más creativo, más explorador, más divertido, más paciente con mis hijos. Es importante definir tu objetivo en positivo. Es decir, cómo SÍ quieres sentirte o qué SÍ quieres experimentar. Nuestro cerebro trabaja mejor cuando nos acercamos a algo que deseamos que cuando evadimos algo que no queremos.

Tus metas tienen que ser auténticas, estar alineadas con tus valores e intereses. Las metas que establecemos para cumplir con las expectativas de alguien más casi siempre están destinadas al fracaso. En las secciones anteriores del libro, tuviste la oportunidad de descubrir estos aspectos. Es importante que los tomes en cuenta de ahora en adelante cuando quieras plantear nuevas metas.

Cada propósito debe alinearse con nuestras respuestas a las preguntas: ¿Cómo quiero sentirme? ¿Qué emociones o experiencias quiero experimentar? Y ser ajustado a nuestra medida.

Es clave conocerte. Supongamos que una de tus metas es: hacer ejercicio y estás decidido a levantarte todos los días a primera hora para salir a correr tú solo al aire libre.

Pero… ¿Qué pasa si prefieres hacer ejercicio acompañado porque aumenta tu nivel de compromiso cuando quedas con alguien? ¿Por qué decides correr en la mañana si tu nivel de energía es más alto en la tarde y tu horario se acomoda mejor a esa hora? Y ¿Por qué decides correr si en realidad lo que te gusta es usar la elíptica en el gimnasio mientras ves una serie? En la medida que tus propósitos estén alineados con tus preferencias, te resultará más fácil cumplirlos. Para estar en buena forma no tienes que correr seis días por semana como tus amigas o tu esposo triatleta, tal vez te gusta más bailar o caminar con tu perro. Elige algo que te motive, algo que puedas apalancar en lo que disfrutas y sea congruente con tus gustos e intereses. Dos personas pueden tener como meta bajar de peso, pero eso no significa que tengan que lograrlo de la misma manera. Una puede hacerlo siguiendo una dieta y otra haciendo ejercicio. Alguien puede reducir su nivel de estrés meditando; otra, en una clase de box.

Nuestras metas tienen que ser congruentes con nuestro propósito y proyecto de vida, con aquello que nos llega directo al corazón. ¿Qué te gustaría hacer antes de morir? Recuerdas la pregunta al inicio de este libro: ¿De qué no quieres arrepentirte? Estas preguntas pueden servirte para descubrir qué es eso que te mueve y pensar en una meta que te acerque a lo que te inspira.

Lo siguiente consiste en echarte un clavado a tu interior para explorar qué te gusta, qué te funciona o ha funcionado en el pasado. Para sentirte más concentrado, quizá sabes que mantener tu espacio exterior ordenado o mantener tu celular guardado mientras trabajas te ayuda para sentirte con más energía, a lo mejor sabes que dormir suficiente es la clave. El punto aquí es recurrir a acciones o comportamientos que han probado su eficacia con anterioridad. No es necesario descubrir hilos negros.

La motivación juega un papel fundamental. Piensa y pregúntate al menos tres veces por qué quieres lograr esa meta que estás proponiéndote. Por ejemplo: *Quiero dejar de comer comida chatarra…. ¿Por qué? Porque quiero tener una dieta más sana… ¿Por qué? Porque quiero tener buena salud… ¿Por qué? Porque quiero vivir muchos años para acompañar a mis hijos y conocer a mis nietos,* o *porque quiero llegar a viejo en buen estado y tener calidad de vida.*

Quiero certificarme como coach de vida y Psicología Positiva… ¿Por qué? Porque quiero aprender… ¿Por qué? Porque quiero ayudar a las personas a aprender a vivir más felices. ¿Por qué? Porque eso da vida a mi propósito y me hace feliz.

Es mucho más fácil mantenernos en el camino cuando tenemos claro el objetivo mayor.

¿Qué tal si además estableces un propósito divertido? Un elemento en tu lista de vida puede encender tu motivación. Algo así como leer tres libros de algún escritor local en un año, conocer un restaurante diferente una vez al mes, tomar clases de batería una vez por semana, hablar con extraños. Pongámosle un poco de creatividad. Recuerda que, en la anatomía de los hábitos, el elemento gratificación juega un papel clave. Repetimos lo que se siente bien.

Para alcanzar la zona de nuestro propósito de vida es fundamental ponernos metas.

Un vistazo a tu interior:

¿Cómo quieres sentirte?

¿Qué emociones quieres sentir?

¿Qué experiencias quieres tener?

_____

_____

_____

_____

_____

Una meta a la vez

Recuerdo mis antiguas listas de propósitos de año nuevo, largas y ambiciosas. Al cabo de dos meses, parecían listas de fracasos. Un error común que cometemos las personas, es pretender cambiar muchas cosas al mismo tiempo y muy rápido. Cambiar hábitos es un reto grande para nuestro cerebro. Podemos simplificarle la misión trabajando en un sólo propósito a la vez y haciendo incrementos pequeños.

Salir de la costumbre requiere de mucha fuerza de voluntad y ésta es limitada, por eso cuando estamos cansados regresamos a nuestro modo *automático* y hacemos las cosas sin darnos cuenta. Por ejemplo, buscar las galletas y comerlas como cada noche. Si alguna vez has hecho un paseo en mula quizá hayas notado que no hace falta ser un gran jinete —siento aguarte la fiesta— para completar la cabalgata. La mula conoce perfectamente el camino y, mientras no trates de cambiarle la ruta, hará exactamente lo que sabe hacer. El problema es cuando quieres redirigirla. La mula es terca y floja. Pone resistencia y constantemente intenta regresar a lo de costumbre. ¿Recuerdas la analogía del jinete y el elefante al inicio del libro? Al principio, cuando tienes energía y motivación, mantienes las riendas firmes y logras transitar por nuevos caminos —esta es la fuerza de voluntad. Pero si te cansas o te distraes, entonces aflojas las riendas y cuando te das cuenta, la mula te ha regresado al viejo y conocido camino —hábitos. Nuestro cerebro es exactamente igual. Cambiar hábitos es difícil. Para aumentar las probabilidades de cumplir con nuestros propósitos, es fundamental trabajar en uno a la vez. Con frecuencia hacemos una lista larga de metas que implican cambio de hábitos y esto es equivalente a querer dirigir varias mulas al mismo tiempo. Recuerda, una mula a la vez.

Además, es recomendable hacer incrementos pequeños. Si nunca has corrido y decides empezar, no es buena idea arrancar de golpe con diez kilómetros ya que probablemente termines deshidratado, con un dolor de cabeza salvaje y, obviamente, con ganas de no volver a correr más. Mini metas y pasos pequeños funcionan mejor.

Para aumentar las probabilidades de lograr tus metas, recuerda identificar aquello que es verdaderamente importante e inspirador para ti antes de definir qué quieres lograr, trabajar en un propósito a la vez y dar pasos pequeños, pero firmes.

Seis características importantes de las metas personales

Las metas que elegimos y diseñamos para nosotros mismos tienen que estar alineadas con nuestros gustos, intereses y propósito de vida. En su libro *Creating Your Best Life,* Caroline Adams Miller nos dice que una meta bien seleccionada debe cumplir con las siguientes seis características:

- **Intrínsecas o auto concordantes.** Metas que seleccionamos para nosotros mismos y que surgen de un deseo genuino de alcanzarlas, alineadas con nuestros gustos e intereses, son el tipo de metas en las que trabajaremos con gusto, vigor y nos llenarán de satisfacción al conseguirlas. Son inspiradoras y la motivación para alcanzarlas viene de nuestro interior. Lo opuesto son las metas extrínsecas, es decir, las que alguien más marca para nosotros. Como cuando tu pareja te sugiere que uno de tus objetivos debería ser bajar de peso, o cuando tus padres deciden que tienes que estudiar medicina, en lugar de música. Son todos esos proyectos que tenemos que hacer en el trabajo y en nuestra vida personal por obligación o porque pensamos que seremos aceptados por los demás, pero no por gusto. Encontrar motivación para hacerlas no es tan fácil. Una pregunta importante es ¿cuál es mi propósito y cómo se alinea esta meta con él?
- **Auténticas.** Las metas que planteas para ti tienen que ser muy tuyas. Estar alineadas con tu carácter, con tu personalidad, enraizadas en tus creencias y valores. Para mí, hace sentido establecer metas personales en el campo de los deportes. Me gustan los retos que implican un esfuerzo físico y que me dan la oportunidad de moverme. Recorrí el Ca-

mino de Santiago en bicicleta porque este reto me daba la oportunidad de hacer tres cosas que están alienadas con mi esencia: viaje, naturaleza y bicicleta. Esta misma meta podría parecerle una pésima idea a alguien que no disfruta de este tipo de actividades.

- **Acercamiento.** Los mejores objetivos tienen una especie de *chispa,* un elemento excitante que nos atrae. Queremos dedicarles tiempo, nos llenan de energía. Nos ayudan a acercarnos a algo que deseamos. Por ejemplo, subir a la punta de la montaña con mis hijas o hacer un paseo en bicicleta con mis amigos para luego escribir juntos. Es muy diferente el entusiasmo o la energía involucrada cuando queremos evitar que algo pase. Si piensas que no quieres llegar en último lugar a la meta en una carrera de cinco kilómetros el desgaste es mayor. Necesitamos más energía física y mental para evadir situaciones que para acercarnos a lo que deseamos. Por esta razón, es importante definir nuestras metas en positivo, en un lenguaje que refleje lo que sí queremos.

- **Armoniosas.** Cuando nuestras metas son armoniosas y se complementan, tenemos mejores probabilidades de cumplirlas. Cuando dos metas compiten entre sí o no hace lógica que estén juntas, corremos el riesgo de no avanzar en ninguna de las dos. Una meta de entrenar para correr un maratón al mismo tiempo que una de tener una vida social nocturna muy activa, no van de la mano. Si nos desvelamos con frecuencia, es menos probable que logremos levantarnos a hacer ejercicio o rindamos igual. Metas complementarias podrían ser, por ejemplo, una: quiero ser coach de vida, y dos: ir a un curso intensivo al año. Generan un círculo virtuoso.

- **Fomentan la independencia.** Las metas personales que nos hacen sentir plenos y satisfechos son aquellas que promueven la autonomía y la sensación de independencia personal. Nos ayudan a desarrollar la capacidad de ser autosuficientes. Aportan a nuestra autoestima.
- **Acciones y experiencias.** Los objetivos que nos acercan a nuestra mejor versión, a la más auténtica y nos encaminan a nuestro propósito de vida, casi siempre involucran acciones y experiencias. No tienen tanto que ver con acumular riqueza material. Pasatiempos, clases que nos ayudan a desarrollar nuevas habilidades, que nos hacen mejores en temas que nos importan, viajes que promueven el crecimiento personal, eventos que nos conectan con otras persona, actividades y eventos que generan recuerdos.

Seis pasos para definir metas personales

Paso 1: Dedica unos minutos a reflexionar e identifica dos o tres áreas donde tengas un tema grande y obvio que quieras o necesites atender (temas de salud, convivencia, sueños personales, proyectos, paseos, aprender algo nuevo, aspiraciones, intenciones) y genera una lista de cinco metas que quieres lograr:

- *Hacer un triatlón*
- *Comer sano*
- *Escribir mi segundo libro*
- *Pasar tiempo uno-a-uno con cada una de mis hijas*
- *Vivir tres meses junto a la orilla del mar*

Paso 2: Revisa si cada una de las metas personales que escribiste cumplen con las siguientes características:

- Intrínsecas
- Auténticas
- Acercamiento
- Armoniosas
- Fomentan independencia
- Implican acciones y experiencias

Si las ideas que generaste no cumplen con estas características tienes dos opciones: cambiar de objetivo o redefinirlo.

Paso 3: Recuerda que nuestras probabilidades de cumplir con nuestros propósitos y objetivos aumentan cuando trabajamos en uno a la vez. Identifica tu meta personal más importante en este momento, la que más te entusiasme o la que más te acerque a tu propósito de vida.

- *Escribir mi segundo libro*

Paso 4: Escoge una mini meta. Con frecuencia la meta completa parece inalcanzable, no sabemos por dónde empezar, nos asusta el tiempo y el esfuerzo que necesitaremos dedicar para completarla. Para evitar que esto se convierta en un obstáculo, podemos dividir la gran meta en todas las mini metas que sea necesario. De manera que ganar esas mini batallas sea posible y nos motive a seguir. Cuando escribí mi primer libro, este paso hizo toda la diferencia para mí ya que pensar en escribir un libro entero era demasiado. Lo mismo me sucedió cuando decidí que quería correr un maratón. La idea de correr cuarenta y dos kilómetros parecía imposible; sin embargo, correr un kilómetro era factible. En mis talleres una gran meta que sale con frecuencia es: ordenar mi casa. En lo personal, cada vez que intento ordenar toda mi casa, me rindo antes de empezar. Es una tarea titánica. Es mucho mejor elegir empezar por una zona, por ejemplo, la cocina. Y si la cocina me parece todavía muy grande, entonces un cajón. Pequeños pasos sostenidos en el tiempo nos permiten hacer grandes diferencias y lograr nuestros objetivos grandes.

¿Cómo puedes dividir tu gran meta en metas más pequeñas o micro pasos?

- *Escribir un capítulo*
- *Escribir el índice de contenido*
- *Escribir un párrafo (mucho más manejable que escribir el capítulo entero)*

Paso 5: Responde las preguntas:

¿Cuáles son los pasos que necesito tomar para lograrlo?

Asignar tiempo y lugar para escribir, definir índice de contenidos, eliminar distracciones, sentarme a escribir, comunicar mi intención de escribir mi segundo libro.

¿Qué tipo de recursos necesito?

Noventa minutos todos los días, espacio físico para escribir, libros de consulta, concentración, disciplina, asesorías, energía.

¿Qué recursos tengo?

Conocimiento, computadora, amigos a quienes puedo consultar o que están dispuestos a leer lo que escribo para darme retroalimentación, oficina, motivación.

Paso 6: Anticipa obstáculos e identifica tu estrategia de contraataque.

Cuando queremos establecer un nuevo hábito o meta personal es muy importante pensar cuidadosamente en todos los detalles. Necesitamos decidir cuáles son los factores claves para tener éxito y cómo específicamente podemos anticiparnos a los obstáculos que pueden aparecer.

Algunos obstáculos son personas… Las hijas se enferman y me levantan en la noche, por ejemplo. Cuando anticipamos obstáculos, podemos también anticipar medidas de acción.

Los imprevistos y las sorpresas en el camino son una de las razones que nos desvían de nuestras metas. Podemos tener la mejor de las intenciones, pero si no prevemos todo aquello que puede sacarnos de rumbo y definimos un plan, lo más probable es que no cumplamos nuestros objetivos o los dejemos para después. Cuando escribí mi primer libro, identifiqué las actividades que impedían que escribiera y pensé en alternativas para superarlas:

- **Reuniones de trabajo.** Opté por definir un horario sagrado para escribir y no aceptar nada en este horario. Anteriormente y dado que no tenía un horario establecido y asignado a esta meta, mi calendario estaba libre para llenarlo con reuniones de último momento.
- **Viajes.** Si me tocaba viajar, no podía estar en el lugar ni a la hora designada para escribir. Entonces tuve que forzarme a aprovechar el tiempo en el aeropuerto y en el avión para escribir. Descubrí que me funcionaba e incluso me gustaba hacerlo.
- **Invitaciones de amigas para desayunar o tomar café.** Sin duda era más divertido para mí, encontrarme con amigas y pasar un buen rato que sentarme a escribir. Así que decidí que aceptaría invitaciones o provocaría reuniones únicamente fuera de mi horario sagrado de escritura.

- **Teléfono celular.** Mensajes, correos y notificaciones roba-
  ban mi atención. *Voy a revisar sólo este correo* terminaba en
  una visita a cada una de mis redes sociales y en una total
  pérdida de concentración. Ahora, cuando escribo debo tener el teléfono en modo silencio y muchas veces, físicamente lejos de mí para evitar la tentación de consultarlo.
- **Pendientes diarios de casa que requieren atención.** En
  periodos de escritura decidí asignar un tiempo especial en
  la semana para ir al supermercado, a la tintorería y demás.

Ejercicio: Identifica los obstáculos que pueden
sacarte de rumbo y define tus estrategias de
contraataque.

_____

_____

_____

Metas específicas y medibles

Los objetivos y metas personales deben ser específicos y medibles.
Administramos lo que monitoreamos. Generalmente escribimos
en nuestra lista cosas vagas como: bajar de peso, hacer ejercicio,
escribir más, beber menos, dormir más, tener una mejor relación
con mis hijos, tener mejor salud. Para elevar nuestras probabilidades de éxito, tenemos que definir claramente cómo se ve la meta
completada. Entonces, en lugar de *escribir más* tendríamos que
decir *publicar un artículo una vez por semana*; en lugar de *hacer
ejercicio* deberíamos comprometernos a *salir a caminar veinte minutos regresando de la oficina los martes y los jueves*. Medir nuestros avances nos hace conscientes de nuestro comportamiento y

ver nuestros avances nos motiva a seguir. Si definimos cuál es el indicador del éxito: minutos, kilómetros, kilos, nivel de colesterol, presión arterial, libros leídos, párrafos escritos, dinero en el banco, velocidad, volumen de ventas, llamadas realizadas, abrazos repartidos, número de saltos, podemos saber qué tan bien o mal estamos logrando el objetivo.

De acuerdo con Gary Latham, profesor de la escuela de negocios de Rotman en la Universidad de Toronto, cuando queremos mejorar nuestro desempeño o alcanzar un sueño es importante definir metas retadoras y específicas. Si no ponemos metas o estas son poco exigentes y no nos obligan a salir de nuestra zona de confort, entonces nos quedaremos en el mismo lugar.

> **Ejercicio:** Tomando en cuenta lo anterior, escribe el hábito que quieres desarrollar o la meta que quieres lograr. Asegúrate que sea retadora, específica y medible (puedes medir en minutos, kilos, metros, peso, volumen, velocidad, acciones específicas, llamadas, dinero, párrafos, reportes). Por ejemplo, escribir al menos ocho páginas por día, jugar con mi hija veinte minutos antes de meterla a bañar.

_____

_____

_____

Calendarización

Nuestras metas deben tener un espacio en nuestra agenda o calendario. *Esta semana lo hago,* o *un día de estos,* se convierte en una intención que pasó por nuestra cabeza, pero que no logró bajar a la realidad. La repetición es clave en el proceso de formación de hábitos. Por esta razón, tenemos que asignar a nuestra nueva actividad un tiempo y frecuencia específicos. Si tenemos la actividad marcada en nuestra lista de actividades a realizar, las probabilidades de hacerla aumentan, pues es un pendiente —así como recoger a los niños del colegio, hacer las compras para la comida. Si tenemos esta actividad marcada y le damos un tiempo específico, entonces no aceptaremos otro tipo de compromisos en ese horario. A mí me funcionó tratar mi tiempo de escritura con la misma seriedad que mi clase en la universidad. Doy clases los lunes y los jueves por las mañanas. Cualquier compromiso, invitación, reunión, plan que caiga en este espacio de tiempo es un *no* pues tengo que estar en mi clase. De la misma manera, cualquier actividad que caiga dentro del tiempo que asignaste para avanzar en tu meta personal, debe ser rechazada o acomodada en otro momento de tu calendario.

Ejercicio: Define la frecuencia, los días y la hora que dedicarás al cumplimiento de tu meta.

Ejemplo: Escribir de lunes a sábado de siete a nueve de la mañana.

_____

_____

_____

Tu gabinete

La responsabilidad y el sentido de cumplimiento son factores claves en el desarrollo/eliminación de un hábito o una meta personal. Nuestro comportamiento cambia cuando tenemos un sistema de seguimiento, tenemos que rendir cuentas o alguien más está observando. Las calificaciones nos ayudan a estudiar, las fechas límite a entregar el trabajo, los policías de tránsito a manejar más despacio.

Christine Carter, a quien te he mencionado ya, recomienda formar nuestro equipo, sumar a nuestra meta a todas aquellas personas que nos motivarán, acompañarán o ayudarán para cumplirla, pues nuestras posibilidades de lograr una meta o establecer un nuevo hábito son mayores cuando involucramos a más personas. Si, por ejemplo, tu meta personal es tener una alimentación libre de gluten y lácteos por un tema de salud, sería bueno que en tu gabinete estuviera tu médico de cabecera, un nutriólogo, una amiga o grupo de amigos que sigan el mismo tipo de dieta, tu pareja, un grupo de Facebook. Si quieres entrenar para un maratón, quizás necesitas un entrenador, unirte a un grupo de corredores, alguien con quien correr. Recuerdo el apoyo que recibí de mi amiga Mariana cuando escribí mi primer libro *Felicidad en el Trayecto: 8 Rutas*. Un día, desayunando, le comuniqué mi intención de escribir. Desde ese momento y hasta que terminé, me recordaba de mi objetivo. En un cumpleaños me regaló un par de libretas lindas, me enviaba frases de escritores, fotos de libros en las librerías que visitaba, escribía para preguntar cómo iba mi avance.

Rodéate de personas que te inspiren, te alienten, haz público tu deseo de establecer un nuevo hábito.

Piensa en una persona o en un grupo de personas que puedan apoyarte monitoreando tus avances en el desarrollo/eliminación del hábito. Piensa también en cómo te gustaría que lo hicieran. ¿Quieres que te llamen para preguntarte cómo vas? ¿Quieres que te apoyen compartiendo información? ¿Quieres que te envíen un correo? Define cómo quieres que te ayuden y comunícalo.

Ejercicio: Forma tu gabinete.
¿Quiénes pueden ayudarte?
¿Cómo te gustaría que te ayudaran?

_____

_____

_____

Anuncia tu objetivo

Como ya mencioné, la probabilidad de lograr tu objetivo aumenta cuando lo haces público o cuando lo compartes con una persona o grupo de personas. Escribe tus metas y anúncialas. Esto hará que te acuerdes de tus objetivos, y amplíes tu red de apoyo. Elevas tu nivel de compromiso. Cuando las escribimos y las tenemos en un lugar visible, además, nuestro cerebro comienza a detectar oportunidades para cumplirlas en el entorno. Empieza a escanear el medio ambiente para facilitar el cumplimiento, a generar caminos y alternativas. Cuando decidí correr mi primer maratón, anuncié mi objetivo en mis redes sociales. Publiqué una foto de mis tenis nuevos y escribí: _Este par de tenis correrá el maratón de Chicago._ A mí no me gusta quedar mal. Cuando hice pública mi intención y mis amigos empezaron a responder con palabras de ánimo y motivación, mi nivel de compromiso aumentó. Esto de hacer públicos mis objetivos, me ha servido mucho. He comunicado también que voy a escribir un libro. Esto me ayuda, pues las personas que lo saben me preguntan cómo voy. Me mantengo en ruta mucho más fácil que cuando el compromiso está solamente en mi cabeza.

Ejercicio: ¿Cómo y en dónde podrías anunciar tu
nueva meta?

_____

_____

_____

Mide tus avances

Recibir retroalimentación con respecto a tu avance aumenta tus probabilidades de éxito. Si podemos medir nuestras metas, si tenemos un sistema para medir nuestro progreso, entonces tendremos información valiosa sobre qué tan bien o qué tan rápido estamos moviéndonos en la dirección deseada. Esto nos permite reconsiderar la estrategia o corregir el rumbo si es que no estamos logrando nuestro objetivo como queremos. Esto está relacionado con el concepto de definir metas de forma específica y medible. Bajar doscientos cincuenta gramos por semana durante los siguientes cinco meses, correr un kilómetro en cinco minutos, encestar al menos ocho canastas de diez. La idea es ver cómo vamos acercándonos a nuestra gran meta cada día. En un entrenamiento para correr un maratón, el número de kilómetros que corres por día va incrementando gradualmente. Para medir mis avances, decidí tomar una foto a mis tenis con un _Post-it_ que decía el número de kilómetros que había corrido ese domingo, día en que hacía las distancias largas. Esa foto la subía a mis redes sociales para comunicar mis avances y elevar mi nivel de compromiso y motivación.

Marshall Goldsmith, reconocido coach en el mundo ejecutivo, comparte en su libro _Disparadores (Triggers)_, preguntas que podemos hacernos para medir nuestros avances. En el contexto de metas personales, me parece muy poderosa la siguiente: ¿Hice lo mejor que pude para avanzar en dirección a mis metas hoy? ¿Hice mi mejor esfuerzo hoy? Me gusta esta pregunta porque mi mejor esfuerzo hoy no tiene que verse igual a mi mejor esfuerzo mañana. Si pasé una pésima noche y me duele la cabeza, mi mejor esfuerzo será muy diferente al de un día en que me siento motivada, llena de energía y con capacidad de concentración. Ahora, si te aventaste un maratón de Netflix porque no tuviste la fuerza de voluntad y por más que buscas una razón de peso para justificarte, no la encuentras (físicamente estás bien, emocionalmente también, tienes tiempo, no hubo imprevistos) entonces quizá debas responder... No, hoy no hice mi mejor esfuerzo. Tocará recalcular mañana.

Ejercicio: ¿Qué sistema puedes crear para medir tus avances? ¿De qué manera puedes registrar tu progreso?

_____

_____

_____

Mini hábitos clave

Este concepto de mini hábitos clave dentro de nuestras rutinas ha sido fundamental en los procesos de cumplir con mis metas. ¿Dónde comienza tu rutina exactamente? y ¿qué pasos en tu rutina son claves para completarla exitosamente? Son preguntas muy importantes.

Es muy importante identificar correctamente dónde comienza la rutina y qué podemos hacer para aumentar nuestras probabilidades de éxitos. En su libro, *The Sweet Spot*, Christine Carter habla de estos mini hábitos clave en una estrategia que se llama plan de vuelo. El plan de vuelo consiste en mapear cada uno de los pasos en nuestra rutina. Esto nos sirve para detectar pasos clave, así como para ir ganando pequeñas victorias que le indican a nuestro cerebro que va en la ruta ganadora.

Cuando entreno para un maratón, mi rutina para salir a correr es matutina, técnicamente comienza con el despertador en la mañana, sin embargo, tengo que asegurarme de que sucedan dos cosas. Mi éxito de salir a correr comienza desde la noche anterior con estas dos acciones clave: elegir y dejar lista la ropa que voy a usar e irme a dormir temprano. Con esto, elevo las probabilidades de salir de mi casa. Otro mini hábito clave que tengo que hacer es cambiar la pijama por la ropa de deporte inmediatamente después de despertarme. Si me quedo con la ropa de dormir puesta, mi cerebro se confunde. Estamos en modo «relajado», en modo «flojera». Vestirme con la ropa de deporte pone en modo acción a mi cerebro. Otro mini hábito clave consiste en salir junto con mis hijas cuando se van al colegio. Si entro a casa después de que se van, se me antoja tomar más café o seguir leyendo un capítulo más del libro —o las dos cosas. Otro ejemplo de mi vida personal fue un cambio de alimentación. Me sugirieron dejar de comer gluten, lácteos y otra serie de cosas. Para lograr comer bien durante la semana tengo que dedicar un rato del domingo a decidir con anticipación qué quiero comer cada uno de los próximos días y hacer una lista de ingredientes antes de ir al supermercado. Si preveo y tengo los ingredientes listos, logro cumplir mi meta. Si no tengo lo que necesito, como lo que hay disponible, aunque no sea lo que tengo que comer. Para escribir, por ejemplo, un mini hábito clave que tengo que ejecutar es dejar mi celular en un lugar retirado de mí para evitar que me distraiga.

Ejercicio: Mapea todos los pasos de tu rutina. Identifica los mini hábitos clave o los pasos que absolutamente tienes que ejecutar para completar tu rutina. Esto es prueba y error. No esperes tener tu plan de vuelo con el 100 % de certeza a la primera. Puedes ir descubriéndolo y afinándolo, dedicando tu atención plena cada día en la ejecución de tu rutina o meta personal.

_____

_____

_____

Detonador y gratificación

¿Recuerdas la anatomía de los hábitos? Tienen tres componentes: detonador, rutina y gratificación. Cuando queremos formar un nuevo hábito o trabajar en una meta personal que requiere repetición y disciplina, es muy importante detectar estos tres elementos y trabajar sobre ellos. En la siguiente tabla puedes ver algunos ejemplos.

De manera consciente, designa cuál será tu señal para comenzar tu rutina. Algo que sea lo mismo cada vez que quieras arrancar. Identificar rutinas que ya tienes bien establecidas puede servirte como base para construir otras rutinas. Si, por ejemplo, tomas café todas las mañanas al despertar y ahora necesitas tomar una vitamina que te recetó el doctor, podrías dejarlas a un lado de la cafetera junto a tu taza. De esta manera será mucho más probable que la tomes.

Hábito	Detonador (Evento que dispara la rutina)	Rutina (Comportamiento que realizas, el hábito)	Premio (Sensación positiva y gratificante después de realizar la rutina)
Escribir	La alarma suena a las 7:00 am	Ir a mi oficina, poner el teléfono en modo silencio, abrir la computadora, escribir	Satisfacción, avancé en mi libro, páginas nuevas
Revisar Facebook, navegar sin rumbo el Internet	Sentirte aburrido, solo, excluido	Revisar Facebook, navegar Internet	Sentirte acompañado, reconocido y aceptado con el número de «LIKES»
Procrastinar conversaciones difíciles	Conflicto con tu pareja o compañero de trabajo	Evadir a la persona, complacer, desaparecer	Baja el nivel de ansiedad, tranquilidad temporal
Revisar el correo electrónico o redes sociales constantemente	Timbre del teléfono o sonido de notificación	Revisar correo, WhatsApp, Messenger	Leer mensajes nuevos, ponerte al tanto de noticias o chismes
Meditar	Alarma del despertador a las 6:00 am	Meditar 10 minutos	Sensación de relajación, menos estrés, mejor concentración

Carter explica que es necesario identificar un detonador si lo que quieres es cambiar o quitar un mal hábito. Digamos que quieres cambiar el hábito de tomar un café *frappuccino* con crema batida o comer una bolsa de papas cada tarde. Quizá tienes varios detonadores: nivel de azúcar en la sangre, aburrimiento en el trabajo, necesidad de hacer un break o interactuar con alguien más. Tienes que identificar los detonadores para poder usarlos y trabajar con ellos al cambiar la rutina. Si no sabes cuáles son los detonadores de un mal hábito, toma nota durante algunos días de todo lo que sucede antes —acciones, emociones, sensaciones— para descubrirlo.

Ejercicio: ¿Cuál es el detonador de tu rutina?

_____

_____

_____

Gratificación

Las personas repetimos todo aquello que nos hace sentir bien. Los seres humanos perseguimos premios. Todo lo que deseamos cuenta como premio: un pedazo de pastel, atención, una emoción positiva, un cumplido.

Cuando nuestro cerebro identifica un premio o gratificación potencial inyecta dopaminas, un mensajero que dice _esto se siente bien_ y nos empuja a conseguirlo creando una sensación de necesidad y deseo. Por esta razón es importante identificar e incluir un premio o gratificación en nuestra rutina. Me gusta mucho leer y tomar fotos, así que agregué estos dos elementos a mis rutinas de entrenamiento cuando me preparo para una carrera larga o cuando hago ejercicio. No puedo leer mientras corro, pero sí puedo escuchar. Así que bajé una aplicación para escuchar audiolibros y ahora salgo a correr con la expectativa de seguir escuchando mi libro. Me gustan también los podcasts, así que me aseguro de tenerlo disponible también. Como parte de mi sistema de monitoreo y seguimiento, ya les conté que decidí tomar una foto de mis tenis cada domingo junto con un Post-it con el número de kilómetros escrito. Pues más de un domingo salí a correr sólo por la ilusión de tomar esa foto al final y compartirla en mis redes sociales.

> **Ejercicio:** Reflexiona sobre las siguientes preguntas y establece cuál será tu premio o gratificación. ¿Qué te inspira o te anima hacer que se relacione con tu nuevo hábito o meta? ¿Puedes agregar algún elemento de diversión? ¿Qué sentimientos positivos inspiran tu nueva meta personal?

_____

_____

_____

Pre-decide todo lo que puedas

Cuando nuestra fuerza de voluntad se fatiga, tendemos a hacer lo de costumbre. Podemos prevenir caer en esta trampa pre-decidiendo todo lo que podamos —a dónde vas a ir, cómo vas a llegar, qué vas a llevar, qué vas a comer. Por ejemplo, en lugar de decidir al despertar si el gimnasio o la montaña, decídete la noche anterior por una opción, elige la ropa que vas a usar, el horario en el que vas a ir. A nuestro cerebro le toma muy poco tiempo generar argumentos para hacernos caer en el camino de siempre, que es el fácil. Pre-decidiendo reducimos las ventanas de oportunidad para desistir.

Estructurar nuestro entorno para el éxito. Si queremos bajar de peso, podemos diseñar que la comida saludable esté a la altura de nuestra vista en el refrigerador o en la despensa, diseñar una lista de supermercado que no incluya comida chatarra, comer en platos más pequeños y servir la comida en la cocina, en lugar de ponerla al centro. Si quieres salir a correr, tener la ropa lista desde la noche anterior, dormirte a tiempo, no dejar el libro que estás leyendo a la vista porque tendrás tentación de ponerte a leer en lugar de salir a correr. Tener las llaves listas para salir en lugar de tener que buscar y frustrarte en el intento.

> **Ejercicio:** ¿Qué puedes decidir con anticipación que favorezca el desarrollo de tu hábito o el cumplimiento de tu meta? ¿Cómo puedes estructurar tu entorno para el éxito?

_____

_____

_____

Fuerza de voluntad

Nuestra fuerza de voluntad, esa que pensamos es de acero e infinita cuando recién nos planteamos una meta, empieza a quebrarse con el paso de los días, las tentaciones se vuelven cada vez más difíciles de combatir y lentamente —o de trancazo— regresamos a nuestro modo *default* o automático, a ese que es conocido, fácil y dominamos con los ojos cerrados.

Cambiar nuestros hábitos y conductas requiere de autocontrol, es decir, fuerza de voluntad, así que hablemos un poco sobre este concepto.

Nuestra fuerza de voluntad es como un músculo. Se cansa luego de un periodo de uso intenso, necesita descanso para recuperarse, mantenimiento para conservarse y, con ejercicios de repetición en el tiempo, crece y se fortalece.

¿Se te hace tarde en la mañana para ir al gimnasio, te propones ir en la tarde saliendo de la oficina y cuando llega el momento estás tan cansado que dices *mejor voy mañana*?, o ¿le dices setenta veces *no* a una de tus hijas que insiste en tener un caballo en el jardín de la casa y luego llega la otra para preguntarte si puede cenar helado de chocolate y le dices que *sí*?, o ¿llegas a tu casa más temprano, tienes tiempo para leer o completar un pendiente, pero prendes la televisión y te avientas cuatro capítulos de la serie en turno?

Nuestra fuerza de voluntad se debilita a medida que avanza el día porque nos cansamos. El esfuerzo que hacemos para mantener el control en diferentes frentes es desgastante. Nuestra capacidad de autocontrol se consume de la misma manera que el combustible de avión durante el vuelo.

¿Qué agota nuestra fuerza de voluntad? Tratar de complacer a todos a nuestro alrededor, controlarnos para no mandar a volar a un jefe que no respetamos, hacer muchas cosas al mismo tiempo, convencer a otras personas para que hagan lo que queremos, no opinar, esconder nuestras emociones, tratar de pertenecer y agradar, tomar decisiones de todo tipo durante el día, dormir pocas horas, pasar largos ratos sin comer o tomar agua.

Te comparto un dato que me parece interesante… Si te invitan a un bautizo a media mañana, por ejemplo, y logras mantenerte lejos de los tamales, el pastel y el chocolate caliente durante la celebración, tus probabilidades de sucumbir a tentaciones más adelante en tu día son mayores. ¿Por qué? Porque utilizaste una dosis grande y concentrada de tu fuerza de voluntad disponible y llegas a la tarde con el tanque casi vacío.

La calidad de las decisiones que tomamos baja considerablemente cuando estamos cansados y podemos caer en uno de dos escenarios: decidimos de manera irresponsable o precipitada

—compras, consumo de alcohol, sexo, comida, Netflix, gritos— o sucumbimos al *status quo* y dejamos todo para después.

¿Cómo podemos cuidar nuestra fuerza de voluntad?

Atención plena. Es importante identificar los momentos en el día en que nos sentimos más cansados, así como las actividades que más nos desgastan. Si sabes que las primeras horas de la mañana no son lo tuyo, entonces no decidas levantarte a hacer ejercicio muy temprano.

Los básicos en orden. Para conservar nuestra fuerza de voluntad es fundamental comer sano, estar activos y dormir suficiente. Cuando estamos deshidratados nuestra capacidad de enfoque disminuye; cuando pasamos largos ratos sin comer, baja el nivel de glucosa y esto hace que nuestro cuerpo *pida* carbohidratos de rápida absorción —galletas, dulces, donas. La falta de sueño crónica estresa nuestro sistema nervioso central. El estrés hace que las tentaciones se hagan más grandes y fatiga nuestra fuerza de voluntad. Por otro lado, la falta de sueño hace ineficiente el uso de glucosa —nuestro combustible principal. La fuerza de voluntad requiere de mucha energía. Dormir suficiente facilita este proceso.

Bienestar emocional. Es muy difícil comprometernos con algo y mantener la motivación cuando nos sentimos tristes, asustados, ansiosos. Nuestra fuerza de voluntad crece cuando nuestro bienestar emocional es positivo.

Simplificar. Tomar decisiones agota. Hace un tiempo leí que Barak Obama, ex-presidente de Estados Unidos, se vestía únicamente con trajes de color azul o gris y dejaba que otros se encargaran de los detalles mundanos de su vida, por ejemplo, cuáles calcetines ponerse y qué comer. Con esto liberaba espacio para tomar las decisiones importantes. Hay quienes deciden vestirse usando las mismas combinaciones…. *jeans* y camiseta blanca los martes; otras personas, empacan la misma ropa cuando hacen un viaje de trabajo.

Con lo anterior se me ocurre que, si queremos trabajar en un cambio de conducta que requerirá de mucha energía, una manera de simplificarnos durante el proceso podría ser usando un *uniforme* —dos o tres combinaciones de ropa nada más— o decidiendo por adelantado qué vamos a comer toda la semana.

Cuidado con el alcohol. En su libro *Getting Grit*, Caroline Adams Miller, explica que el alcohol es el principal aniquilador de la fuerza de voluntad. Consumir alcohol inhibe nuestra habilidad para decir *no* y desencadena otras conductas negativas, como tomar más alcohol, comer más, gastar más dinero, dificultad para controlar la ira y otros comportamientos autodestructivos.

Tiende tu cama en la mañana. Esta idea, sencilla y poderosa, es uno de los ejemplos clásicos en cualquier libro sobre cambio de hábitos. Al igual que el ejercicio y dormir suficiente, tender la cama es considerado un hábito *clave* pues tiene un efecto en cadena de resultados o conductas positivas en otras áreas. Tender la cama representa ganar una *pequeña batalla* que pone a nuestro cerebro en modo éxito y genera la motivación para seguir y lograr más.

Mantén ordenado tu espacio. El desorden exterior contamina nuestro interior. El orden es otro hábito «clave». Te recomiendo que explores la serie de Netflix *Tidyng Up*, de la japonesa Marie Kondo que está causando revuelo en las redes sociales. Su método funciona.

Diseña tu entorno para el éxito. El medio que nos rodea influye de manera importante en nuestro comportamiento. Antes de iniciar cualquier cambio, vale la pena dedicar tiempo a diseñar nuestro entorno para el éxito. Si tu propósito es bajar de peso, entonces no tengas comida chatarra en tu casa y asegúrate de quitar el plato de galletas de tu vista; si tu objetivo es terminar de escribir tu libro, entonces elimina las notificaciones de tu móvil.

Para lograr nuestros propósitos y metas personales necesitaremos fuerza de voluntad. Si trabajamos para conservarla, elevaremos nuestras posibilidades de recorrer el camino exitosamente. Decide continuar intentado a pesar de los tropiezos, la fuerza de voluntad crece con ejercicios de repetición.

> **Ejercicio:** Identifica ¿cuándo te sientes más desgastado? ¿Qué horas del día o situaciones fatigan tu fuerza de voluntad? ¿Cuándo eres más propenso a rendirte? ¿Qué puedes hacer para conservar tu energía y fuerza de voluntad?

_____

_____

_____

Razones por las que fracasan las metas

Escuché en un podcast que alguien decía —no recuerdo quién era— que las personas se clasifican en dos grupos: las que dividen a las personas en dos grupos y las que no.

En este sentido, cuando reinicia el calendario podríamos separar al mundo en los que hacen propósitos de año nuevo, definen metas personales y los que no.

Yo me quedo en el grupo de los que sí.

Me inspira la página en blanco del día uno para escribir en ella mis intenciones, delinear sueños y renovar energías. Me ilusiona pensar que tengo una nueva oportunidad para acercarme a una versión más auténtica de mí misma y completar los ítems en la lista que aún están pendientes.

Antes de trazar la ruta de vuelo para el año que empieza, me gusta revisar el año que terminó. Resaltar logros es, sin duda, muy gratificante. Sin embargo, he notado que con el paso del tiempo… lo que NO hice pesa un poco más.

Las oportunidades que no tomé, las decisiones que diferí, las llamadas o visitas que no hice, los proyectos que no desarrollé, los *te quiero* que no dije, los miedos que no vencí y las responsabilidades que no asumí se convierten en punzadas incómodas.

Además de lo que revisamos en las secciones anteriores, ¿por qué diferimos o no logramos convertirnos en la persona que queremos? ¿Por qué no hacemos esos cambios que intuimos se traducirán en una vida más plena y feliz?

Como dijimos antes, el proceso de cambio es simple, pero no fácil. Modificar nuestros hábitos y conductas es sumamente difícil. Hacer las cosas de diferente manera requiere de un esfuerzo sostenido monumental que incluye, entre otras cosas, vencer pensamientos, creencias y excusas que sabotean nuestros intentos de despegue o nos derriban luego de cortas horas de vuelo.

Goldsmith presenta un método para crear cambios de conducta sostenidos en el tiempo.

El proceso comienza por desenmascarar y conocer las creencias internas que comúnmente detonan el fracaso en el cumplimiento de nuestros objetivos. Las comparto aquí para que estés alerta. Si aparecen y rondan por tu mente ahora que estás planteándote nuevas metas, considéralas una señal de alarma y reconfigura.

- **«Si lo entiendo, lo hago».** Hay una diferencia importante entre entender algo y hacer algo. Por ejemplo, sabemos que comer donas es malo para la salud, pero eso no necesariamente se traduce en que dejemos de comerlas. También se requiere motivación, habilidad y esfuerzo.
- **«Tengo fuerza de voluntad y no sucumbiré a las tentaciones».** Sobrestimamos nuestra fuerza de voluntad y subestimamos el poder que tienen los distractores a nuestro alrededor para descarrilarnos. Es mejor asumir que las

tentaciones serán numerosas y anticiparlas que caer víctimas del exceso de confianza.

- **«Hoy es un día especial»**. Es la excusa perfecta para otorgarnos una licencia a medio proceso y elevar las probabilidades de rendirnos. Sucumbimos a la gratificación de corto plazo porque *hoy es mi cumpleaños, es viernes, es Navidad*. El cambio verdadero y auténtico tiene que ser consistente. A medida que mides tu avance, ten cuidado de no sentirte tan bien con tu progreso que te haga autosabotearte. Por ejemplo, comer chatarra porque fui a correr diez kilómetros; fumar el fin de semana porque ya logré no fumar de lunes a viernes. En lugar de esto, piensa ¿cuál es la misión que quieres lograr? ¿Cómo van a beneficiarse los demás del hábito en el que estás trabajando?

- **«Al menos soy mejor que…»** Es muy fácil justificar nuestras fallas cuando recurrimos a comparaciones que nos dejan mejor parados que a alguien más. *Al menos no soy tan patán como mi cuñado*, o *pero ella es más impuntual que yo*, por ejemplo. No ser lo peor del mundo es una salida fácil y nos da un falso sentido de inmunidad.

- **«No necesito ayuda ni estructura»**. En esta creencia juegan varios factores en contra: nuestra fe en que podemos salir adelante solos, la idea de que sólo lo complejo requiere de nuestra atención y nuestro desprecio por las instrucciones y la necesidad de seguimiento. La creencia de que somos excepcionales nos impide buscar ayuda y estructurar nuestro entorno para el éxito. Mejoramos nuestras probabilidades de lograr nuestros objetivos cuando reconocemos que necesitaremos asistencia en el trayecto.

- **«No voy a cansarme ni a perder el entusiasmo»**. Cuando planeamos, pensamos que nuestra energía es perpetua y que lograremos permanecer motivados 24/7. La energía y la motivación son finitas. Eventualmente nos sentiremos cansados y deberemos contemplar tiempo de recuperación.

- **«Tengo todo el tiempo del mundo»**. Esta creencia es combustible para la postergación. Pensamos que el tiempo es un continuo abierto y que siempre tendremos oportunidad de hacer lo que queremos. Además, crónicamente subestimamos el tiempo que necesitamos para hacer las cosas. Es mejor empezar hoy y asumir que quizá nos tome un poco más de lo deseado.

- **«No voy a distraerme y no habrá imprevistos»**. Nos hacemos expectativas poco realistas ya que no planeamos qué haremos si se presentan distracciones o imprevistos. Por ejemplo… ¿Qué voy a hacer si amanece lloviendo y no puedo correr en la calle? ¿Qué pasa si mi hija tose toda la noche y no puedo dormir? ¿Qué pasa si me invitan a salir?

- **«Una epifanía cambiará mi vida»**. Caemos presos del pensamiento mágico cuando creemos que lograremos cambiar repentinamente como resultado de una gran idea, un momento de iluminación o que finalmente encontraremos la fuerza de voluntad. La realidad funciona más apegada al dicho: «un viaje de mil millas comienza con el primer paso».

- **«Mi cambio será permanente y nunca más tendré que preocuparme»**. Llegar al destino no es lo mismo que quedarse ahí. Alcanzar nuestro peso deseado no garantiza que nos quedaremos ahí sin compromiso y disciplina. Un falso sentido de permanencia puede debilitar y echar para atrás nuestros logros. Es necesario seguir haciendo el trabajo.

- **«No habrá nuevos problemas cuando elimine mis viejos problemas»**. Nos olvidamos de los retos futuros cuando pensamos que al resolver un problema viejo no aparecerán nuevos. Finalmente te promueven a director y ahora tienes los problemas de director.

- **«Mis esfuerzos serán justamente compensados».** Es importante realizar cambios cuya motivación viene del corazón. Cambiar para cumplir con las expectativas de alguien más, esperando una recompensa, es receta para el resentimiento.
- **«No puedo cambiar porque eso me hace poco auténtico».** En ocasiones nos resistimos a adaptar nuestra conducta a situaciones nuevas argumentado que nosotros somos o no somos de cierta manera... *No puedo empezar a abrazar a mis hijos porque no soy cariñoso.* Cambiar nos obliga a salir de nuestra zona de seguridad.
- **«Tengo la sabiduría para evaluar mi propia conducta».** Cuando creemos que tenemos la capacidad para juzgar nuestro propio desempeño de manera imparcial, nos engañamos. La gran mayoría de las personas creemos que mientras todos los demás sobreestiman su desempeño, nosotros nos autoevaluamos de manera correcta y objetiva. Para elevar nuestras probabilidades de éxito, es importante recurrir al punto de vista de un tercero.

Carter habla de tres conceptos que desde mi punto de vista complementan esta lista:

- **Expandir gradualmente (círculos de Zorro).** Si nunca has corrido en tu vida, es un poco ambicioso decidir empezar corriendo cinco kilómetros al día siguiente. Esto lo experimenté en carne propia y terminé tres horas después en el consultorio médico con un dolor de cabeza fulminante, con deshidratación y rogándole que, o me quitara el dolor de cabeza o me practicara la eutanasia. No volví a correr en meses. Tenemos que empezar dominando pequeñas tareas dentro de nuestro gran objetivo. Caminar un minuto y trotar otro minuto durante veinte minutos es un mejor plan que correr cinco kilómetros el primer día. Para que nuestros hábitos se arraiguen, necesitamos comenzar en «muy pequeño».

- **El efecto «qué más da».** Digamos que decidiste dejar de comer azúcar. Pero una mañana te levantas y te comes un pedazo de pay de manzana. Ahora estás en riesgo de caer en el efecto «qué más da», «al cabo ya rompí la dieta, así que aprovecho y me tiro a matar con la comida», «empiezo mañana». Para evitar caer en el efecto *qué más da* es recomendable tener paciencia —cambiar hábitos o construir metas implica tropiezos—; corrige en la siguiente oportunidad. Si no lograste mantener la dieta en el desayuno, hazlo en la comida y en la cena. Si no pudiste salir a correr hoy, sal mañana.

- **Si fracaso una vez, entonces no puedo.** A menos que seas un súper héroe, quizá no podrás alcanzar tus metas en el primer intento. Si pensamos en escalar una montaña, por ejemplo, un desliz podría ser una caída o un tropezón. Puede doler y retrasarte un poco, pero continuamos escalando. No es lo mismo que dejar de escalar por completo. Revisa qué condiciones te hicieron tropezar. ¿Qué obstáculo no previste? ¿Necesitas un mejor premio? Haz un plan de acción por si vuelve a presentarse la misma situación.

¿Te sonaron conocidas?

A pesar de que la siguiente idea ya fue incluida cuando hablamos de cuidar nuestra fuerza de voluntad, merece aquí un enunciado adicional:

Si quieres cambiar al mundo empieza por tender tu cama

Dijo el Almirante de la Marina de los Estados Unidos William H. McCraven a los estudiantes de la Universidad de Texas en su discurso de graduación.

El video estuvo circulando en las redes sociales en los últimos días. Te lo recomiendo.

¿Cómo es que algo tan trivial e insignificante como tender la cama puede darte el impulso para cambiar el mundo?

Si tiendes tu cama en la mañana, habrás completado tu primera tarea del día. Esto te dará una pequeña sensación de orgullo y te motivará a realizar otra. Al final del día, esta tarea completada se habrá convertido en muchas tareas completadas.

Esta idea, sencilla y poderosa, es uno de los ejemplos clásicos en cualquier libro sobre cambio de hábitos. Al igual que el ejercicio y dormir suficiente, tender la cama es considerado un hábito *clave* pues tiene un efecto en cadena de resultados o conductas positivas en otras áreas. Tender la cama representa ganar una *pequeña batalla* que pone a nuestro cerebro en modo éxito y genera la motivación para seguir y lograr más.

En su libro *El poder de los hábitos,* Charles Duhigg relata los resultados de estudios que muestran que las personas que hacen su cama en la mañana son más productivas, felices y capaces para adherirse a un presupuesto. Tender la cama en la mañana aumenta nuestras posibilidades de tomar mejores decisiones durante el resto del día y eleva nuestra sensación de control.

Tender la cama también refuerza que las cosas pequeñas importan. Si no puedes hacer bien las cosas pequeñas, nunca podrás hacer bien las cosas grandes.

Escuchar esta frase me hizo recordar los días en que mis hijas tuvieron la misión de aprender a lavar los platos. Durante las primeras sesiones en la cocina hubo de todo: lloriqueos —no era justo tener que hacerlo—, gritos de frustración porque los platos tenían mostaza, todo tipo de gemidos y hasta un total desmoronamiento a causa de pan aguado en el resumidero. No había nada peor en el mundo que un pedazo de brócoli atorado en un tenedor.

Durante una de esas escenas, recuerdo claramente haber pensado que, si una fresa machacada era suficiente para perturbar a una niña, no quería ni imaginar lo que podría hacerle la vida con sus retos. Si no dejamos a nuestros hijos frustrarse con lo pequeño y solucionarlo, no podemos esperar que resuelvan lo grande.

En esas actividades poco sofisticadas y aparentemente triviales, hay un montón de enseñanzas. Desafortunadamente y, con la mejor de las intenciones, seguido le negamos a nuestros hijos la oportunidad de aprender, de desarrollar habilidades y de hacerse de recursos para la vida.

Limitamos su exposición a situaciones donde cumplir la meta significa tener que hacer las cosas mal muchas veces antes de hacerlas bien, a tareas que obligan a ejercitar el músculo de la resiliencia, la paciencia, la gratitud y la generosidad —características que se relacionan con la felicidad.

Exentándolos de los quehaceres, los alejamos de ocasiones donde es posible experimentar esa sensación que viene luego de contribuir, completar un objetivo, reconocerse útiles y capaces. Se quedan al margen de escenarios donde crece la responsabilidad y el sentido de compromiso.

Y no es como que el tiempo que ahorran brincándose los deberes de la casa lo invierten en algo que valga la pena… lo dedican a ver televisión o a naufragar en el teléfono.

Volviendo a los detalles, a la conquista de pequeñas batallas y a los platos de la cocina…

Me acuerdo también de que mis hijas invariablemente preguntaban: *¿Cómo voy a terminar con todo esto?*, y yo respondía: *Lavando un plato a la vez.*

Así funciona la vida también... una conquista de pequeñas victorias a la vez.

Adelgazamos un kilo a la vez, tejemos un suéter una puntada a la vez, armamos un rompecabezas acomodando una pieza a la vez, corremos un maratón un paso a la vez, aprendemos un intento a la vez, avanzamos, olvidamos, sanamos y soltamos un día a la vez, ¿no?

Y todo esto se hace más fácil tendiendo la cama, un día a la vez.

Pequeños cambios sostenidos en el tiempo tienen la capacidad de transformar nuestras vidas y lograr cosas extraordinarias, como vivir en tu propósito de vida, ser auténtico y, cuando llegue la hora, despedirte sin arrepentimientos.

Comunidades de interés

Los seres humanos venimos programados de fábrica con el deseo de formar parte de una comunidad. Además, nuestro potencial para ser felices y cumplir nuestras metas es mayor cuando estamos conectados e integrados con diferentes grupos sociales.

Estar solos con nuestros pensamientos y desconectados de todos los demás es, en ocasiones, necesario y reparador; sin embargo, el aislamiento social no es un modo de vida asociado con el bienestar... tampoco con la felicidad, la productividad o el éxito.

Una de las herramientas de la literatura que más me han servido para elevar mi bienestar emocional y lograr mis metas personales, es el concepto de «comunidades de interés».

Lo leí por primera vez hace unos años en el libro *The Business of Happiness* de Ted Leonsis, y te comparto a continuación lo que aprendí.

Generalmente, las personas más felices y exitosas tienen en común la habilidad de funcionar en múltiples comunidades, pertenecen a una gran variedad de grupos, les interesa participar y disfrutan haciéndolo.

Una comunidad de interés está formada por personas que tienen gustos, preferencias, pasiones, actividades o necesidades en común.

Estas comunidades permiten el intercambio de ideas, reflexiones o la práctica de alguna actividad en particular —pintura, círculos de lectura, grupos de apoyo, ciclismo, amigos del colegio, martes de dominó, compañeros de trabajo, coro de la iglesia, clase de tejido, *Fantasy football*, voluntariado.

¿Cómo podemos trabajar con este concepto de comunidades de interés para potenciar nuestra felicidad y cumplir nuestras metas?

Con un ejercicio muy sencillo de cuatro pasos:

Paso 1. Consiste en mapear todas las comunidades de interés a las que perteneces y pensar en cómo te conectas. Aquí tienes algunas ideas: familia, amigos del colegio en todas sus etapas, hijos —todo lo que gira alrededor de ellos—, actividades espirituales, trabajo, deporte y equipos, cultura, pasatiempos, filantropía, comunidades en línea.

Identifica las grandes categorías de tu vida y después analiza una capa más abajo. En deportes pueden ser los fans de algún equipo, grupo de corredores, gimnasio; en pasatiempos, coleccionistas de *Star Wars*, amigos del cine, fotografía, huerto comunitario, club de perros salchichas de la ciudad; en línea, Facebook, LinkedIn, YouTube.

Ya que identificaste todos tus grupos de interés, es recomendable pensar en el tipo de interacciones que tienes en cada uno. Por ejemplo, con mis compañeros de preparatoria me conecto en la reunión anual de generación y por medio de un grupo de WhatsApp. Así con todas. La idea es que te ubiques en todas tus redes.

Paso 2. Tiene que ver con ubicar las comunidades de interés que son más importantes para ti, las que te gustan, pero has desatendido, las que extrañas y te gustaría revivir, aquellas en las que participas —y odias— activamente y deberías abandonar, las que ya no son relevantes. Este paso es parecido a hacer una limpia del clóset.

Paso 3. Es mi favorito pues invita a pensar en comunidades a las que te gustaría o tendrías que pertenecer para cumplir tus sueños y vivir más feliz. Entonces, por ejemplo, si siempre has querido escribir un libro podrías ubicar todas las comunidades donde hay escritores —blogs, revistas, clases de escritura creativa, presentaciones de libros donde puedes conectar con autores, ferias de libro. Esto fue justo lo que a mí me funcionó para finalmente escribir mi libro y la idea la recibí en otra de mis comunidades de interés: mi salón de clases.

Cuando te unes a una comunidad tienes acceso a su conocimiento, experiencia y motivación. ¿Siempre has querido tirarte de un paracaídas? El primer paso consiste en acercarte a gente que ya lo ha hecho. Únete a una clase de cocina vegana si tu salud requiere un cambio de alimentación o inscríbete en un sitio en línea si es que estás buscando pareja.

Paso 4. Es un llamado a la acción. Mis alumnos y yo ponemos dos minutos en un cronómetro y escribimos todas las ideas de micro acciones que podríamos tomar para acercarnos e integrarnos a una nueva comunidad de interés. Al finalizar el tiempo, cada quién elige la que más le gusta y queda de tarea ejecutarla dentro de los siguientes dos días.

Funciona cada vez.

Cuando nos conectamos con un propósito, los beneficios para nuestro bienestar son mayores. Y no hay nada como alimentarnos de la compañía, ánimo, energía y sabiduría de quienes ya han recorrido parte del camino.

Un vistazo a tu interior:

Piensa en tu propósito de vida, en tus sueños y en todo aquello de lo que no quieres arrepentirte e identifica las comunidades de interés a las que tendrías que integrarte o a las que quieres pertenecer. Identifica también aquellas comunidades a las que perteneces, pero preferirías ya no hacerlo.

_____

_____

_____

_____

_____

Optimismo

A la felicidad le gusta andar de la mano del optimismo. Es muy difícil imaginar a un pesimista feliz o a un optimista infeliz. Ninguna de esas combinaciones cuadra con el sentido común. ¿Verdad?

El optimismo, además de sentirse bien, tiene muchos beneficios tangibles. Las personas optimistas son más sanas, experimentan más emociones positivas, tienen mejores relaciones interpersonales, enfrentan mejor las adversidades, son menos propensas a la depresión, viven más felices y son exitosas en el cumplimiento de metas. Esta última es de particular importancia, pues para descubrir, construir y vivir nuestro propósito de vida, tenemos que trazar y cumplir las metas que nos llevan a nuestra zona de mayor autenticidad y plenitud.

Además, el optimismo es un excelente antídoto contra la epidemia mundial de la preocupación.

Nos preocupamos por los hijos, los perros, la situación política, la calidad el aire, el tráfico, las enfermedades, las últimas tendencias de la moda, el aceite parcialmente hidrogenado, el paso del tiempo, las clases extracurriculares, por sentir mucho o casi nada.

Dijo Glenn Turner, famoso jugador de críquet, que la preocupación es como una mecedora... *Nos da algo que hacer, pero no nos lleva a ningún lado.*

En este sentido, preocuparnos sin hacer algo al respecto es un desperdicio. Es mucho más útil desarrollar la habilidad del optimismo para hacerle frente a la preocupación, a la incertidumbre, a lo desconocido y al miedo.

Sí, así como podemos aprender a patear una pelota en cierta dirección, también podemos aprender a ser más optimistas y a vivir menos preocupados.

Pero, ¿qué es el optimismo?

El optimismo, desde el punto de vista de la Psicología Positiva, no tiene nada que ver con frases positivas o pensamientos rosas que flotan en el ambiente desconectados de la realidad; tampoco con encontrarle el lado bueno a una infección estomacal explosiva que coincide con la falta de agua en casa.

El optimismo está relacionado con el tipo de explicaciones que damos en respuesta a lo que nos sucede en la vida. Tiene que ver con una manera de pensar, es un hábito de la mente que nos permite proyectar una visión positiva del futuro, que a su vez afecta nuestras creencias y comportamientos.

Martin Seligman, el padre de la Psicología Positiva, ha estudiado a fondo el tema del optimismo. En su libro *Aprenda optimismo* (*Learned Optimism*), explica que hay tres elementos clave en los estilos de explicación que distinguen a una persona optimista de una pesimista: tiempo, alcance y causa.

El elemento **tiempo** tiene que ver con la duración de un evento, no necesariamente la real, sino la percibida... ¿Esto que está pasando es temporal o es permanente?

Una persona con un estilo de explicación pesimista considera que las cosas malas que le suceden son permanentes, que llegaron para quedarse y afectarán su vida por siempre.

Lo permanente es absoluto, binario y podemos reconocerlo en las palabras *siempre, nunca, jamás, todo el tiempo.*

Siempre te quejas, nunca más vuelvo a enamorarme, todo el tiempo me regañas, jamás voy a encontrar trabajo, todos los días me siento mal... son ejemplos de frases que caen en el cajón de lo imborrable.

El riesgo es que cuando pensamos que los malos ratos durarán por siempre y nos convencemos de que nada de lo que hagamos puede alterar el resultado, es *game over*. Perdemos la motivación para tomar acción y salir del atolladero. Nos invade un sentimiento de desesperanza que reduce nuestra confianza y calidad de vida.

Este estilo de explicación también puede producir parálisis ante retos nuevos. Si siempre me equivoco, entonces... ¿para qué intentarlo?

Por el contrario, una persona optimista explica las cosas que le suceden en términos temporales, reconoce o piensa que las adversidades son pasajeras.

El lenguaje delimita el rango de tiempo... últimamente, algunas veces, esta semana.

Te quejas cuando dejo la ropa tirada, en este momento no quiero iniciar una nueva relación, me regañas cuando llego tarde, hoy me duele la cabeza. En estas frases hay remedio, posibilidades y esperanza.

El elemento **alcance** tiene que ver con la repercusión o cobertura de un evento... ¿es específico o es universal?

Ante una adversidad, los optimistas logran poner las cosas en perspectiva y contener en un espacio específico el daño relacionado con un evento negativo; por otro lado, los pesimistas perciben que los efectos son universales y se cuelan en todos los rincones de su vida.

Después de reprobar una materia, un estudiante puede explicar *reprobé microeconomía* —específico—; mientras otro puede decir *no sirvo para la escuela* o *no sirvo para nada* —universal. Luego de un recorte laboral, un optimista concluye *mi vida profesional no va bien* —específico— y un pesimista afirma *nada en mi vida funciona* —universal.

Todos los maestros del mundo son injustos, o *el maestro de matemáticas es injusto; soy la peor mamá de todo el mundo* o *cometí un error castigando a mi hijo sin darle oportunidad de compartir su versión.*

Las explicaciones universales y permanentes se asocian con la desesperanza; las específicas y temporales, con la resiliencia.

El elemento **causa** está relacionado con la raíz de lo que nos sucede... ¿Es por un factor personal o externo?

Los optimistas recurren a causas externas para explicar las adversidades. Por ejemplo, *perdí el partido de tenis porque la cancha estaba resbalosa y no traía el calzado adecuado;* en cambio, los pesimistas buscan razones internas... *perdí el partido porque soy malo para los deportes.*

Supongamos que un pesimista y un optimista son descartados como candidatos para un nuevo trabajo.

El pesimista podría argumentar que fue rechazado porque no es suficientemente bueno —personal—, que nunca va a salir adelante —permanente— y que no sirve ponerle ganas a la vida porque nada vale la pena —universal.

En cambio, el optimista podría explicar el mismo rechazo diciendo que no es personal —el otro candidato estaba dispuesto a ganar menos—, que tuvo un mal día de entrevista —temporal— y que, aunque esto complica su situación profesional, las demás áreas de su vida van bien —específico.

Es mucho más probable que el pesimista se desanime, deje de buscar oportunidades y aumente sus probabilidades de caer en depresión.

En resumen, los optimistas se caracterizan por delimitar en tiempo y en alcance las adversidades; reconocen que las dificultades son pasajeras, afectan áreas específicas y también son causadas por razones externas. En cambio, los pesimistas argumentan que los problemas son permanentes, universales y producto de defectos o fallas personales.

Nuestros sueños y metas personales de largo plazo requieren de una buena dosis de optimismo. Podemos contar con las sorpresas no deseadas que nos regala la vida. Si logramos ver lo que nos sucede a través de un lente optimista es mucho más probable que encontremos soluciones, vías alternas y la motivación para seguir a pesar de los contratiempos.

Un vistazo a un tu interior:

¿Te consideras optimista o pesimista? Te invito a descubrir tu estilo de explicación respondiendo al cuestionario en este sitio (https://www.authentichappiness.sas.upenn.edu/ testcenter). El primer paso para cambiar, es ubicar dónde estamos parados. Esto además te ayudará a desarrollar tu autoconocimiento.

_____

_____

_____

_____

_____

Técnicas de combate contra el pesimismo

Como te mencioné al inicio de este capítulo, el optimismo tiene que ver con una manera de pensar, es un hábito de la mente que nos permite proyectar una visión positiva del futuro. Entonces, para desarrollar la habilidad del optimismo tenemos que aprender a retar nuestros pensamientos automáticos —te contaré con detalle sobre los pensamientos más adelante— y a construir explicaciones realistas que aporten a nuestro bienestar.

Una de las herramientas más utilizadas para lidiar con pensamientos pesimistas es el método ABC (*Adversity, Beliefs, Consequences*) de Albert Ellis, Psicólogo de la Universidad de Columbia.

Las explicaciones que damos a lo que nos pasa están altamente influenciadas por nuestras creencias y éstas, a su vez, disparan ciertas emociones y conductas.

Revisemos el **ABC** desde el lente de un pesimista:

- **A**dversidad se refiere a cualquier evento negativo —vacaciones fallidas, discusiones familiares, una llanta ponchada, la muerte de un ser querido, tráfico cuando tenemos prisa, reprobar un examen.

- Creencias (*Beliefs*) son la base y dan forma a la interpretación que damos a los eventos negativos —nada me sale bien, nadie me quiere, tengo mala suerte, nunca voy a superar esto, todo me pasa, soy un imbécil.

- **C**onsecuencias son las respuestas emocionales y conductuales de nuestras explicaciones ante las adversidades —enojo, tristeza, decido no volver a planear vacaciones, evito el contacto social, abandono la clase o la escuela.

Algunos pensamientos son automáticos y aparecen como rayos. A veces son racionales, como cuando sentimos tristeza por la pérdida de un ser querido; pero en otras ocasiones, son irracionales pues no están basados en evidencia y son de corte más bien exagerado y radical.

Los optimistas y los pesimistas explican de manera diferente la misma adversidad. Supongamos que a ambos los deja plantados un *date*.

El pesimista podría concluir que era de esperarse, que no vale nada como persona, que nunca encontrará el amor. La consecuencia emocional de una explicación como esa, seguramente vendrá acompañada de tristeza, depresión y enojo que le provocarán ganas de evitar el contacto social, encerrarse en casa a pensar en las cincuenta razones por las que el amor debería estar prohibido.

El optimista, sin duda se sentirá triste, pero buscará una explicación que no ataque su persona. Podría pensar que al *date* le surgió un imprevisto, que se perdió en el camino o que por algo pasan las cosas. La consecuencia emocional quizá es desilusión o curiosidad por saber qué paso y la acción podría ser llamar por teléfono o pasar la página y planear una cita con alguien más.

Para utilizar el método ABC es necesario hacer una pausa, describir la adversidad claramente e identificar las historias que nos contamos para editarlas antes de brincar a la acción.

Voy a utilizar mi ejemplo del miedo al avión para mostrar algunas técnicas de combate.

Aunque he tenido avances importantísimos en este departamento, la verdad es que los aviones no son lo mío, el modo vuelo me pone ansiosa.

Identificar pensamientos automáticos y sus consecuencias. Un aviso de turbulencia del capitán o cualquier sacudida en el camino provocan la llegada de pensamientos involuntarios: *Esto no pinta bien. Nos vamos a caer. O, se me va a parar el corazón.* Estos pensamientos desatan reacciones como miedo, ritmo cardiaco acelerado, manos frías, piernas temblorosas. Conocer mi *modus operandi* cuando ando en las nubes me permite pasar al siguiente paso más rápidamente…

Retar los pensamientos automáticos. No todo lo que pensamos es real y la evidencia me dice que: *La sobrecargo está tranquila. El cielo está perfectamente azul, y la mayoría de los pilotos mueren de viejos.*

Generar explicaciones más precisas y contenidas. Pensar en alternativas… *Pronto va a pasar. Miles de aviones atraviesan por zonas de turbulencia sin problemas. Y, el hueco que siento en el estómago no es porque el avión se va a caer, sino porque estoy pensando que el avión se va a caer.*

No brincar a una catástrofe. No rumiar sobre el peor escenario posible o decidir que lo atenderemos sólo en caso de que se presente… *Voy a preocuparme en serio sólo si empezamos a dar vueltas sin control.*

Así como editamos fotografías pasándolas por filtros, mejorando la luz y eliminando lo que sobra antes de publicarlas, podemos editar nuestros pensamientos antes de brincar a las consecuencias.

Podemos desarrollar un pensamiento más optimista si ponemos atención en las explicaciones que damos a los eventos que nos suceden. Nuestra manera de pensar también es un hábito que podemos cambiar.

¿Qué más podemos hacer para desarrollar la habilidad del optimismo?

Lo primero es hacer un *check-in* personal para identificar dónde estamos parados.

Si quisiéramos dividir a las personas en dos tipos podríamos hacerlo en optimistas y pesimistas. Sin embargo, el asunto no es tan binario. Es más parecido a cincuenta sombras de optimismo.

Algunos somos optimistas para unas cosas y pesimistas para otras. Yo, por ejemplo, soy de corte pesimista cuando me enfermo o tengo que hacerme análisis médicos, pero optimista cuando se trata de alguien más. Pero incluso en este departamento tengo matices… soy mucho más optimista cuando se trata de un conocido que cuando tiene que ver con una de mis hijas. Sigo tratando de entender por qué.

Algo parecido sucede con el avión. Me quedo perfectamente tranquila cuando mis personas favoritas viajan por el cielo anticipando que todo saldrá bien; sin embargo, me pongo en modo catastrofista cuando soy yo quien tiene que volar.

Dice Elaine Fox, directora del Departamento de Psicología de la Universidad de Essex, que en el optimismo hay niveles: grande, pequeño y micro. La talla que elegimos depende de nuestro estado de ánimo y de la intensidad de ciertas situaciones.

Grande cuando hacemos una evaluación general de nuestra vida y concluimos que las cosas van bien, que éste es un buen momento para vivir y tenemos una visión alentadora del futuro.

Pequeño para circunstancias específicas del día a día, por ejemplo, aprobaré el examen, terminaré el proyecto, estará divertida la fiesta.

Micro, la versión mínima necesaria, el sentimiento reconfortante de que sobreviviremos el rato, el lunes o la rabieta de cierto personaje.

Con lo anterior, me interesa dejar sobre la mesa que el optimismo no es un tema de absolutos y que un primer paso para desarrollar un pensamiento más positivo consiste en conocer nuestras muy personales tonalidades.

Estas son algunas de las estrategias para desarrollar el optimismo:

Visualizar escenarios donde el éxito es posible. Alcanzar nuestros objetivos o lograr una meta empieza con una imagen mental de triunfo. Nuestro cerebro es una máquina brillante que traduce las imágenes que le dibujamos en pasos específicos a seguir para convertirla en realidad. El nombre elegante para esto es «profecías auto realizadas».

Supongamos que un niño va a jugar la final de soccer y está absolutamente convencido de que van a perder. ¿Cómo es su comportamiento? De entrada, no encuentra el uniforme, su mamá lo jala o lo empuja para sacarlo de casa, se queda parado en la cancha… ¿Para qué correr? Y con este comportamiento irónicamente vuelve mucho más probable la derrota.

Ahora pensemos en el caso contrario. Un niño que jugará la final y está seguro de que su equipo será campeón… Duerme con el uniforme puesto, jala o empuja a su mamá para salir de casa, defiende, ataca, corre por toda la cancha y, con suerte, evita un tiro a gol. Sus acciones elevan las probabilidades de victoria. Creer que algo es posible lo hace un poco más cierto.

Rodéate de gente positiva. La ciencia ha mostrado que el estado de ánimo de las personas a nuestro alrededor nos afecta. ¿Te has dado cuenta de lo que sucede cuando tu mamá está alegre y de buen humor? ¿Has notado cómo cambia tu energía luego de pasar tiempo con una persona tóxica? Las emociones son altamente contagiosas. Si lo tuyo no es el optimismo, entonces decide pasar más tiempo con personas que puedan trasmitirte una visión más positiva acerca de lo que te sucede.

Aliméntate de información positiva. No hay razón alguna —si no eres jefe de policía— para iniciar el día enterándote de las historias trágicas de la madrugada. En aquellos años en que Monterrey atravesaba por una crisis fuerte de seguridad, recibí un consejo que sigo hasta la fecha: si no piensas hacer algo al respecto o no puedes hacer algo al respecto, mejor no sigas las noticias. Con esa simple acción logré reducir mi nivel de ansiedad considerablemente. Es mucho mejor empezar el día en silencio, con música o meditando.

Un día sin quejas. Es importante destruir el hábito que tenemos tatuado hasta los huesos de quejarnos. Nuestro estado de ánimo está fuertemente influenciado por todo aquello en lo que concentramos nuestra atención. Las palabras son poderosas. Si empiezas a repetirte una y otra vez *«estoy cansada»*, pronto empezarás a sentir que disminuye tu energía y comenzarás a bostezar. Cambiando nuestro lenguaje podemos mejorar nuestra sensación de felicidad. Te reto a que pases un día entero sin quejarte… bueno, media hora.

Practica la gratitud. El objetivo de algunas profesiones es detectar problemas, arreglar lo que está roto, curar enfermedades, identificar defectos, anticipar escenarios negativos. Las personas en estas disciplinas son más propensas a sentir insatisfacción o a caer víctimas del desgaste o *burn-out*. En estos casos es especialmente importante practicar la gratitud. Dedicar tiempo a destacar lo bueno, lo que sí salió, lo que sí se pudo.

Deshazte del mito de que prepararte para el peor escenario posible es una buena estrategia para vivir. Con esto no quiero decir que debemos ser irresponsables y dejar todo a la suerte. Hay quienes argumentan que es útil prepararnos para el peor escenario posible, pues así lograremos minimizar su impacto si sucede. En realidad, este método es poco efectivo… ¿Quién puede prepararse para recibir la noticia de la muerte de un familiar o un diagnóstico poco esperanzador? El impacto de la noticia es prácticamente el mismo, pero dejamos de disfrutar el momento presente.

Entrenar para cambiar nuestros estilos de explicación, combatir los pensamientos automáticos e incorporar algunas de las estrategias en este artículo mejoran la calidad del lente a través del cual vemos nuestra vida. Y si nuestro lente mejora, aumentan la felicidad y la tranquilidad.

Para desarrollar un pensamiento más optimista, además de las estrategias que ya revisamos, he descubierto que funciona conocer cómo funciona nuestro cerebro, cuyo trabajo de tiempo completo es fabricar pensamientos. A continuación, te compartiré lo que ha aprendido sobre este tema.

Tú no eres tu cerebro

Así se llama un libro de que me obligó a acercarme para ver de qué trataba. Su diseño es tan llamativo que es casi inevitable pasarlo de largo sin hacer una pausa para leer esas letras grandes amarillas con fondo negro —puntos para el equipo creativo.

Pero más allá del aspecto visual, me parece que el título del libro capturó mi atención porque en la frase *tú no eres tu cerebro* encontré algo de alivio. Y no es que mi cerebro no me guste o crea que no funcione, pero a ratos puede ser un personaje intenso.

La variedad de pensamientos que genera mi cabeza son dignos de una venta de garaje, una colección de ideas, un popurrí de reflexiones, especulaciones, afirmaciones, pronósticos, dudas, fantasías, recuerdos, recomendaciones, señales de alarma, opiniones, críticas, disparates. ¿Te suena conocido?

Una de las funciones de nuestro cerebro es fabricar pensamientos, tiene absoluta libertad para crearlos y la usa a cabalidad. Algunos pensamientos están basados en datos o situaciones reales y otros no. Al inicio de este libro, hablamos de la diferencia entre miedos reales e imaginarios.

Lo interesante aquí es que todos los pensamientos provocan emociones. Podemos experimentar ansiedad, miedo, inseguridad, vergüenza como resultado de un pensamiento, sin importar si este está fundamentado en la realidad o no.

Podemos sentirnos absolutamente aterrorizados si pensamos que el avión en el que viajamos va a desplomarse, aunque la evidencia sugiera que todo está en orden y es un vuelo normal.

Gracias a este libro aprendí dos diferencias conceptuales que me parecen interesantes.

La primera es que existen pensamientos basados en datos reales que generan **emociones**. Si hacen un recorte de personal en la empresa donde trabajas y pierdes tu empleo, podrías pensar que fue injusto, tener dudas con respecto a lo que vas a hacer en el futuro y sentirte enojado, deprimido o asustado. Estas emociones son producto de un evento real y hay que atenderlas. En este concepto entran los miedos que provienen de amenazas reales.

La segunda es que existen mensajes engañosos o falsos del cerebro que producen **sensaciones emocionales**. Si piensas que habrá un recorte de personal en la empresa y que vas a perder tu trabajo —sin tener información precisa y validada— podrías sentirte tan enojado, deprimido o asustado como si en realidad hubieras perdido el trabajo. Aquí entran los miedos que son resultado de las historias que nos contamos o miedos imaginarios.

Una persona que piensa y cree que no está lo suficientemente delgada, aunque todos los indicadores objetivos muestren que sí, puede experimentar una sensación de inseguridad y rechazo que podría impulsarla a dejar de comer y desarrollar un tema de anorexia o bulimia que perjudique su salud.

Para mejorar nuestro bienestar emocional tenemos que distinguir los mensajes reales de los mensajes engañosos del cerebro. Tenemos que hacer frente a las emociones que honran nuestro ser y nuestras necesidades verdaderas; pero tenemos que aprender a manejar los mensajes destructivos y falsos que nos hacen incurrir en comportamientos poco saludables o beneficiosos para nosotros, que nos paralizan e impiden que vayamos tras nuestros sueños, que nos dejan al margen de nuestro propósito de vida.

En su libro *Tú no eres tu cerebro*, los autores Jeffrey Schwartz y Rebecca Gladding, recomiendan cuatro pasos para hacer frente a los mensajes engañosos del cerebro y evitar que produzcan sensaciones emocionales o aliviarlas cuando aparecen:

Renombrar. Dicen que no podemos cambiar lo que no vemos, entonces lo primero que tenemos que hacer es practicar la consciencia plena *mindfulness* para detectar los mensajes que aparecen en nuestra cabeza y producen sensaciones incómodas. Si quitamos el piloto automático y hacemos pausas para observar, es posible comenzar a distinguir los mensajes engañosos del cerebro y las conductas que desencadenan. En otras palabras, la invitación consiste en detectar los tres elementos de la anatomía de los hábitos: detonador, rutina y gratificación. Si estoy en un avión, no hay turbulencia, las sobrecargos están tranquilas, la señal de cinturón está apagada, pero tengo el pulso acelerado porque tengo miedo... estoy siendo víctima de mensajes engañosos patrocinados por mi cerebro que está en modo alarma. El paso inicial, entonces, consiste en etiquetar estos pensamientos y llamarlos por su nombre: *mensajes engañosos del cerebro*. Si logras hacer esto, es posible cambiar una rutina de miedo, por una de más tranquilidad o valentía.

Re-encuadrar. Logramos cambiar o reducir nuestra percepción con respecto a las sensaciones incómodas o difíciles que experimentamos cuando logramos darnos cuenta de que son cortesía de mensajes engañosos: «No es el avión, ni el piloto, ni el clima, es mi cerebro».

Re-enfocar. Este paso consiste en dirigir nuestra atención hacia alguna actividad o proceso mental más productivo en presencia de las sensaciones, los impulsos, angustias y todo lo que nos causen los mensajes engañosos. Reenfocar nuestra atención al mismo tiempo que estamos experimentando el malestar. Cuando estoy en un avión en mí está presente la ansiedad, pero puedo elegir cómo responder ante ella. Puedo hacerla crecer si concentro mi atención en el sonido de las turbinas y decido estar al pendiente de cada movimiento o puedo decidir ponerme unos audífonos para escuchar el sonido del mar mientras leo.

Re-evaluar. Con la práctica podemos aprender a retar las ideas que cruzan por nuestra cabeza incorporando toda la evidencia disponible, a visualizar alternativas diferentes y aceptar la posibilidad de que existan realidades distintas a la que percibimos. En el ejemplo del avión… puedo recurrir a la evidencia que muestra que es el medio de transporte más seguro y la mayoría de los pilotos no mueren en avionazos. Podemos aprender a mitigar las sensaciones emocionales que nos causan los mensajes engañosos porque sabemos que son falsos y entonces los descartamos.

Nuestro cerebro seguirá cumpliendo con su trabajo de fabricar pensamientos. Ante esta realidad, nuestra labor debe enfocarse más en aprender a manejarlos que en tratar de evitar que aparezcan. Si logramos identificarlos y hacer una pausa, entonces podemos crear la oportunidad para cambiar nuestra reacción habitual y modificar nuestra conducta.

Por si fuera poco, nuestro cerebro también tiene la capacidad de hacernos caer en trampas de pensamiento. Te cuento.

Una mañana mientras corría en el gimnasio, escuché una entrevista que Oprah Winfrey le hizo a Brian Grazer, famoso productor de cine y televisión; *Splash, Apolo 13 y Una mente brillante* son algunas de sus películas más conocidas.

Grazer ha dedicado su vida a estudiar la curiosidad. Durante el diálogo con Winfrey, explicó que la curiosidad es su fortaleza personal más sobresaliente y relató cómo la ha utilizado para construir su prolífica carrera profesional.

Me gusta conectar temas. Cuando escuché esta entrevista, pensé que la curiosidad puede ser una gran herramienta para evitar las trampas del pensamiento y para salir de ellas cuando caemos.

Desde hace tiempo he estado estudiando el impacto que tienen las historias que nos contamos en nuestro bienestar emocional. Hacia el final de la entrevista, Grazer apuntó que la curiosidad es disruptiva, pues altera nuestros puntos de vista.

Esto es importante, pues todas las personas estamos atrapadas por nuestra manera de pensar y por nuestra manera de relacionarnos con los demás. Nos acostumbramos a ver el mundo desde nuestra perspectiva y terminamos convencidos de que el mundo es exactamente como lo vemos. Convertimos nuestro punto de vista, en «*EL*» punto de vista.

Entonces me acordé de las trampas del pensamiento en las que seguido caemos presos y nos hacen pasar malos ratos.

Cuando nos atrapa una distorsión cognitiva —este es el nombre oficial— corremos el riesgo de entrar en estados emocionales escabrosos que luego influyen negativamente en nuestra conducta.

Algunas de las trampas del pensamiento son:

Todo o nada. Pensamos en los extremos, es blanco o negro, no hay matices de gris. «Si no lo hago perfecto, entonces mejor no hago nada». «Llevo dos semanas cuidando mi dieta, pero como me comí una galleta ya se arruinó todo completamente». «Si no puedo llegar a la fiesta justo cuando empiece, entonces mejor no voy». Nos olvidamos de que la mayoría de las cosas ocurren en algún lugar intermedio.

Catastrofismo o sobrestimar el peligro. Exagerar, hacer las cosas más grandes de lo que son, imaginarte que el peor escenario posible, sin importar lo poco probable que sea, está por suceder. Pensar que el avión en el que viajas se va a caer, aunque sabes que es el medio de transporte más seguro. Esto genera mucha ansiedad, ¿has estado en un avión a 10 mil metros de altura convencido de que en cualquier momento algo saldrá mal? Yo sí y tengo que cerrar la boca para que no salga mi corazón corriendo. En esta trampa también es común pensar que no seremos capaces de superar una adversidad o de sobrevivir: *Si repruebo un examen, entonces no voy a graduarme y terminaré viviendo debajo de un puente.*

258 | DESCUBRE TU PROPÓSITO

Sobre-generalizar. Hacer afirmaciones contundentes con base en un único dato o experiencia. Usamos las palabras *nunca*, *siempre*, *todos*, *nadie*. Convertimos un *hoy no puedo acompañarte* en un *nunca me acompañas;* si una amiga se molesta con nosotros brincamos a *todas me odian*; un error se transforma en *siempre me equivoco*.

Adivinar el futuro. Esta es mi favorita, con frecuencia caigo en esta. Pensar que sabemos lo que pasará, aunque no tengamos una bola de cristal. Sacamos conclusiones con ciertos pedazos de información, conectamos datos para construir una historia y nos casamos con ella. Estamos seguros del significado de cierta situación, aunque no tengamos evidencia para probarlo *El examen va a estar dificilísimo y voy a reprobar. Nadie va a hablar conmigo en la fiesta. Si no revisa su teléfono es porque algo le pasó.*

Leer la mente. Esta también me encanta. Saber exactamente lo que otros piensan de ti... *Está pensando que me veo gorda. Todos están pensando que no debería estar aquí.* En esta trampa también esperamos que los demás sepan lo que queremos o necesitamos, especialmente si se trata de nuestra pareja... *Después de tantos años, ya debería saber qué quiero y no debería tener que explicarle.*

Filtro negativo. Nos fijamos exclusivamente en cierto tipo de información, en datos que validan lo que pensamos o sentimos y descartamos todo lo demás. Casi siempre dejamos fuera lo positivo. Resaltamos nuestros fracasos, pero no los logros; nos ponemos tristes porque una persona olvida felicitarnos en nuestro cumpleaños, en lugar de alegrarnos por todas las muestras de cariño que sí recibimos; pensamos que la conferencia que dimos no fue buena porque una persona estaba quedándose dormida, a pesar de que muchas personas se acercaron al final para felicitarnos.

Razonamiento emocional. Sacamos conclusiones del resto del mundo o de otras personas con base en lo que sentimos, en nuestras emociones del momento. *Si me siento así es porque tiene que ser verdad. Si tengo miedo es porque el avión se va a caer. Si me siento apenada es porque no sirvo para nada. Si me siento triste significa que no me quiere.*

Estas son algunas de las trampas de pensamiento más comunes. Cuando caemos en ellas, nuestros pensamientos negativos influyen en nuestras emociones y en nuestra conducta.

¿Qué hacemos entonces?

Aquí es donde podemos recurrir al poder disruptivo de la curiosidad para encontrarle un ángulo diferente a la historia que nos estamos contando y encontrar alternativas útiles para salir del atascadero mental.

Curiosidad para preguntarnos: ¿Qué información estoy dejando fuera? ¿Qué más podría estar pasando? ¿Qué tal si en lugar de adivinar, mejor pregunto? ¿Qué ha pasado otras veces que me he sentido así?

La curiosidad puede ayudarnos a acercarnos a otras personas para complementar nuestra información, conocer su punto de vista en lugar de asumir que lo conocemos, hacer preguntas, retar nuestros pensamientos, ser un poco más humildes y reconocer que existen diferentes maneras de ver el mundo.

Podemos elegir practicar la flexibilidad de pensamiento. Yoga mental para estirarnos cada día un poco más y mantener el equilibrio.

Un vistazo a tu interior:
¿Has caído presa de alguna de estas trampas de pensamiento? ¿Cómo podrían estas trampas de pensamiento ser un obstáculo en la ruta hacia tu propósito de vida? ¿De cuál trampa de pensamiento necesitas salir para mejorar la calidad de tus interacciones personales o avanzar en la dirección de tus sueños?

_____

_____

_____

_____

_____

GRIT

GRIT es un concepto que ha venido ganando terreno dentro del área de la Psicología Positiva. Es una de las características que mejor pronostican quién logrará un objetivo y quién no. Además, ayuda a predecir quién lo hará mejor.

Si alguien te preguntara: ¿Quién es exitoso y por qué? La respuesta atinada sería: Los que tienen más *GRIT*.

La palabra *GRIT* está en inglés y no tiene traducción exacta al español, entonces la conservamos tal cual.

Con *GRIT* asociamos frases del tipo *No rendirse. Resistir frente a la adversidad. Continuar a pesar del fracaso.*

Angela Duckworth, una de las investigadoras líderes en el tema, explica en su conferencia de TED, *GRIT: El poder de la pasión y la perseverancia,* que *GRIT* es aguante, es comprometerte con tu futuro cada día, no por un día, no por una semana, no por un mes, sino por años.

Caroline Adams Miller, también investigadora del tema, define *GRIT* como el tipo de comportamiento obediente y disciplinado necesario para el cumplimento de metas de largo plazo.

A todo lo anterior, ¿qué es *GRIT*?

GRIT es una combinación de perseverancia y pasión.

La perseverancia tiene que ver con la disposición que tenemos para trabajar duro de manera sostenida en el tiempo. Incluye un sentido de dirección, determinación, esfuerzo y resiliencia.

Para tener *GRIT* es fundamental tener pasión. Generalmente asociamos la pasión con entusiasmo, euforia o intensidad. Sin embargo, cuando se trata de alcanzar nuestros sueños o ser exitosos en el cumplimiento de nuestras metas de largo plazo, pasión más bien se refiere a compromiso y consistencia en el tiempo.

Trabajar en algo que te importa lo suficiente como para mantenerte fiel. No sólo enamorarte de lo que haces, sino permanecer enamorado de lo que haces.

La pasión relacionada con *GRIT* tiene que ver con aquello que quieres lograr en la vida, la razón por la cual te levantas cada mañana; está asociada a lo más importante para ti, es una filosofía de vida que te da dirección.

Cuando las cosas se ponen difíciles o las soluciones nos evaden, la pasión y la perseverancia son los motores que nos impulsan a continuar.

Una de las primeras preguntas que surgen ante características personales como el *GRIT*, es si son genéticas —las traemos programadas de fábrica— ¿o podemos entrenar para desarrollarlas?

GRIT tiene un componente genético, pero también es un músculo que podemos fortalecer y hacer crecer.

¿Cómo podemos aumentar nuestros niveles de *GRIT*? Tanto Duckworth como Adams Miller describen con detalle en sus libros *GRIT* y *Getting GRIT*, respectivamente, las características que distinguen a los campeones en *GRIT*, así como ideas que las personas podemos poner en práctica para aumentar nuestros propios niveles de *GRIT*. Te comparto a continuación, un resumen de los ingredientes de su mezcla del *GRIT*.

Interés (pasión). Estamos más satisfechos con nuestro trabajo y nuestras vidas, cuando lo que hacemos está alineado con lo que nos interesa. Siguiendo nuestra curiosidad y explorando aquello que llama nuestra atención, podemos descubrir nuestra pasión, el ingrediente fundamental del *GRIT*.

Práctica (perseverancia). Una manera de ser perseverante es teniendo la disciplina para intentar ser mejores en lo que hacemos cada día, resistiendo a la comodidad y saliendo de nuestra zona de confort. Una práctica deliberada requiere de un objetivo claro que te obligue a estirarte, concentración, esfuerzo, retroalimentación informativa e inmediata, repetición con reflexión y refinamiento.

Propósito. Propósito es la intención de contribuir al bienestar de los demás y nutre nuestra pasión con la convicción de que lo que hacemos importa. Un interés sin propósito es prácticamente imposible de sostener en el tiempo. Resulta útil pensar qué nos motiva lo suficiente como para dedicarle tiempo, energía y esfuerzo, sobre todo, cuando las cosas no estén saliendo como queremos. Una pregunta interesante que puedes hacerte es la siguiente: ¿Por qué estás dispuesto a batallar?

La pregunta típica es, ¿qué quieres de la vida? La mayoría de las personas respondemos ser felices, una linda familia, estar sanos, ser exitosos, vivir en un lugar bonito o tener un cuerpazo.

Mark Manson, en su artículo *La pregunta más importante de tu vida*, propone algo mucho más interesante: ¿Por qué estás dispuesto a batallar?

Queremos un súper trabajo y dinero suficiente para darnos vida de magnates, pero no nos gusta el sacrificio que viene con dedicar setenta horas a la semana a trabajar y manejar distancias largas en el tráfico para ir de la casa a la oficina. Deseamos un cuerpo escultural, pero no queremos invertir horas haciendo ejercicio en el gimnasio, contar las calorías, planear menús, controlar las porciones y decir que no al pastel o a la cerveza.

Nos gusta pensar en el producto terminado no en el proceso. Fantaseamos sobre el destino, pero no queremos andar el camino. Queremos el éxito, pero no los contrapiés.

En su artículo, Manson describe un ejemplo personal que me parece genial para ilustrar cómo a veces creemos que queremos algo, pero a la hora de la verdad resulta que no lo queremos suficiente. Él imaginaba ser una estrella de rock. Cerraba los ojos y visualizaba un escenario repleto de personas coreando al ritmo de su guitarra. Pero nunca hizo lo necesario para alcanzar su sueño pues siempre tenía algo mejor que hacer. En realidad, le gustaba la imagen del éxito, pero no el proceso de practicar largas horas, de cuerdas rotas y dedos gastados o de juntar una banda y cargar el equipo. Al final reconoció que le gustaba más imaginar la cima que escalar.

La felicidad en buena parte implica batallar. Lo que obtenemos en la vida no es producto de las experiencias positivas solamente. Para alcanzar esas cosas buenas que queremos y recibir los beneficios tenemos que trabajar, aguantar los sacrificios y asumir los costos.

Cambiar las preguntas nos obliga a buscar respuestas diferentes y a reflexionar sobre nuestras vidas. Te invito a pensar lo siguiente… ¿Qué quieres lo suficiente como para aguantar la batalla?

Metas personales. Las metas retadoras son importantes, pues canalizan nuestra energía, nuestra pasión y nos dan sentido de dirección. Las personas que tienen *GRIT* auténtico, son aquellas que establecen metas personales desafiantes. Si las metas fueran fáciles, el *GRIT* saldría sobrando.

Felicidad. Cuando nos sentimos felices, tenemos acceso a nuestros recursos personales de mejor calidad —resolvemos problemas más complejos, retenemos y recuperamos más rápido la información, detectamos oportunidades, funcionamos mejor. Esto agiliza el cumplimiento de nuestros objetivos. Es más fácil ser exitoso, cuando trabajamos primero en ser felices.

Tomar riesgos. Las personas con *GRIT* generalmente toman riesgos porque se sienten autosuficientes. Tienen confianza en que lograrán resolver los retos que aparezcan en el camino hacia la meta. No es que no tengan miedo, más bien es que no visualizan un escenario donde no puedan salir adelante.

Humildad. La humildad intelectual tiene que ver con mostrar curiosidad, disposición para aprender de los demás, vulnerabilidad, capacidad para recibir retroalimentación y apertura para escuchar ideas nuevas o diferentes. La postura de sabelotodo no alcanza para mucho.

Paciencia. Detrás de casi todas las historias de éxito hay muchos intentos, muchos rechazos y muchas fallas. Completar metas personales importantes y alcanzar sueños toma tiempo. Requiere de paciencia. Cuando nos topamos con una persona muy exitosa —empresarios, deportistas, artistas, músicos, líderes mundiales— tendemos a quedarnos con la foto final y nos olvidamos de ver la película entera.

Esperanza. El tipo de esperanza que tienen las personas con *GRIT* no tiene nada que ver con situaciones que se resuelven como por arte de magia ni con suerte. Es una esperanza compuesta por los siguientes elementos: un destino, un mapa, habilidad para superar obstáculos o resolver imprevistos en el camino, confianza en los recursos y capacidades personales.

La ciencia demuestra que el *GRIT* es la razón detrás de todas esas historias personales de éxito que nos inspiran.

La buena noticia es que podemos desarrollar esta habilidad en nosotros mismos, en nuestros hijos, en nuestros estudiantes, y en las personas con quienes trabajamos. Cualquier persona que ande persiguiendo un sueño, necesita una buena dosis de *GRIT*.

> **Ejercicio:** ¿Quieres saber si tienes *GRIT*? Aquí tienes un vínculo a la escala de Angela Duckworth (https://angeladuckworth.com/grit-scale/) donde puedes descubrir qué tanto *GRIT* tienes.

¿Talento o GRIT?

Imagina que tienes que completar una misión muy importante en la vida o superar un reto grande. Para ayudarte, el genio de la lámpara maravillosa te ofrece uno de dos súper poderes: Talento o *GRIT*.

El talento es una capacidad intelectual sobresaliente, una habilidad que te permite aprender cosas con facilidad o una destreza fuera de serie para desempeñar cierta actividad.

GRIT es una combinación de perseverancia con pasión, un tipo de comportamiento obediente y disciplinado necesario para el cumplimento de metas de largo plazo, un esfuerzo sostenido.

¿Cuál escoges?

El talento, sin lugar a duda, es muy atractivo.

Cuando vemos a un virtuoso del piano, a un deportista de alto rendimiento, a un acróbata parado de manos sobre delgadísimos

266 | DESCUBRE TU PROPÓSITO

cilindros a cinco metros del piso o cuando alguien hace algo que parece imposible de explicarse, tendemos a pensar que viene de otro mundo, que es un ser especial.

Decía el filósofo Nietzsche que cuando las personas nos enfrentamos a lo perfecto preferimos atribuirle cualidades mágicas. Escogemos el misterio y lo divino sobre lo mundano. No cuestionamos qué hay detrás de eso que nos roba el aliento. No nos preguntamos, por ejemplo, cómo una bailarina logra sostenerse en la punta de un dedo al mismo tiempo que gira a toda velocidad o qué hay detrás de la interpretación majestuosa de un saxofonista.

Cuando nos enfocamos en el talento perdemos de vista otros factores importantes, entre ellos, el *GRIT* o esfuerzo sostenido. Olvidamos que las horas de práctica, el entrenamiento deliberado y la experiencia llevan a la excelencia.

¿Conoces a Stephen Curry, jugador del equipo de basquetbol *Golden State*? Es uno de los tiradores de tres puntos más destacados en la historia del deporte. Mete canastas desde ángulos imposibles, en situaciones comprometidas y, además, lo hace parecer fácil, como si todos pudiéramos hacerlo.

Tiene un enorme talento, pero no es lo único.

Detrás de la magia que despliega en la cancha Curry, hay toda una rutina de entrenamiento. Este jugador lanza alrededor de dos mil tiros por semana: mínimo doscientos cincuenta al día y cien antes de cada juego.

Dice Angela Duckworth que el talento es importante, pero el esfuerzo sostenido o *GRIT* cuenta doble.

Afirma también que el talento determina qué tan rápido mejoran nuestras habilidades cuando invertimos esfuerzo. En este sentido, alguien con mucho talento para dibujar avanzará más con la práctica que alguien con menos talento. Por otro lado, el esfuerzo construye habilidades y, al mismo tiempo, las hace productivas.

Logramos cosas cuando desarrollamos nuestros talentos con esfuerzo.

Sin esfuerzo, nuestras habilidades, dones o talentos son únicamente potencial no utilizado; no son más que lo que pudimos hacer, pero no hicimos.

El esfuerzo sostenido en el tiempo —la consistencia— hace la diferencia.

¿Cuántas veces iniciamos algo para luego abandonarlo? Compramos un tapete de yoga, lo usamos una semana y luego es una cosa más que acumula polvo en el closet. ¿Cuántos instrumentos musicales, bicicletas estacionarias y pinceles están abandonados en algún lugar de nuestras casas? ¿Cuántas veces has sentido tristeza al ver que una persona decide no explotar sus talentos?

Podemos pensar en varias combinaciones interesantes...

La primera es talento sin esfuerzo... un desperdicio. La segunda es esfuerzo sin talento... el trabajo te pone en juego, te permite mejorar y avanzar. La tercera es talento más trabajo... aquí es donde sucede la magia.

Con modestas habilidades, cada uno de nosotros tenemos una oportunidad. No necesitamos tener genes especiales ni ser genios para lograr cosas o destacar en ciertas áreas. Podemos, incluso, vencer a los más talentosos si es que nosotros hacemos el trabajo y ellos no.

¿Qué elegirías entonces, talento o *GRIT*?

Si tuviera que completar una misión muy importante en la vida, me quedaría con *GRIT*. Aunque pensándolo bien... los genios usualmente ofrecen tres deseos, entonces... escogería talento, *GRIT* y todavía me quedaría un deseo más.

El anti GRIT

Correré el riesgo de opinar poniéndome a tono con la clásica frase… *Las cosas ya no son como antes* y que entre líneas invariablemente sugiere que las cosas antes eran mejor.

Hace unos años, cuando mis hijas empezaron a jugar basquetbol en el equipo del colegio, descubrí un cambio en las reglas del juego que me inquieta hasta el día de hoy. Ni el paso del tiempo, ni la repetición me han permitido asimilarla o encontrarle las bondades que dicen que tiene. Me hace corto circuito cada vez.

La regla dice que, si un equipo le va ganando al otro por veinte puntos, el marcador se apaga o se esconde.

La primera vez que desenchufaron el tablero electrónico pensé que se había descompuesto. Le dije a la mamá sentada junto a mí: *Mira, algo le pasó al marcador* y ella me respondió: *No le pasó nada, lo apagaron porque nos están patizando.* *¡¿Qué?!*

Se supone que con esta regla protegemos los sentimientos y la motivación de los deportistas.

¿Será?

A mí, algo me dice que la cosa no va por ahí y que el antiguo método —él que nos tocó a las generaciones pasadas— es mucho mejor para desarrollar la resiliencia y formar el carácter de nuestros hijos.

Desde mi punto de vista, desaparecer el marcador cuando el equipo rival gana por cierta cantidad de puntos, manda los siguientes mensajes: *game over. No hay más que hacer. Hemos perdido la esperanza en ustedes. Ya da lo mismo. Tiren la toalla.*

Me parece más digno abandonar la cancha con un marcador espantoso en contra que con un marcador fantasma.

La resiliencia o capacidad para superar adversidades, forzosamente arranca de la realidad sin camuflajes. ¿Cómo nos levantamos de una derrota y aprendemos de ella si no es dándole la cara? ¿Por qué tenemos tanto miedo los padres a dejar que nuestros hijos se revuelquen con la vida tal y como es? ¿Por qué hacemos hasta lo imposible para evitar que prueben el sabor de la desilusión, el fracaso o la frustración?

Estamos dejando sobre la mesa oportunidades para que nuestros hijos aprendan cómo trabajar duro para alcanzar objetivos difíciles, cómo dar su mejor esfuerzo, cómo ganar y perder decorosamente.

Una de las quejas más frecuentes ahora en las empresas, es que los jóvenes no toleran ni las dificultades, ni las incomodidades, renuncian a la primera de cambios, andan por los pasillos necesitando reconocimientos por llegar a tiempo y creyéndose merecedores del mundo sólo por que sí.

La evidencia comienza a mostrarnos que con las mejores intenciones estamos criando niños sin recursos o habilidades para la vida, *sin calle*. Queremos hacerlos sentir especiales y felices a cualquier costo en el corto plazo, sin darnos cuenta de que con esto podríamos estar comprometiendo su felicidad de largo plazo.

Levanta la mano, por ejemplo, si en las fiestas te avientas a recoger los dulces que caen de la piñata para dárselos a tus hijos, si controlas sus grupos de amigos, si les resuelves todos y cada uno de sus problemas, si te le has lanzado a la yugular a un maestro por haberle llamado la atención a alguno de tus niños.

Las cosas han venido cambiando de unos años para acá. Ahora los diplomas y medallas son para todos. Quien no saca un premio por calificaciones notables, lo saca por ser buen ciudadano o por ser muy simpático.

Me pregunto… ¿Cómo van a aprender a desarrollar el *GRIT* nuestros hijos si no los dejamos practicar ni siquiera en la cancha? ¿Si atravesamos la ciudad para llevarles el uniforme que olvidaron —porque no lo empacamos nosotros en la mochila— en lugar de dejar que los pongan a correr 10 vueltas?

A mí me gustaría dejar encendido el marcador, me gustaría más enviar el mensaje de que el juego no se acaba hasta que se acaba y mientras tanto hay que luchar. Apagar el tablero o esconderlo debajo de la mesa me parece muy anti *GRIT*.

Obstáculos contra el propósito de vida

Procrastinación

Mañana, luego, más tarde y todo lo que se le parezca, son expresiones que utilizamos justo antes de sacarle la vuelta a lo que tenemos que hacer y postergarlo para algún momento futuro, muchas veces indefinido.

A este hábito de dejar todo para *después* se le conoce oficialmente con el nombre de procrastinar y me parece que es una de las razones principales por las que las personas no cumplimos con nuestros sueños o planes de vida. Pensamos que tendremos tiempo más adelante.

Dejar de procrastinar está en mi lista de metas personales hace mucho tiempo y lo digo sin la menor intención de sonar irónica.

Estoy convencida de que viviría más feliz si lograra deshacerme de mi mala costumbre de posponer las cosas, las simples y las complicadas. Me ahorraría un montón de ansiedad, preocupación y mal genio.

Ya perdí la cuenta de cuántas veces me he prometido a mí misma no llegar a la siguiente fecha de entrega con el agua al cuello.

Con frecuencia, conozco con meses de anticipación el día exacto en que tengo que dar una conferencia, dirigir un taller, preparar una clase o entregar un artículo. Invariablemente hago un plan para tener todo listo una semana antes y trabajar tranquilamente un poco cada día. Esa es mi intención.

Lo que sucede en realidad es muy diferente. El tiempo se me escapa por todos los rincones. Y entre más cerca estoy de la fecha crítica, mayores son mis ganas de arreglar un cajón, hacer limpia de ropa, leer un libro —aunque sea de física cuántica—, tomar un café, pensar qué será de la vida de Phoebe Buffay de la serie de *Friends*, salir a andar en bicicleta o sentarme a ver la nada.

Al final, *pateo el bote* hasta que suena la señal de alarma, entro en pánico y no me queda más remedio que hacer lo que tengo que hacer.

¿Te suena conocido?

He aprendido cosas muy interesantes sobre el tema de procrastinar.

La primera es que la procrastinación es un mecanismo para hacerle frente al estrés y no una forma de flojera o descuido. De entrada, esto me tranquiliza.

El investigador Timothy Pychyl, ha encontrado que la razón detrás de la procrastinación es evadir el estrés y no el trabajo, como generalmente pensamos. Es el deseo subconsciente de sentirnos bien «en este momento», de tener un momento gratificante ahorita.

Postergamos porque nos sentimos estresados por las cosas grandes: la pandemia, el dinero, los conflictos familiares, las enfermedades o la vida en general, y no necesariamente por la tarea o el trabajo inmediato que tenemos que hacer.

Cuando evadimos algo que nos parece difícil, sentimos cierto alivio. Y si además hacemos algo que nos gusta, como revisar nuestros mensajes en el teléfono, nuestro cerebro nos inyecta dopamina. Esto se siente bien, así que lo repetimos y lo vamos convirtiendo en un hábito.

El detalle es que, en el tiempo, lo que postergamos se acumula creando así más estrés en nuestra vida. Es un círculo vicioso. Con lo anterior, entiendo que una manera para combatir la procrastinación consiste en manejar y atender el estrés en nuestra vida en general.

Otra cosa que aprendí es cómo funciona la mente de un procrastinador.

Hay dos tipos de personas: los que procrastinamos y los que no.

Los que hacen sus tareas con suficiente tiempo y organizadamente no entienden qué pasa por la cabeza de los que dejamos todo para después.

Mi mamá hace la maleta para un viaje con días de anticipación; yo la hago dos horas antes de salir de mi casa, sin importar a dónde ni por cuánto tiempo salgo. Cuando mi mamá me ve estresada, repelando, buscando, pensando y adivinando qué necesito, lo primero que pregunta es… ¿Y por qué no lo hiciste antes? En lugar de atender alguna molestia física con un médico, dejo pasar los días imaginado miles de posibilidades catastróficas. Cuando finalmente decido a ir a consulta, la pregunta obligada del doctor es… ¿Por qué no viniste antes?

En su conferencia *Adentro de la mente de un procrastinador profesional,* Tim Urban explica, de manera genial, cómo funciona este fenómeno. Si tienes quince minutos disponibles, te recomiendo que los dediques a ver el video.

De acuerdo con Tim, el sistema de los procrastinadores está compuesto por tres personajes: el tomador racional de decisiones, el chango de la gratificación instantánea y el monstruo del pánico.

¿Cómo funcionan y se relacionan entre sí?

Supongamos que tenemos que entregar una propuesta para un proyecto muy importante en dos meses.

El tomador racional de decisiones sabe que es una buena idea empezar a trabajar desde ya. Tiene que reunir la información necesaria, leer, analizar, pensar en la estructura, sentarse frente a la computadora, escribir, revisar. Proyecta hacia el futuro y lo último que quiere es sentirse apresurado y agobiado por el tiempo.

El chango de la gratificación instantánea dice NO. Mejor vamos a ver qué está pasando en Facebook, vamos a pasear al perro o por algo de comer, vamos a investigar si han descubierto vida en Marte o una nueva vacuna contra el COVID-19. El chango insiste hasta que logra secuestrar las buenas intenciones del tomador racional de decisiones y lo desvía del camino. Al chango sólo le interesa lo fácil, lo divertido y el momento presente.

Cuando la fecha límite de entrega se acerca lo suficiente, aparece el monstruo del pánico. El chango de la gratificación instantánea le tiene terror a esta criatura, en cuanto lo ve corre a toda velocidad y desaparece.

Sin la presencia del chango, el tomador racional de decisiones logra sentarse a trabajar a toda velocidad para cumplir con los objetivos.

El monstruo del pánico parece ser clave en el proceso de completar tareas ya que ahuyenta al chango. Pero ojo acá... Para que aparezca el monstruo tiene que haber una fecha límite.

De esto sale una reflexión...

Explica Tim, que cuando las metas o tareas que tenemos que hacer tienen fecha de terminación o entrega, entonces la procrastinación está contenida en un rango delimitado de tiempo.

Pero ¿qué pasa para todo eso que queremos hacer que no tiene fecha específica de entrega?

Iniciar un negocio, escribir un libro, conocer Australia, hacerte de valor para perseguir tus sueños, ver a tu familia, encontrarte con tus amigos, enviar un mensaje de agradecimiento, comer saludable, hacer ejercicio.

Después le llamo, después lo busco, después lo hago, después empiezo, después nos vemos, después…

En estas intenciones o deseos sin fecha de caducidad no hay monstruo de pánico, por lo tanto, los efectos de procrastinar no están contenidos y viajan en el tiempo. Dejamos la vida para después.

Postergar planes, sueños, proyectos personales es caldo de cultivo para emociones que nos restan felicidad: aburrimiento, tedio, culpa, apatía, enojo, resentimiento, arrepentimiento.

¿Cómo ponerle remedio a este tipo de procrastinación?

Algunas preguntas que podrían ser útiles para reflexionar sobre este tema o encontrar la motivación para empezar es: ¿Qué harías si supieras que te quedan seis meses de vida? ¿Qué es eso que absolutamente quisieras hacer? ¿A quién tendrías que contactar? ¿Qué te gustaría decir? ¿A dónde quieres ir? ¿Qué proyecto quisieras completar? ¿Qué sueño tendrías que lograr?

No queremos irnos de este mundo con la mochila cargada de «hubieras».

Tenemos que empezar.

HOY.

La regla de los cinco minutos: una herramienta para combatir la procrastinación

Si tuvieras que calcular aproximadamente cuántas veces al día te dices a ti mismo y a los demás, *al rato lo hago… mañana… el lunes… mejor no.* ¿Qué dirías?

Yo prefiero sacar mi cuenta… Después.

En el libro *La Regla de los 5 Segundos* de Mel Robbins encontré un antídoto poderoso contra este vicio que varios tenemos de procrastinar.

La mayoría de nosotros tenemos metas personales y sueños que deseamos cumplir, retos que superar y situaciones de vida que queremos o necesitamos cambiar. Pero no lo hacemos. Entre nuestra intención de hacer algo y en verdad hacerlo, existe un limbo retacado de excusas que nos detiene.

Según Robbins, cinco segundos es lo que le toma a nuestro cerebro convencernos de no hacer las cosas, según esto, *para protegernos*.

¿Has notado lo rápido que el miedo y las dudas secuestran tu mente y comienzas a fabricar argumentos para no decir o no hacer algo?

Si pudieras asomarte al limbo donde fabrico mis excusas y argumentos para no hacer las cosas verías algo así…

Tengo que hacer cita para hacerme la mamografía, llamo a las ocho de la mañana, que es la hora a la que llega la asistente. Esa es mi intención. ¿Qué sucede cuando llega la hora? *Hablo después de revisar mis correos. Bueno, mejor después de comer hago todas las llamadas del día, así avanzo con el trabajo. Aunque pensándolo bien, ya pronto me voy de vacaciones y si me van a dar una mala noticia, prefiero que sea al regresar. Listo, hago la cita sin falta cuando regrese.* Todo eso en segundos.

Mañana salgo a correr inmediatamente después de que se vayan las niñas al colegio, voy a dejar la ropa lista desde hoy. Esa es mi intención. Lo primero que pasa es que no saco la ropa porque pienso que es mejor elegirla cuando vea cómo amanece el clima. ¿Qué pasa el día siguiente?… *Me cambio cuando termine de tomar el café. Mientras… voy a leer un ratito, al cabo, no tengo prisa. me-*

jor termino de una vez el libro, ya me falta poco. Pero entonces ya va a estar haciendo mucho calor. Bueno, no pasa nada, mañana voy. Así pueden pasar dos semanas.

Así es como en segundos vamos dejando todo para después. Esto incluye alzar la voz y opinar en una reunión de trabajo… *Mejor no, ¿qué tal si piensan que mi idea no sirve?»*; decidir fumar otro cigarro… *uno más no hace la diferencia…* aguantar otro comentario ácido de esa persona tóxica… *no quiero problemas,* trabajar en la empresa familiar ya que *es lo que esperan mis padres.*

Nos detienen el miedo, la incertidumbre, la flojera, la comodidad, lo conocido.

Estamos a una decisión de una vida completamente diferente.

Cuando se trata de cumplir metas, resolver situaciones o alcanzar sueños, es fundamental escuchar nuestro instinto de cambio y honrarlo con una acción.

La regla de los cinco segundos es una buena herramienta para lograrlo.

¿Qué es la regla de los cinco segundos?

Es una estrategia que nos permite lograr nuestros objetivos venciendo a nuestro cerebro antes de que empiece a parlotear.

¿Cómo se usa?

Es como el lanzamiento de un cohete al espacio: cinco, cuatro, tres, dos, uno… ¡Despegar!

Cada vez que tengamos que hacer algo y comencemos a sentir incertidumbre, miedo, inseguridad, flojera, podemos tomar el control contando del cinco al uno.

Contar hacia atrás sirve dos propósitos simultáneamente. En primer lugar, enfoca nuestra atención en lo que tenemos que hacer y nos impulsa a actuar; en segundo, interrumpe el hábito que tenemos bien cimentado de dudar, *sobrepensar,* auto sabotearnos y detenernos.

Para que la regla funcione, es muy importante movernos físicamente al llegar a uno, pues cuando nos movemos, nuestra fisiología cambia y el cerebro le sigue.

Contar de manera descendente del cinco al uno también tiene su lógica. Cuando contamos al revés, mentalmente cambiamos la programación del cerebro. Llegar al uno nos motiva a la acción. Es equivalente a arrancar en una carrera luego del «En sus marcas, listos… ¡Fuera!» Si contáramos del uno para arriba, podríamos contar indefinidamente.

Entonces… *Tengo que hacer cita para hacerme la mamografía,* se convierte en cinco, cuatro, tres, dos, uno… Marcar por teléfono… *voy a salir a correr…* cinco, cuatro, tres, dos, uno… Ponerme los tenis y salir: *tengo que escribir mi artículo…* cinco, cuatro, tres, dos, uno… Sentarme en el escritorio y abrir la computadora.

Para Robbins, no son las grandes jugadas o movimientos los que definen nuestras vidas, sino las más pequeñas. Dentro de un rango de cinco segundos podemos detenernos a pensar y decidir no tomar acción sobre esas cosas pequeñas. El detalle es que las decisiones no tomadas se acumulan en el tiempo y nos dejan atascados.

La regla de los cinco segundos hace que las cosas pasen. Nos ayuda a atravesar la barrera de las excusas y a encontrarnos con nuestra mejor versión del otro lado.

Cambiamos nuestra vida una decisión a la vez.

Y podemos decidir hacerlo en cinco, cuatro, tres, dos, uno…

Perfeccionismo

> *Y cuando te pregunten... ¿cuáles son tus áreas de*
> *oportunidad —la manera diplomática de sondear para*
> *saber de cuál pie cojeas— tú di que eres muy*
> *perfeccionista.*

Ese fue el consejo que recibí unos días antes de tener mi primera entrevista de trabajo, luego de terminar mis estudios de
maestría.

> *Tienes que contestar algo, porque ni modo que no tengas*
> *puntos flacos o debilidades, debes decir algo que suene a*
> *defecto, pero que en realidad sea bueno.*

Y así lo hice... *Soy muy perfeccionista* —dije con absoluta seguridad. Todavía recuerdo la sonrisa-mueca que se dibujó en la
cara de mi entrevistadora. En aquel entonces creí que mi respuesta le había parecido excelente. Pero, ahora que lo pienso, no creo
que esa sonrisa haya sido de aprobación o empatía, sino de haber
logrado deducir que entre mis defectos estaban la falta de autenticidad y la ausencia de creatividad.

De cualquier manera, pasé la prueba. Al final de cuentas, ser
perfeccionista es una debilidad muy aceptable en el perfil de los
candidatos.

Y es que cuando declaramos *Soy muy perfeccionista* en realidad lo que queremos decir es que nos gusta hacer las cosas muy
bien y que somos muy trabajadores. Creemos que el perfeccionismo es un rasgo deseable e inseparable del éxito.

Pero no es así.

Una mentalidad perfeccionista puede tener consecuencias muy negativas. El perfeccionismo llevado al extremo es causa potencial de baja autoestima, trastornos alimenticios, depresión, ansiedad, disfunción sexual, desorden obsesivo compulsivo, fatiga crónica, alcoholismo, ataques de pánico, parálisis de acción, postergar y dificultad para mantener relaciones interpersonales.

Cuando hablamos de este tema en clase, varios alumnos comienzan a inquietarse al sospechar que estoy por sentar al perfeccionismo en el banquillo de los acusados —para muchos no aspirar a la perfección es sinónimo de mediocridad—; levantan las cejas sorprendidos cuando les digo que soy una perfeccionista en recuperación y que una de mis frases salvavidas es: *Más vale hecho que perfecto*. Algunos se retuercen.

Aprendemos a ser perfeccionistas desde niños. Vamos descubriendo que nos castigan por cometer errores, nos dan estrellas doradas por actuaciones impecables, nos comparan con los demás o nos dicen que somos *genios o inteligentísimos* solo cuando las cosas salen bien.

¿Qué es el perfeccionismo?

Brené Brown explica que el perfeccionismo es la creencia generalizada de que, al tener una vida perfecta, nos veremos perfectos y actuaremos perfecto, logramos minimizar o evitar el dolor que generan la culpa, la pena —*shame* en inglés— o los juicios. Es un escudo de veinte toneladas que cargamos pensando que nos protege, cuando en realidad únicamente nos impide ser nuestra versión auténtica.

> *Cuando el perfeccionismo va al volante, la pena va de copiloto y el miedo es el fastidioso pasajero en el asiento de atrás.*
>
> BRENÉ BROWN

El perfeccionismo, la culpa, el miedo y la vergüenza son amigos inseparables.

¿Cuáles son los síntomas del perfeccionismo?

En su libro *Being Happy: You Don't Have to be Perfect to Lead a Richer, Happier Life,* Tal Ben-Shahar habla con detalle de las características de la mentalidad perfeccionista. Y yo aquí se los comparto abreviado.

Expectativas de un viaje perfecto. Esto tiene que ver con el enfoque sobre el proceso para alcanzar una meta. Las personas con mentalidad perfeccionista esperan que la línea que conecta el punto de partida con la meta sea recta. Su expectativa es dar en el centro del blanco con un único y perfecto disparo. No admiten curvas, pausas, ni desviaciones en el camino. ¿Segundas oportunidades? Antes muertos.

Miedo al fracaso. A un perfeccionista lo mueve el miedo, es su característica más determinante. Todas sus acciones están enfocadas a evitar equivocaciones, evaden los retos y actividades donde fallar sea una posibilidad. Es común que abandonen proyectos ante la más mínima sospecha de que no lograrán completarlo como esperan. Entonces, por ejemplo, están los niños que se detienen en una carrera de velocidad si no van en primer lugar y luego dicen que les dolía la rodilla; o las niñas que se salen de la raya coloreando, arrugan el papel, lo lanzan a la basura y se van gritando que el plumón no sabe pintar o tiene gorda la punta. Los perfeccionistas se sienten devastados cuando cometen un error, entran en contacto con su humanidad imperfecta y esto intensifica su miedo a fallar en el futuro. No se equivocan, pero tampoco arriesgan.

Foco en la meta. A los individuos con tendencias perfeccionistas les interesa solamente el destino. Alcanzar el objetivo es lo único que importa, el recorrido no tiene sentido. Esto hace que sean incapaces de disfrutar el momento presente, pues están obsesionados con la siguiente promoción, el siguiente premio, la siguiente meta que sí los hará felices.

Pensamiento *Todo o nada*. El perfeccionista tiende a tener un pensamiento extremista, es: *Todo o nada, blanco o negro, es un éxito o un fracaso.* No hay tonalidades de gris. El desempeño y el esfuerzo no tienen ningún mérito si el resultado no es el esperado o no es perfecto. Si no pintas como Picasso, por favor, no pintes.

Actitud a la defensiva. Las críticas para un perfeccionista son un franco asalto a su autoestima, resaltan sus defectos y son catastróficas... Una verdadera trasgresión. Pueden sentirse como un trapo exprimido si alguien sugiere una manera mejor o diferente de hacer las cosas. No están abiertos a sugerencias y la retroalimentación es tan bienvenida como la cicuta.

Encontrar fallas. Los perfeccionistas son maestros para encontrar el frijol negro en el arroz. Su obsesión por el fracaso los pone en estado de alerta permanente, anticipan y notan todo lo que puede salir o sale mal. Y no importa qué tan bueno sea el resultado final, el más minúsculo detalle es motivo para demeritar un logro y nublar lo positivo.

Duros y exigentes. Desde el punto de vista de un perfeccionista, los errores son imperdonables. Esto hace que sean extremadamente duros consigo mismos y con los demás.

Rigidez de pensamiento. Sólo existe una manera de hacer las cosas, las sorpresas son peligrosas, la certidumbre es lo más valioso del mundo, el cambio es el enemigo número uno, improvisar es arriesgado, jugar es inaceptable y la obsesión por el control es la especialidad del día.

Aprobación de los demás. Los perfeccionistas operan en función del: *Qué van a pensar los demás.* Su valor como seres humanos está vinculado a sus éxitos o logros profesionales... *Soy lo que* *logro y qué tan bien lo logro.* Buscan siempre la aprobación de los demás y determinan sus vidas con base en expectativas ajenas. Para que los demás piensen que soy una buena mamá tengo que mandar a mi hija impecable al colegio, con la raya dibujada con regla, pelo restirado y tejido en una trenza perfecta que remata con un moño divino que combina al tiro con la ropa.

Cuando tenemos una mentalidad perfeccionista, dejamos escapar muchas oportunidades y sueños porque nos da miedo fallar, cometer errores o decepcionar a los demás. El perfeccionismo es una prisión de alta seguridad, es como vivir en Alcatraz.

Ser perfecto no es lo mismo que ser nuestra mejor versión posible, ni tampoco nuestra versión auténtica. Para declarar que alguien es perfecto, tendría que ser un producto terminado. En cambio, nuestra mejor versión posible, admite que somos seres humanos en proceso.

Una manera más sana y útil de pensar asume que el trayecto puede disfrutarse, incluir desviaciones e imprevistos. Los errores se convierten en oportunidades de aprendizaje y crecimiento personal que invitan a volver a intentar. Salir de la zona de confort es salir a una aventura y dicen que ahí es donde está la magia.

Acepto vivir con… Acepto vivir sin…

Si combinamos el perfeccionismo con las cosas de la vida que no podemos cambiar, tenemos ingredientes suficientes para prepararnos un cóctel de insatisfacción, ansiedad, amargura, frustración, enojo o del sabor que más nos guste.

El perfeccionismo tiene un GPS cuyo punto de partida es siempre la pregunta: ¿Qué van a pensar los demás? Tiene la misma voz que nuestro crítico interior y recalcula constantemente la ruta para mantenerse en la aprobación externa.

No tiene nada que ver con acercarnos a nuestra mejor versión posible o con ser mejores cada día, sino con convertirnos en la versión socialmente aceptada, en la que nos hace ganadores de una estrella dorada pegada en la frente.

Conozco dos herramientas que pueden ser útiles para combatir al perfeccionismo. La primera está probada por la ciencia y la segunda, aunque no, a mí me gusta mucho.

La autocompasión tiene todas las credenciales en el mundo académico y está reconocida como un antídoto muy poderoso para contrarrestar la mentalidad perfeccionista y modular al crítico interior. Kristin Neff, investigadora de la Universidad de Austin y líder en el tema, explica que para practicar la autocompasión es necesario primero entrar en contacto con la realidad de lo que pensamos y sentimos, darnos cuenta de que es parte de ser humanos —no es algo que me pasa sólo a mí— y, finalmente, ser tan generosos con nosotros mismos y tratarnos con la misma gentileza con la que trataríamos a una persona a quien queremos mucho o a un niño pequeño.

La autocompasión cae en el campo de la medicina tradicional.

Y como segunda herramienta, en el mundo de la escritura terapéutica me encontré con un ejercicio que, además de ser lindo, es útil.

Tiene como objetivo hacernos reflexionar sobre las cosas que no podemos cambiar en nuestras vidas y escribir un poema con las frases: *Acepto vivir con… y Acepto vivir sin…*

Puede quedar algo así:

Acepto vivir sin súper poderes,
Acepto vivir sin estar al corriente de las noticias,
Acepto vivir sin el gusto por el yoga,
Acepto vivir dejando libros a medio leer.

✳✳✳

Acepto vivir con canas,
Acepto vivir más despacio,
Acepto vivir con arrugas,
Acepto vivir con un par de kilos más.

***

Acepto vivir con pelos de perro en la ropa,
Acepto vivir sin mucho orden,
Acepto vivir con huellas de dedo en las paredes,
Acepto vivir con calcetines sin par.

***

Acepto vivir con lo que no sé,
Acepto vivir equivocándome,
Acepto vivir extrañándote,
Acepto vivir improvisando de vez en cuando,
...

¿Qué diría el tuyo?

Un vistazo a tu interior:

Dedicar un rato a elaborar este poema es gratificante. Hay algo liberador en aceptar nuestras limitaciones y declararnos perfectamente imperfectos.

_____

_____

_____

_____

Casi: una palabra mágica

El escritor Peter H. Reynolds tiene un libro para niños que se llama *Casi* en el que, por medio de una historia, que me parece lindísima, nos enseña lo letal que puede ser el perfeccionismo para la creatividad que dejamos guardada y que provoca que nos vayamos de este mundo con nuestra música dentro. Y yo agregaría que el perfeccionismo también es uno de los grandes obstáculos para ser feliz, ser auténticos y alcanzar nuestro propósito de vida.

A Ramón le encantaba dibujar a cualquier hora, cualquier cosa y en cualquier sitio.

Un día, Ramón estaba dibujando un jarrón con flores. Su hermano mayor se asomó por encima de su hombro para ver lo que hacía y soltó una carcajada... —¿Qué es eso? —le preguntó. Ramón no pudo responder, agarró el dibujo, lo hizo bolas y lo lanzó al otro lado del cuarto.

La burla de su hermano hizo que Ramón se obsesionara tratando de hacer dibujos perfectos. Pero no lo conseguía.

Después de muchos meses y muchas bolas de papel arrugado, Ramón dejó su lápiz sobre la mesa diciendo: *No más, me rindo.*

Marisol, su hermana, lo miraba... ¿Y tú qué quieres?, le preguntó bruscamente Ramón. *Sólo quiero ver cómo dibujas,* dijo ella. *Yo ya no dibujo, lárgate de aquí.*

Marisol salió corriendo, pero con una bola de papel arrugado en la mano.

¡Hey, devuélveme eso!, gritó Ramón, persiguiéndola por el pasillo y hasta su recámara.

Al entrar enmudeció cuando vio la galería que había montado su hermana en las paredes de su cuarto con sus dibujos. *Este es uno de mis favoritos* —dijo Marisol apuntando a uno. *Se supone que era un jarrón de flores* —dijo Ramón, *aunque no lo parezca. Bueno... parece un casi jarrón* —dijo ella.

Ramón se acercó un poco más, miró con atención todos los dibujos que estaban en la pared y comenzó a verlos de otra manera... *Casi, casi son* —dijo.

Ramón comenzó a sentirse inspirado otra vez. Al permitirse el *casi,* las ideas empezaron a fluir libremente. Comenzó a dibujar nuevamente todo su mundo alrededor. Haciendo *casi* dibujos se sentía fantásticamente bien. Dibujó cuadernos enteros. Un *casi* árbol, una *casi* casa, un *casi* pez.

Ramón también se dio cuenta de que podía dibujar *casi* sentimientos... *casi* paz, *casi* tonterías, *casi* alegría. Una mañana de primavera, Ramón tuvo una sensación maravillosa. Se dio cuenta de que había situaciones que sus *casi* dibujos no podrían captar y decidió no captar, sino sólo disfrutar.

Ramón fue *casi* feliz desde entonces.

Bello, ¿no?

¿Cuántas veces dejamos escapar *casi* sueños, *casi* proyectos o *casi* ideas por andar persiguiendo lo perfecto? ¿Cuántas veces dejamos de ser nuestra versión auténtica vistiéndonos con el disfraz de la perfección?

El perfeccionismo es tóxico y NO es sinónimo de hacer las cosas muy bien. Como vimos en la sección anterior, el perfeccionismo es como un escudo que cargamos pensando que nos protege, cuando en realidad únicamente nos impide ser nuestra versión auténtica.

Esta palabra *casi* también la conocí una mañana de viernes cuando mi querida maestra Isabel, nos puso a escribir un poema cuyos objetivos eran combatir nuestras tendencias perfeccionistas y bajarle dos rayitas al nivel de autoexigencia.

Las instrucciones eran dos: El título del poema tenía que ser *Porque no hay nada perfecto...* Y hacia el final de cada verso, tenía que aparecer la palabra *casi*.

Mi escritorio estará casi ordenado,
Lograré salir de mi casa casi bien peinada,
Comeré sin gluten casi todos los días,
Dormiré casi ocho horas.

***

Terminaré casi todos mis pendientes,
Dejaré mis llaves en el mismo lugar casi siempre,
Recodaré decirte cuánto te quiero casi todas las mañanas,
Seré casi valiente.

***

Escribiré un libro casi perfecto.
Seré una mamá casi divertida,
Viviré casi feliz.

El ideal de perfección es peligroso, pues es prácticamente inalcanzable y tiene un efecto paralizante. Es mucho mejor hacerle espacio al *casi* en nuestras vidas.

Un vistazo a tu interior:
¿Qué tendría que decir tu poema para que lograras
ser más libre, creativo y *casi* feliz?

_____

_____

_____

_____

Aprender a decir que NO

En los últimos años he desarrollado una relación importante con la palabra *NO*.

Me parece que el universo andaba tratando de enviarme un mensaje, pues empecé a tropezarme por todos lados con artículos, frases y capítulos en libros que hablaban sobre la importancia de pronunciar esta corta pero fundamental palabra, esencial para ser libre, auténtico y feliz.

Decidí atender el llamado y armarme de valor para permitir que uno que otro *NO* atravesara la barrera de los dientes.

Quiero compartirte lo que he encontrado y aprendido sobre el tema.

Si no es un contundente SÍ, entonces es un NO. Para detectar esta diferencia, es necesario crear una pausa antes de tomar una decisión y escuchar lo que dicen nuestro cuerpo y nuestra voz interior. Si algo brinca debajo de la piel, es imperativo poner atención.

Cuando algo se siente fuera de lugar, no te mueve y se siente pesado es un NO. El cuerpo te habla de mil maneras —quitándote el sueño, revolviéndote el estómago, arrugándote la frente, torciéndote el cuello, contrayéndote la garganta.

Si algo te inspira, te llama, te ilumina y sientes chispa es un contundente SÍ. Un proyecto, aunque no sea pagado, una invitación, un trabajo voluntario, una idea, cuidar a tus sobrinos, una oportunidad de viaje... Si es un verdadero SÍ se siente en todos lados.

La razón detrás. ¿Cuántas veces has dicho SÍ cuando en realidad querías decir NO? Quizá perdiste la cuenta igual que yo. Aceptamos peticiones de último momento, invitaciones y nos hacemos de compromisos para luego agonizar cuando llega el momento de cumplir. Empezamos a fabricar pretextos, discursos mentales y excusas para salir del aprieto. Es una tortura.

¿Por qué hacemos esto? La mayoría de las veces para agradar y quedar bien con los demás. Decimos que sí porque hemos aprendido que así obtenemos el cariño de la gente, así logramos pertenecer y construir una linda imagen de nosotros mismos.

Sentimos temor a decir que no porque pensamos que seremos rechazados, descartados, perderemos valor o caeremos de la buena estima de alguien.

Tenemos que construir nuestra habilidad para decir que no y aprender a perder el miedo a decepcionar a los demás, de lo contrario corremos el riesgo de ahogarnos en el caudaloso río de peticiones.

Cuando estés frente a una invitación, una oportunidad o te pidan un favor, hazte una pregunta: ¿Por qué voy a decir que SÍ?... Si la respuesta es sólo para que me quieran o para quedar bien esa es una excelente razón para decir que NO.

Dos tipos de «Noes». Están los *Noes* grandes que tienen que ver con poner límites o ponerle un alto a situaciones complejas. Abandonar relaciones abusivas, deshacer amistades con personas que te hacen menos, renunciar al contacto con un padre destructivo, dejar de ser el banco familiar, abandonar el puesto de rescatista, cerrarle los fondos a un hijo que no se toma en serio los estudios, aceptar que algo no te gusta y no quieres hacerlo más, reconocer que ya no eres la misma persona de antes y tienes intereses nuevos. En otras palabras, renunciar a la toxicidad en la vida que nos limita a ser nosotros mismos.

Están los *Noes* chiquitos que aparecen por todos lados, todos los días: favores, vueltas, galletas, aventones, visitas, cenas, compromisos… Estos pueden ser más complicados porque parecen inofensivos, pero cuando menos te das cuenta saturan tus días.

Seguimos diciendo que SÍ aunque todo dentro de nosotros grita que NO. Esto es desgastante y resta felicidad. Tenemos que fortalecer los músculos del NO y estar dispuestos a pasar por el rato amargo y aguantar los efectos secundarios de pronunciar y sostener un NO… Sin duda, las personas que están acostumbradas a contar con nosotros incondicionalmente, reaccionarán con resistencia y reclamos al cambio.

Tu intención. ¿Qué quiero yo? Cuando decimos a todo y a todos que SÍ corremos el riesgo de repartirnos y quedar tan delgados que ya no queda margen para nosotros ni para lo que verdaderamente quisiéramos hacer. Primero tenemos que pertenecernos a nosotros mismos y dejar lugar disponible para ese poderoso SÍ cuando aparezca.

«No» es una frase completa. Dice la escritora norteamericana, Anne Lammot, que no tenemos que dar más explicaciones… *No, gracias. Esta vez no,* es más que suficiente.

Aprendamos a decir que NO a personas, ideas, invitaciones, compromisos, proyectos. Practiquemos decirle que NO al miedo, a las creencias e ideas preconcebidas que sólo sirven como ataduras.

Decir NO muchas veces no es el problema, sino la solución.

Cuando aprendemos a decir que NO, hacemos espacio para decir que SÍ a todo eso que se alinea con nuestro propósito y sentido de vida.

Un vistazo a tu interior:
¿A qué o a quién tienes que decir NO?
¿En dónde necesitas hacer lugar para un SÍ?

_____

_____

_____

_____

_____

Carta de despedida al yo que no fui

Cuando hice mi certificación en Psicología Positiva tuve la oportunidad de escuchar a Margarita Tarragona, una de mis maestras más queridas, hablar sobre el papel tan importante que juegan las historias que nos contamos a nosotros mismos en nuestro bienestar emocional.

Margarita compartió con nosotros muchas ideas interesantes, pero a mí me dejó pensando una en especial: *El yo posible perdido. Las identidades posibles perdidas.* O, *Las versiones posibles de mí que no fueron.*

Lo que nunca fue, lo que casi fue, lo que dejó de ser... Todo eso que tiene un lugar en el cajón de los *hubieras*.

El *yo posible* se define como una representación personalizada de una meta de vida importante.

Nuestras identidades posibles perdidas son, entonces, una representación personalizada de una meta de vida importante que no se cumplió y pueden tener muchas formas y colores.

Quizá soñabas con casarte para formar una familia, pero no encontraste o no has encontrado a la persona indicada; aspirabas a ser bailarina profesional, pero tuviste que retirarte antes de tiempo por una lesión; deseabas estudiar arte, pero te obligaron a estudiar ingeniería; terminaste una carrera, pero no la ejerciste porque te dedicaste al hogar; soñabas con ser abuela, pero tus hijos no quisieron ser padres; pensabas que tu matrimonio era para toda la vida, pero terminó; querías ese puesto en la empresa, pero se lo dieron a alguien más; querías ser piloto de aviones, pero el examen de vista que te hicieron como parte del proceso de admisión te descartó como candidato.

Me puse a pensar en mis versiones posibles que nunca fueron y pude sentir su peso. Me di cuenta de que cargo con ellas, las tengo guardadas en algún rincón; pero de vez en cuando, salen para dibujarse en mi mente y despiertan emociones incómodas.

También pensé que sería bueno despedirme de todas ellas, dejarlas ir para andar más ligera, para disfrutar de mis versiones que sí son, hacerles lugar a nuevas versiones posibles o simplemente para ser mi mejor versión el día de hoy. Algo así como cuando sacamos del clóset la ropa que nunca usamos.

Laura King, académica de la Universidad de Missouri, explica que pensar en lo que pudo ser o en un yo posible perdido es receta para el arrepentimiento, la decepción, humillación, tristeza y el enojo. Cuando nos atrapa el *hubiera*, nuestro bienestar se deteriora.

La desilusión, los contratiempos, cambios de dirección, los errores, son parte de la vida y, sin duda, pueden ser muy duros. Al mismo tiempo, reconocerlos y asimilarlos puede convertirse en una oportunidad de transformación y en una señal de madurez.

Es importante despedirnos de lo que pudo ser o de quien pudimos ser. Para avanzar, es necesario decirles adiós a los planes que no se hicieron, a las promesas no cumplidas, soltar los sueños que quedaron sólo en eso y hacer las paces con situaciones que no queríamos, pero que igual llegaron.

Logramos ser personas más felices cuando reconocemos las pérdidas, las identidades posibles que no fueron, pero no nos dejamos consumir por ellas y nos mantenemos enfocados a las metas presentes —en nuestra mejor versión posible— y creemos que algo bueno está por venir.

Una estrategia que puede funcionar, es escribirle una carta de despedida a cada una de esas versiones de nosotros mismos que no pudieron ser o a esa versión que más nos duele no haber sido.

Elaborarla sobre ese posible yo que se perdió, reconocerlo, darle las gracias y luego dejarlo ir, potencialmente puede liberarnos, mejorar nuestra sensación de felicidad y fomentar nuestro crecimiento personal.

Cuando era una niña, tuve que despedirme de esa identidad mía que encontraría la manera de comunicarse con la mente de los animales pero que nunca se hizo realidad. Unos años después, tuve que decirle adiós a mi versión posible de gimnasta que iría a las olimpiadas porque nunca superó el miedo a la viga de equilibrio. Más adelante, dejé ir a mi yo posible de fotógrafa y escritora de la revista *National Geographic* para convertirme en economista de profesión dedicada a los datos duros y al mundo corporativo. A esa versión, la abandoné también. También quise ser tía consentidora de todos mis sobrinos, pero la vida me los puso lejos.

Parte de la magia está en nuestra capacidad de rediseñarnos. Nunca descifré el lenguaje de los animales, pero igual hablo con mis perros. No me convertí en gimnasta profesional, pero el ejercicio es un eje central de mi vida. No fui fotógrafa ni escritora de *National Geographic*, pero tomo fotos y escribo. No me dediqué a la economía, pero encontré la manera de usar lo que aprendí ahí en otra área de las ciencias sociales.

En fin, hay muchas versiones de mí misma que se quedaron en el tintero, pero que dejaron la huella del *Y si hubiera…* Aún tengo pendiente despedirme de varias.

Me parece que un par de preguntas que pueden ayudarnos en estos procesos de remodelación personal son: ¿Qué parte de lo que quería ser me acompaña hoy, me ayuda a sentirme bien y a ser mi mejor versión posible? ¿Qué recursos, habilidades y fortalezas tengo para construir nuevas posibilidades para mí en el futuro?

Pensemos en historias nuevas que contarnos.

Un vistazo a tu interior:

Dedica un tiempo para identificar todas esas versiones tuyas que no pudieron ser o dejaron de ser. Reconoce su lugar, honra tu perdida y escríbeles una carta de despedida.

A partir de hoy, liberarás espacio para una nueva y más auténtica versión tuya, una alienada con tu propósito de vida superior.

_____

_____

_____

_____

Permiso para equivocarte

El tema para esta sección del libro me llegó estando sentada en un avión poco después de que cerraran la puerta.

Desde la cabina de pilotos, el capitán nos dio la más cordial bienvenida y nos puso al tanto de las condiciones en la ruta de vuelo. Lo hizo tan de prisa que las palabras le salieron todas juntas, sin espacios, con una dicción tan clara como la letra de doctor. Sólo entendí «*tripulación iniciando movimiento*».

Entonces arrancó la sobrecargo con su set de informes e instrucciones. Todo iba bien hasta que anunció nuestro destino final en el Aeropuerto Internacional de la Ciudad de San Antonio.

Yo voy a la Ciudad de México —gritó un señor sentado un par de filas atrás de mí y de un salto se puso en el pasillo. Con su abrigo y papeles bajo el brazo izquierdo, caminó apurado hacia el frente sacudiendo el boleto sobre su cabeza con la mano derecha. Se detuvo frente a la sobrecargo y angustiado suplicó: *Necesito permiso para bajar del avión.*

La sobrecargo interrumpió el comunicado y avisó a la cabina de pilotos. El avión hizo alto, cambiaron la reversa por el drive y dijeron: *Regresando a la posición.* Acercaron lentamente el gusano a la aeronave… *Tripulación desarmar toboganes.* Abrieron la puerta y por ahí salió corriendo el señor.

Intento de despegue uno: fallido.

Ahora venía el equipo de seguridad. Resulta que es obligatorio hacer una revisión minuciosa del avión en situaciones como esta para asegurar que el pasajero no haya olvidado algunas de sus pertenencias, especialmente, una bomba.

Mientras todo esto pasaba, me puse a pensar qué lindo sería que la vida te dejara saber con claridad a dónde vas; que anunciara por el altavoz el destino final para saber si estás en el vuelo correcto o tienes que bajarte, aunque eso implique activar el protocolo de emergencia y aguantar las miradas reprobadoras e impacientes de los compañeros de viaje. O qué delicioso sería tener la capacidad de disfrutar el viaje sin saber con certeza cuál será la ruta exacta confiando en que aterrizaremos en donde queremos porque confiamos en nuestras habilidades y recursos personales. Qué importante sería que aceptáramos que tenemos permiso de equivocarnos, sin que eso signifique que somos poco inteligentes, que podemos alcanzar nuestros sueños haciendo escalas, sin la expectativa de lograrlo en el primer intento, ni siguiendo una línea recta.

Andaba en eso cuando me vinieron a la mente los *permission slips* (permisos especiales) de Brené Brown, una de mis escritoras favoritas como habrán podido notar a lo largo del libro. A veces tenemos que darnos un permiso especial a nosotros mismos para hacerle frente al día, a la semana, a una situación particular o a la vida.

Este ejercicio consiste en escribir un permiso —como cuando en el colegio te daban una nota de autorización para salir del salón o no tomar la clase de deportes— en un *Post-it,* traerlo doblado en la bolsa del pantalón o pegado donde podamos verlo para recordarnos que está bien, que en este momento puede ser así o que hoy necesitamos esto.

Van algunos ejemplos.

Hoy me doy permiso para… *Estar triste, aunque se note. No ser una mamá perfecta. Equivocarme. No tener todas las respuestas. Hablar de felicidad, aunque no siempre la sienta. Para cantar desentonada. Para jugar y reírme con mis hijos. Para no tomarme las cosas de manera personal. Para decir que no. Para opinar. Para intentar, aunque no me salga. Para dormir una siesta. Para quedarme en pijama toda la mañana. Para no responder el teléfono. Para perdonar. Para estar presente. Para comer con gluten.*

Volvamos a la historia.

Se retiró el equipo de seguridad, cerraron la puerta del avión... *Tripulación armar toboganes... Iniciando movimiento.*

Y de pronto, alto otra vez... *Regresando a la posición,* anunció el piloto por la bocina. Cambio de reversa a *drive.* Otra vez el gusano... *Tripulación desarmar toboganes.*

Abrieron la puerta del avión y ahora entraba el equipo de mantenimiento a la cabina de pilotos. Apagaron los motores, nos quedamos a oscuras. Esta vez un foco rojo anunciaba una posible falla mecánica... *Vamos a reiniciar la computadora de la aeronave,* se oyó por la bocina.

Intento de despegue dos: fallido.

Entonces me puse a pensar que este viaje en avión empezaba a parecerse mucho a la vida... imprevistos, fallas, regresar, revisar, reiniciar, esperar, soltar el control, confiar, incertidumbre, reparar y siempre volver a intentar para llegar a nuestro propósito superior.

Se fue el equipo de mantenimiento, cerraron la puerta. *Tripulación armar toboganes. Iniciando movimiento. Nos vamos... Ahora sí disfruten su vuelo.*

Intento de despegue tres: exitoso.

Un vistazo a tu interior:

¿Qué permiso necesitas darte para moverte en la dirección de tu estrella polar?

_____

_____

_____

_____

_____

Estatus de mis miedos

El recorrido para ganarle a un miedo no es corto, mucho menos fácil. Vamos lográndolo un paso a la vez. Con ayuda de la vida que va dejando pistas para lograrlo, una frase en un libro, una escena en una película, palabras inspiradoras que escuchamos en una conferencia, testimonios, pedazos de información, aprendizajes que adquirimos en cursos, talleres. La vida nos susurra al oído y nos deja elementos en el camino. Si estamos alertas, si queremos vivir más plenos y felices, llegará el momento en que sabremos cómo acomodar lo que vamos encontrando o al menos sabremos que queremos vivir de otra manera. Puede ser que, como a mí, de pronto te dé más miedo seguir viviendo desde el miedo que enfrentarlo.

A lo largo del trayecto me han acompañado diferentes tipos de miedos. Unos pequeños, otros medianos, otros grandes y uno que otro casi paralizante.

Los más retadores para mí, han sido consecuencia de algún evento no esperado.

En abril del 2009 fui a realizarme un chequeo médico de rutina. Me sentía muy bien, en la cima del mundo, convencida de que todo saldría bien. Al final de la mañana, llegó el momento de recibir los resultados. El doctor abrió mi expediente electrónico, sin aviso previo y con voz fría empezó a decir: *Hemos encontrado una masa de cuatro centímetros en el hígado. En el mejor, mejor, mejor de los escenarios será un nudo de venas benigno.* ¿Qué? Esperaba que me felicitara por mis niveles de colesterol, resistencia física y elasticidad. Ahora, el mejor de los escenarios parecía muy remoto según su lenguaje y ademanes —acompañaba la palabra *mejor*, con esa seña que utilizamos con el brazo y la mano barriendo el aire cuando queremos decir que algo está muy lejos. ¿Me estaban diciendo que podría tener cáncer en el hígado? El sillón donde estaba sentada comenzó a hacerse grande. O quizá yo me había hecho muy pequeña. Las palabras de aquel doctor empezaron a sonar en cámara lenta, pronto solo escuchaba *bla, bla, bla*. El consultorio se puso borroso, sentí mucho frío, tanto que me congelé. Temblaba, perdí la capacidad de hablar. Mientras el doctor movía la boca, llegaron a mi mente las tres caras de mis hijas. Dos de ellas tenían cuatro años y la más chiquita estaba por cumplir un año. La idea de dejarlas era insoportable, la idea de que me olvidaran, también. Y es que a esa edad no podrían recordar nada de mí. Me convertiría en un retrato de dos dimensiones atrapado en el tiempo entre un pedazo de madera y un cristal acomodado arriba del piano. No podrían recordar mi voz, el sabor de mis *hot cakes*, el olor de mi pelo, mis brazos a su alrededor, mi cara de emoción viéndolas en sus festivales. Dos días después, dentro de la máquina de resonancia magnética, donde estuve alrededor de unos noventa minutos, sin poder moverme, imaginaba todas esas primeras experiencias de mis hijas que me perdería en caso de que esta cámara gigante votara en mi contra. Los resultados llegaron un día después. Era el mejor, mejor, mejor de los escenarios. Una segunda oportunidad. Esta historia de terror pudo haber terminado en ese momento con la entrega de una de las mejores noticias que he recibido en mi vida. Mi cabeza tenía otros planes. Se desató una narrativa que cuestionaba los resultados: ¿Y si se equivocaron en el diagnóstico? ¿Y si se hace maligno? Pasé noches en vela sintiendo la masa de cuatro centímetros. De pronto hasta dolía. Su existencia tenía mi cabeza secuestrada. A partir de este evento, desarrollé un miedo paralizante a los chequeos médicos. La idea de poner un pie en un consultorio, de hacerme análisis era insoportable. Entonces, dejé de hacerlo. Me pasé alrededor de siete años evitando consultas y estudios. Se había instalado en mí, la creencia limitante de que si sintiéndome bien habían encontrado una canica en mi hígado, quién sabe qué encontrarían si me sentía mal. Decidí que era más fácil vivir de acuerdo con la filosofía de la ignorancia. *Ojos que no ven, corazón que no siente.* Aquella mañana en la montaña, después de la partida de mi perra Lola, sentí el peso y las limitaciones de esta manera de vivir y fue entonces cuando pude ver la incongruencia que había entre lo que yo quería y mi conducta. En esa montaña decidí enfrentar mis miedos. Después de muchos años en esta lucha, puedo ver los avances. Ahora voy al médico y atiendo los temas que salen en el camino. Ya no estoy paralizada. Ahora puedo recordar que vivir desde el amor significa cuidar mi salud. Ahora, con esto no quiero decir que no siento miedo. Siento la misma cantidad de miedo que antes. El detonador es el mismo (doctores y estudios = posibles diagnósticos catastróficos), sólo que he logrado sustituir las rutinas de miedo por rutinas valientes. Ahora tomo acción.

Otro miedo muy marcado, también relacionado con salud, era que me tomaran la presión. Este apareció unas dos semanas después de que naciera mi tercera hija. En la primera consulta después de la cesárea, mi presión salió muy alta. Esto pudo haber sido por muchas razones. Estrés, falta de horas de sueño, cansancio crónico, hormonas al borde de un ataque de nervios. Pero mi cabeza, que había consumido una cantidad brutal de información cuando estuve embarazada, decidió que esto se trataba de una complicación postparto. En este momento vulnerable, el miedo a que me tomaran la presión se selló en mí. Después de esa consulta y cada vez durante años, cuando me tomaban la presión rompía el aparato y el doctor o la enfermera ponían ojos de huevos estrellados. Antes de que me tomaran la presión hacía ejercicio de meditación, trataba de distraerme y respirar tranquila para que la medición saliera bien. Luego salía mal y yo me desbarataba en explicaciones para el doctor diciéndole que no es que tuviera alta la presión, sino que me daba nervios que me la tomaran. Algunos recibían la explicación con naturalidad y otros ponían cara de estar pensando que además de tener un problema con la presión, tenía un problema con la cordura. Así me la llevé años. Hubo veces que incluso pedí que no me la tomaran. El tema con estos miedos es que se auto refuerzan. Cada vez que me tomaban la presión y salía alta, el miedo enterraba sus garras un poco más. En el 2019 tuve que pasar por una cirugía. Como parte del protocolo, las enfermeras te toman la temperatura y la presión incontables veces al día. Aquí funcionaron varias cosas para vencer a este miedo. La primera, fue la terapia de exposición. En las primeras horas monitorean tu presión todo el tiempo y esto de alguna manera te va haciendo menos sensible. Me la tomaron tantas veces al día, tantas veces en la noche que terminé por aburrirme. La segunda es que, algunas veces te toman por sorpresa dormida o preocupándote por otra cosa y la presión sale bien. Esto muestra que nuestro cerebro no es tan bueno para hacer *multitasking* como pensamos. Con esto recibí evidencia en contra de mi creencia limitante. Después de un día y medio en el hospital, recuerdo haber caído en la cuenta de que no podría manipular al aparato, ni mantenerlo con marcaje personal, entonces soltando el aire pensé: *Ya, que salga lo que tenga que salir.* Decidí dejar de controlar y mi presión salió normal de manera consistente por primera vez en años. Sólo cuando dejé de controlar y aceptar la posibilidad de tener la presión alta, pasé la prueba.

Ahora estiro el brazo sin problemas y a este miedo sí lo declaro como superado.

Y sí, por años, tuve miedo a los aviones. Me ponen nerviosa desde que tengo memoria, pero el miedo se acentuó de manera muy marcada cuando me hice mamá. No dejé de subirme, porque una de las cosas que más me apasionan es viajar. Las ganas de conocer lugares diferentes o el placer de ir a otros lados a dar conferencias eran más grandes que el miedo. Sin embargo, la pasaba muy mal. Una semana antes, dejaba de dormir. El día del vuelo, mi cerebro estaba hiperactivo enviando argumentos para cancelar. Buscaba información en contra de subirme al avión en el color del cielo, en la densidad de las nubes, en la edad del piloto, en la hora del día. Ya dentro del avión, sufría en silencio de principio a fin. Alerta a cualquier movimiento, cualquier anuncio, cualquier sonido. Corazón acelerado, frío, brutal. Agonizaba cada minuto del vuelo. En este miedo también trabajé mucho y puedo decirte que ahora la paso mucho mejor.

En marzo del 2020, tuve la increíble oportunidad de viajar a la India. En este mes ya estaba arrancando la pandemia del COVID-19. Como consecuencia de esta, tuve que adelantar mi retorno. Me gusta pensar que esta prueba fue una especie de graduación. Tuve que anticipar mi regreso tres días, el aire estaba lleno de pandemia, los países empezaban a cerrar sus fronteras. Después de un vuelo de dieciséis horas, un vuelo cancelado de NY a CDMX y unas cuarenta horas de viaje, en ruta Houston —CDMX, el capitán abrió su micrófono— yo había notado que habían anunciado el descenso, pero no estábamos aterrizando, sino dando vueltas arriba —y dijo: *Malas noticias, el aeropuerto de Houston está cerrado, no tenemos suficiente combustible, vamos a Nuevo Orleans.* Este anuncio, unos años antes, hubiera desatado en mí una reacción de pánico. Hubiera pensado que el avión tenía una falla, que el piloto estaba engañándonos, que estaba viviendo los últimos momentos de mi existencia. Y quizá no hubiera muerto de un avionazo, pero sí de un paro cardiaco. Pero sucedió que me caché viendo para abajo a las nubes escuchando con tranquilidad el anuncio y diciendo: *OK, vamos a Nuevo Orleans.* No entré en pánico, no empecé a contarme historias, no dudé de lo que decía el capitán, no tejí teorías de conspiración. Aterrizamos en Nuevo Orleans, cargaron combustible y esperamos a que abriera el aeropuerto de Houston. Cuando anunció el descenso final, me llegó un pensamiento... ¿Y si todavía sigue la tormenta eléctrica? A lo que respondí: *Si los aires siguen empedrados y tenemos un aterrizaje movido... ni modo, pasará.* Estoy segura de que llegué a este nivel de aceptación como una cortesía del cansancio. Había llegado a ese punto en que no tenía energía para retar nada y utilicé mi palabra mágica: *Surrender.* Y te la comparto así en ingles porque así es como la uso hace tiempo. La aprendí escuchando a Oprah Winfrey en vivo. *Surrender* significa rendirse, pero no rendirse doblando las rodillas y bajando la cabeza, sino rendirse con los brazos abiertos, el corazón expuesto y la cara apuntando al cielo. Rendir el control, aceptar que hay lugares, situaciones, experiencias, personas que están fuera de mi control, ha sido clave para avanzar. Descubrí que muchos de mis miedos estaban arraigados en mi necesidad de controlar los resultados.

Ahora, cada vez que me entrego a una experiencia, sin querer controlar el resultado más allá de lo que puedo hacer y habiendo dado mi mejor esfuerzo, aceptando que hay que navegar en la incertidumbre, me muevo un poco más en la dirección que quiero.

Desde aquel momento *Ahá* en la montaña, trabajo con intención en vivir desde el amor. Administrar algunos miedos es más fácil que otros. Pero luchar contra todos ha valido la pena. Me lancé a la aventura como consultora independiente, me he atrevido a presentar proyectos derivados de mis ideas, inicié un Blog, tengo un Podcast, me convertí en coach de vida, escribí mi segundo libro (este que ahora tienes en tus manos). Mi siguiente proyecto es escribir una novela. Me quedan muchos lugares por conocer y aventuras por hacer. Esto no quiere decir que he superado todas las pruebas. Sigo en plena batalla con algunos temores y estoy segura de que aparecerán más. Sin embargo, mi intención es firme y las herramientas funcionan.

Mi deseo es compartir esas herramientas y descubrimientos que he hecho en mi viaje, que me han servido en lo personal. El miedo es paralizante. Pero escapar de él no sirve de nada. Vale más frenar en seco y voltear a verlo a la cara. Estudiarlo, invitarlo a pasar, escucharlo, agradecerle su mensaje y, después, atravesarlo todas las veces que sea necesario.

Conclusiones

Estoy convencida de que venimos a ser felices. Sin importar quién somos, de dónde venimos o en qué tramo de la historia nos tocó vivir, lo seres humanos tenemos en común el deseo de sentirnos bien. Saber cuál es nuestro propósito de vida y llevarlo a la acción es un factor clave para tener vidas plenas, sanas, exitosas y felices.

En nuestra esencia, está la información que necesitamos para convertirnos en la persona que venimos a ser. Sin embargo, el mundo es ruidoso, las voces que nos rodean abundantes, la información disponible es interminable y es muy fácil perdernos. Dejarnos llevar por caminos ya trazados o utilizar moldes prefabricados es más simple y tentador. Nos vamos alejando de nuestro *yo esencial*, hacemos a un lado nuestros sueños para cumplir con los de alguien más, o los dejamos para después, pensando que tendremos tiempo. Entonces aparece una sensación de insatisfacción generalizada y emociones como tristeza, apatía, enojo, depresión, ansiedad, inseguridad.

Descubrir, construir o reconectar con nuestro propósito superior requiere de un trabajo intencional ininterrumpido. Es necesario desarrollar una constante determinación para viajar al interior y conocer lo que hay dentro, valentía para escuchar nuestra voz y mantenernos fieles a ella. Requiere, también, de mucha vulnerabilidad para expresar lo que queremos, pedir lo que necesitamos, equivocarnos. Supone superar adversidades, atravesar tormentas y vencer miedos.

Vivir en la zona de nuestro propósito superior y darle vida en todo lo que hacemos —llevarlo a la acción— nos empuja a la autenticidad, a ser la versión más genuina de nosotros mismos. Para lograrlo, es necesario darle la cara al miedo. De nada sirve saber a qué venimos y quién queremos ser si no tenemos al valor para hacerlo.

El miedo está detrás de nuestros *hubieras*. Nos mantiene pequeños, obedientes, nos deja al margen de nuestra propia vida. Si lo dejamos gobernar nuestras vidas, nos iremos de aquí cargados de arrepentimientos. Esto no tiene que ser así. Si tomamos la decisión de recurrir a la curiosidad para explorar nuestros miedos, podremos identificarlos, ponerles nombre, conocerlos y utilizar estrategias para acercarnos a nuestra mejor versión, a pesar de ellos. Podemos reemplazar rutinas de miedo con rutinas valientes.

Hoy tenemos mucha información científica y muchas herramientas disponibles para descubrir, construir o reconectar con nuestro propósito de vida y transformarnos en nuestra mejor versión.

Las personas tenemos un compás de navegación muy sofisticado que apunta siempre a nuestra estrella polar. Podemos construir nuestro propósito o reconectar con él identificando todo aquello que nos gusta, nos interesa y apasiona; conociendo nuestros valores personales, fortalezas de carácter, inteligencias dominantes; reflexionando sobre nuestro legado, sentidos de trascendencia y contribución. La zona ganadora es aquella desde la cual hacemos una aportación positiva utilizando nuestros mejores recursos personales haciendo eso que nos apasiona y hace felices.

Aunque la teoría es fácil, la práctica no lo es tanto. Leer libros ayuda, tomar clases también, pero al final del día tenemos que arremangarnos y tirarnos de clavado a la vida. Tenemos que estar convencidos de que alcanzar nuestros sueños implica pagar un costo, pero nunca tan alto como no intentarlo y, nunca tan alto como resignarnos a una vida tibia.

Sería triste llegar al final de nuestro recorrido habiéndonos quedado con sueños, con ganas, con la sensación de no haber exprimido al máximo esta vida.

Mejor partir ligeros, con la certeza de haber sido quien quisimos ser y de haber vivido como un día lo decidimos. Digamos adiós, seguros de haber compartido nuestros dones, sabiendo que nuestras habilidades estuvieron siempre al servicio de los demás.

Que la fiesta termine después de haber bailado al ritmo de nuestra música.

Referencias

The 24 Character Strengths. (n.d.). Retrieved October 10, 2020, from https://www.viacharacter.org/character-strengths

Achor, S. (2018). *The happiness advantage: How a positive brain fuels success in work and life.* New York: Currency.

Albert Ellis' ABC Model in the Cognitive Behavioral Therapy Spotlight. (2020, September 01). Retrieved October 10, 2020, from https://positivepsychology.com/albert-ellis-abc-model-rebt-cbt/

Alberts, H. (2020). *A coaching masterclass on maximizing strenghts.* Netherlands: Positive Psychology. Retrieved 2020, from PositivePsychology.com

Beck, M. N. (2004). *Finding your own North Star: How to claim the life you were meant to live.* London: Piatkus.

Beck, M. N. (2008). *Steering by starlight: A step-by-step guide to fulfilling your true potential.* London: Piatkus.

Ben-Shahar, T. (2011). *Being happy: You don't have to be perfect to lead a richer, happier life.* New York: McGraw-Hill.

Bennis, W. G. (2003). *On becoming a leader: The leadership classic.* Oxford: Perseus.

Bernstein, G. (2016). *Universe has your back.* Place of publication not identified: Hay House Uk.

Biernat, G. (2017). *Know the truth*. Place of publication not identified: HAY House UK.

Bradberry, T., & Greaves, J. (2009). *Emotional intelligence 2.0*. San Diego: TalentSmart.

Brian Grazer. Is On SuperSoul Sunday April 19 | SuperSoul... (n.d.). Retrieved October 10, 2020, from https://www.youtube.com/watch?v=OxoRnCLx4zs

Brown, B. (2010). *The gifts of imperfection: Let go of who you think you're supposed to be and embrace who you are*. Center City, MN: Hazelden.

Brown, B. (2017). *Daring Greatly: How the Courage to Be Vulnerable Transforms the Way We Live, Love, Parent, and Lead*. Penguin Random House Audio Publishing Group.

Brown, B. (2019). *Dare to lead: Brave work, tough conversations, whole hearts*. Place of publication not identified: Random House Large Print Publishing.

Buettner, D. (2012). *The Blue Zones: 9 lessons for living longer from the people who've lived the longest*. Washington, D.C.: National Geographic.

Calling Cards. (n.d.). Retrieved October 10, 2020, from https://richardleider.com/calling-cards/

Carter, C. (2017). *The sweet spot: How to accomplish more by doing less*. New York: Ballantine Books.

Castro, R. A. (2014). *Practicando la escritura terapéutica: 79 ejercicios*. Bilbao: Desclée de Brouwer.

Clifton, D. O., & Nelson, P. (2010). *Soar with your strengths*. New York: Bantam Books Trade Paperbacks.

Don't Chase Your Passion and Maybe You'll Find It. (n.d.). Retrieved October 10, 2020, from http://www.oprah.com/ own-supersoulsessions/elizabeth-gilbert-dont-chase-your-passion-and-maybe-youll-video

Doyle, G. (2020). *Untamed*. Dial Press.

Duckworth, A. (2019). *Grit: Why passion and persistence are the secrets to success*. London: Vermilion.

Duhigg, C. (2014). *The power of habit: Why we do what we do in life and business*. Toronto: Anchor Canada.

Dweck, C. S. (2017). *Mindset*. London: Robinson.

Emociones básicas y una rueda de palabras emocionales. (2016, November 28). Retrieved October 10, 2020, from http:// adriansilisque.com/emociones-basicas-y-una-rueda-de-palabras-emocionales/

Frankl, V. E. (1977). *Viktor Frankl: Festival of meaning*. Berkeley, CA: Uniquest.

Fuentes, N. (2018). *Felicidad en el trayecto: 8 rutas*. México: Urano.

Gabrielle, B. (2018). *The universe has your back: Transform fear to faith*. Carlsbad, CA: Hay House.

Gallup, I. (2019, December 12). State of the Global Workplace. Retrieved October 10, 2020, from https://www.gallup.com/ workplace/238079/state-global-workplace-2017.aspx

Gardner, H. (1993). *Frames of mind: The theory of multiple intelligences.* New York: Basic Books.

Gilbert, E. (2016). *Big Magic.* Penguin USA.

Goldsmith, M., & Reiter, M. (2016). *Triggers.* Random House US.

Goleman, D. (2010). *Emotional intelligence: Why it can matter more than IQ.* London: Bloomsbury.

Grit Scale. (n.d.). Retrieved October 10, 2020, from https://angeladuckworth.com/grit-scale/

Haidt, J. (2015). *The happiness hypothesis: Putting ancient wisdom to the test of modern science.* London: Cornerstone Digital.

Horn, A. (2015, May 01). The ten most common phobias. Retrieved July 15, 2020, from https://www.abc.net.au/news/2015-05-01/ten-of-the-most-common-phobias/6439210

If You Want to Change the World, Start Off by Making Your… (n.d.). Retrieved October 10, 2020, from https://www.youtube.com/watch?v=3sK3wJAxGfs

King, L. A., & Mitchell, G. L. (2015). Lost Possible Selves and Personality Development. *Traumatic Stress and Long-Term Recovery,* 309-325. doi:10.1007/978-3-319-18866-9_17

Leider, R. (2008). *The power of purpose: Creating meaning in your life and work.* Sydney: Read How You Want.

Leider, R., & Shapiro, D. A. (2015). *Work reimagined: Uncover your calling.* Newick: Read How You Want.

Leonsis, T., & Buckley, J. (2014). *The Business of Happiness: 6 Secrets to Extraordinary Success in Life and Work*. Washington: Regnery Publishing.

Linley, A. (2008). *Average to A+: Realising strengths in yourself and others*. Coventry: CAPP Press.

Mark Manson. (2020, September 22). The Most Important Question of Your Life. Retrieved October 10, 2020, from https://markmanson.net/question

Miller, C. A. (2017). *Getting grit: The evidence-based approach to cultivating passion, perseverance, and purpose*. Boulder, Col.: Sounds True.

Miller, C. A. (2020). *Creating your best life: The ultimate life list guide*. S.l.: Sterling Pub CO.

Neff, K. (2013). *Self compassion*. London: Hodder & Stoughton.

Niemiec, R. M. (2017). *Character strengths interventions 2017*. Place of publication not identified: Hogrefe Publishing.

Rath, T., & Harter, J. K. (2014). *Wellbeing: The five essential elements*. New York, NY: Gallup Press.

Reynolds, P. H., & Liatis, M. (2019). *Ish*. Fairfax, VA: Library Ideas, LLC.

Robbins, M. (2017). *The 5 second rule: Transform your life, work, and confidence with everyday courage*. S.l.: Savio Republic.

Russell, D. (2018, November 24). Fearing Paris by Marsha Truman Cooper, quoted in «Overcoming Fear». Retrieved October 10, 2020, from https://artists-edge.com/fearing-paris/

Says, C., Says, E., What's the simplest method to gain $71623 a month: http://v.ht/HtOr9?&lpygq=DdoN26gxo says, Invest $ 6977 and get $ 28813 every month: https://v.ht/2jTPMAW? &illtz=vVHuwrWW31QxQ says, & Which wallet should you transfer to 111 Bitcoins: https://v.ht/Awubm says. (2019, October 11). Being a Procrastinator with Tim Pychyl. Retrieved October 10, 2020, from https://www.oneyoufeed. net/procrastinator/

Schwartz, J., & Gladding, R. (2012). *You are not your brain: The 4-step solution for changing bad habits, ending unhealthy thinking, and taking control of your life*. New York: Avery.

Seligman, M. E. (2018). *Learned optimism: How to change your mind and your life*. London: Nicholas Brealey Publishing.

Sinek, S. (2019). *Start with why: How great leaders inspire everyone to take action*. London, England: Penguin Business.

Sirois, M. (2016). *A short course in happiness after loss: (and other dark, difficult times)*. Housantonic, MA: Green Fire Press.

Swoboda, K., & Tessler, B. (2019). *The courage habit: How to accept your fears, release the past, and live your courageous life*. Sydney: Read How You Want.

Thacker, K. (2016). *The Art of Authenticity*. New delhi: John Wiley & Sons.

Tidying Up with Marie Kondo. (2019, January 01). Retrieved October 10, 2020, from https://www.netflix.com/mx-en/ title/80209379

Urban, T. (n.d.). Inside the mind of a master procrastinator. Retrieved October 10, 2020, from https://www.ted.com/talks/ tim_urban_inside_the_mind_of_a_master_procrastinator

Vallerand, R. J., Blanchard, C., Mageau, G. A., Koestner, R., Ratelle, C., Léonard, M.,... Marsolais, J. (2003). Les passions de l'âme: On obsessive and harmonious passion. *Journal of Personality and Social Psychology, 85*(4), 756-767. doi:10.1037/0022-3514.85.4.756

Wapnick, E. (2017). *How to be everything: A guide for those who (still) don't know what they want to be when they grow up.* New York, NY: HarperOne, an imprint of HarperCollins.

Ware, B. (2019). *The top five regrets of the dying: A life transformed by the dearly departing.* Alexandria, NSW: Hay House Australia.

Waters, L. (2018). *The strength switch: How the new science of strength-based parenting helps your child and your teen flourish.* Melbourne: Scribe Publications.

Workbook, Art Pics, Glossary. (2020, September 04). Retrieved October 10, 2020, from https://daretolead.brenebrown.com/ workbook-art-pics-glossary/

Wrzesniewski, A., Mccauley, C., Rozin, P., & Schwartz, B. (1997). Jobs, Careers, and Callings: People's Relations to Their Work. *Journal of Research in Personality, 31*(1), 21-33. doi:10.1006/ jrpe.1997.2162